文庫

初代 竹内洋岳に聞く

塩野米松

筑摩書房

目次

初代　竹内洋岳に聞く

2008年1月16日・話しはじめに

2007年、ガッシャブルムⅡ峰で遭遇した雪崩事故のことを話せるようになったのは最近なんです。

そのときのことを思い出すと、気持ちが悪くなって、起きていても悪夢にうなされるような、ちょっと精神的に不安定になって食事も取れなくなることもありました。いままで自分がそんなことになったことなんてなかったものですから。これは相当、精神的に大きなダメージだったのだなと改めて思いましたね。

その前に、エベレストで一回、突然、意識を失って血を吐いて、レスキューをされたことがあるんです。そのときも、助からないかもしれないという騒ぎでした。パートナーのラルフとガリンダにデキサメタゾンの注射を打ってもらって、どうにか自分で下りては来たんです。

そのときは、自分の身体の中から起きたことなので決着をつけやすかったんですね。ところが今回（2007年、ガッシャブルムⅡ峰）の雪崩というのは、側にいた仲間が二人死んでしまったということもありますし、なぜ、そういうことが起きてしまったのかとか、なぜ自分が助かって彼らは死んでしまったのか……、ついさっきまで一緒に話をしていた二人が……、「なぜ」ということがすごく多くて、考えても答えが見つからないんです。答えが見つからないことがわかってしまうことの苦しさっていうのが、混乱を起こして、苦しんだんでしょうね。

時間が経つことで、だんだん、いろいろな意味で、記憶や思いから距離ができて、見つめ直すことができるし、話すこともできるようになってきたんです。記憶から距離ができることで触れると痛いような感覚も少しおぼろげになってきて、逆に少し分け入って見ることができるようになってきたんですね。

傷の上に瘡蓋《かさぶた》のようなものができたかもしれないですね。

あの事故直後というのは、お見舞いにお客さんが来ると、私は興奮したようにしゃべって、お客さんが帰っちゃうと、しゃべったことへの自己嫌悪に陥ってすっごい変な状態になっていくんです。

ところがいまは、冷静に見ることができるようになってきた気はするんです。それで、だいぶお話しすることができると思うんです。

あの事故も含めて、私がやっている山登りというものを、ちょっと客観的に残さないといけない、そういう思いはあるんです。

なぜかというと、やはり、死んでしまうことは、あると思うんですよね。自分としてはそれなりに自分のやっていることというのは、自分の命をかける価値があると思ってやっているんです。それをなんか伝えるというとおこがましいんですけど、何か形にしておかないといけないような気はしてきているんです。いままでは、あまりそんなことは考えたことはないんですけども、立て続けに死にそこなったりすると、残しておかないとまずいかなと思って……お話しさせてもらうことにしました。

本来、事故にあったり、失敗をして死にそうになった人たちは話したくないと思うんです。昔の私だとそれを隠したと思うのですけれど、話しても良いと思うようになりました。今後も登山を続けていくのは明らかだし、今回だけで終わりじゃないんです。終わりなら隠しておけばいいんですけども、続けていくなら、失敗がすごく重要だということが、ここ何年かでわかってきたんですよ。

若かったときは、もう次があるかどうかよくわからなかったですから、いいことだけ言って褒めてもらってお仕舞いでよかったんです。

こういっちゃなんですけど、失敗を成功と同様に扱えることは、すごく面白いですね。失敗も経験として話すことができますから。

そのために手に入れるものが大きくなると思いますね。欧米のクライマーと付き合うようになってから、そういう雰囲気が出てきましたね。

いままでは一回で登らなければならないと思っていた時代がありましたが、彼らと一緒に行くと駄目だとすぐ帰って、また来年とかっていう話にすぐなりますんで、そういう環境の中にいると、失敗とかそういうものをあえて隠す必要はなくなってきますね。

ある意味、登山家としては、そういう部分を出すというのが宿命だと思います。やはり成功だけではなくて失敗をちゃんと語らないと。失敗も自分のキャリアですから、それを語らないと、共感というのはないですよね。

登山もそうですが、すべてがそうだと思うのですけど、間違いなく登れるのだったら別に登りに行かなくてもいいのだし、登れるか登れないか、そのぎりぎりの所をいかに表現できるかというのが、登山家だと思うんですね。

登って下りてきても人生が続いているから、そういうことがやはり面白いのだと思うのですね。死にそうになってもちゃんと下りてきて、死にそうになったことをちゃんとしゃべれるということは生きているということになるんですね。

今は、折れた背骨の所にはチタンのシャフトが入っています。

それでも8000メートルには行きます。次に登りに行くのは今年（2008年）の夏に事故が起きたガッシャブルムⅡ峰にもう一度行きます。

まずは私の紹介からですね。

第一章　少年時代

（この章取材　2008年1月16日）

生い立ち

1971年1月8日生まれです。

父は竹内哲《てつ》、母は光子《てるこ》です。

父は何年生まれだったかな？　いま（2008年）何歳だろう……六十七歳ぐらいかな。昭和15、16年生まれだと思います。覚えてないです、すいません。

母親は父親と同い年です。

兄弟は私を入れて三人です。私が長男で、下に妹と弟がいるんです。

妹は裕希子《ゆきこ》といいます。弟は景《けい》。妹は三つ違いだから三十四歳ですね。弟はそこからさらに三歳違いなんで、きっと……三十一歳かな。

私の身長は181センチです。体重は60キロぐらいです。いまの身体が出来上がったのはおそらく高校か大学かですね。

中学一年生のときは小さかったですよ。前から五、六番目でした。身長が伸びたのは中二から中三にかけて急激に伸びて、高校へ入るときはもうそこそこ大きかったですよ。高校で180センチはありました。高校の時にはちょっと太っていたかな。70キロぐらいあったんじゃないかなあ。いまはちょっと痩せすぎてますけどね。

父は大きいですね。175センチぐらいじゃないですか。母親も大きいですよ。165センチぐらいありました。私、子どものときは、母親は美人だなと思いましたね。すらっとしていて。

妹も弟も大きいですよ。弟は私より1センチぐらい大きいかもしれないです。みんな、痩せていますね。

父親は誰もが知っているような大手の会社に勤めていました。

実家は東京都小平市です。母方の祖父が東京の西神田で商売をやっていて、私はそこで子どもの頃から過ごした時間が長いので、私の感覚としては家は西神田という気持ちです。洋岳と付けてくれたのは母方の祖父・正義《まさよし》です。大正生まれの人です。兵隊ではインドネシアへ行ったそうです。関東大震災のときに潰《つぶ》れた家の下敷きになって骨を折ったとか、転がったとかいってましたね。亡くなったのは八十何歳でしたかね。十年ぐらい前です、ちょっと私ね、身内の年齢とかわからないですね。

私は幼稚園のときは、病弱で、ほとんど幼稚園に行けなかったんですね。で、その祖父の所に預けられたりしてました。小平の小学校に行ったんですけど、中学校は祖父の家の近くの千代田区の学校に行きました。高校も千代田区です。中学校は忙しいし、勉強が大変だったもんで、毎日は小平まで帰っていられなかったんです。だから、小平は土地勘が全然ないですね、道とかもわからないです。

祖父の家は西神田の高速のインターの辺りです。

私が子どもの頃は、あのあたりは下町で、祖父は布団屋をやっていました。布団だけじゃなくて生地とか針とか糸とか何とか、そういう細々した物も扱っているお店だったんですよ。

木造三階建てで、戦火から逃れた家でした。バブルのときに地上げされて、壊すときに、その家にあった帳場とか、障子、分銅の秤なんかを、博物館の人が引き取りに来ましたね。

祖父の家は、看板の幅だけの建物で間口が三間ぐらいの「看板建築」で、表がガラスで、戸袋に戸をしまえば、店になるんですね。で、広い土間がお店で、手回し式のレジスターがあって、上がり框《かまち》があって、畳になっていて、帳場があって、その向こうが掘り炬燵でした。そこが居間。奥が台所で、すぐに階段になって、二階が座敷だったんですが、座敷を潰して布団打ちの作業場にしてました。職人さんがいて仕事をしてましたね。

三階にも座敷があって、そこに不思議なことに庭があるんです。盆栽とかが並んでいて、お客さんとか、新年には三階の座敷で外を見ながら食事とかという感じでした。

隣が魚屋で、反対隣は練り物屋というような古い町並みだったんですね。それがバブルのときに全部地上げされて、今は太平洋セメントのビルになってます（現在は千代田ファーストビル）。

祖父の家族は私がそこにいたときは、祖父と祖母と叔母さんが二人いました。叔母さんは母の妹たち。うちの母が長女で、四人姉妹なんです。その人たちのことは「お姉さん」と呼ばされていましてね、私のことは、赤ん坊の頃からずいぶん可愛がってくれました。叔母もあちこちに私を連れて行ってくれましたね。

祖父の子供は四人姉妹で男の子が産まれなかったわけです。なので、私が初孫で男の子だったので、可愛がったんでしょうね。なので、山に連れて行ったりスキーに連れて行ったり。私の母も小さい頃からスキーをしていたと言ってましたから、かなり得体の知れないハイカラな祖父でしたね。戦争に行く前の趣味が写真と山というような、そういうような人でしたからね。厳密にいうと江戸っ子ではないといってましたね。三代続いてないといっていましたから。

布団屋は、祖父のお父さんもやっていたのかなあ……なんかよくわからないですよ。祖父は不動産を扱ったり、戦後は闇市でなんかいろいろなこともしてたみたいですし。昔から車がありました。初めて車を買ったのは私の母が高校生の時で、一番、最初はスカイラインだったそうです。

祖父は、私にスキーを買ってくれましたね。そのときのスキーはまだ木の板でカンダハーで革の靴でした。相当ハイカラな祖父で、いわゆる、旦那という感じですね。町内でお祭りがあれば世話役をやってというような、そういう人でしたね。

あの当時、スキーは岩原（新潟県）に行ってましたね。岩原に毎年行く宿があったんです。毎年行きましたね。車で行くこともありましたし、特急の「とき」で行ったこともあります。

うちの母親が、よくいってましたけれども、自分が神田の家にいたときは、お嬢さんだったんで、誂《あつら》えの服しか着たことがなかったと。吊るしの服なんて買ったことがなくて、靴屋さんも家に来て採寸をして靴を持ってきてくれるようなそういう生活をしていたらしいんです。それなのに結婚して小平に来たら、周りは野原みたいな所で、これはとんでもない所に来てしまったといって。神田の土地柄というものが自分自身も懐かしかったんでしょうね。母は私と同じ一橋中学校（現・神田一橋中学校）を出て、大妻の短大か何かを出てたのではないかな。

父は高校を出て会社に勤めて、最終的には、たたき上げでしたが結構、出世してましたね。

父の出身は長野ですね。父の母の出が長野だったんですね。その家には何度か行ったことはありますけど、どんなつながりの親戚だったのか、なんだかよくわからないですね。確か、リンゴ農家だったんですよ。

父は長男ですね。妹がいましたね。そちらのほうの親戚とは深いつき合いがあまりないですね。何回かリンゴ狩りに行ったことは覚えてますけど。

母方の影響力が強かったというか、父方に私があまり興味を示さなかったんでしょう。まあ、その後、両親は、いま流行の熟年離婚しちゃいましたけどね。

私の中学は千代田区立一橋中学校です。如水会館や小学館の裏です。高校は都立の一橋高校です。東神田ですね。岩本町で、浅草橋とかあの辺です。中学のときは家にも時々帰ってましたけど、近いので、ほとんど祖父の家から通っていました。祖父が側に置きたがったのと、叔母さんたちがいたので、面倒を見てくれたことがあったとは思うんです。

中学ではクラブに入ってなかったですね。一橋中学校というのは、区立なんですけど、すごい進学校で、全国模試とかやると、全国の一番、二番がいるような学校だったんですよ。

とにかく教育指導が厳しくて、当時は体罰も当たり前で、勉強が忙しくてクラブ活動なんかしている状態じゃなかったんです。

小学校のとき、自分はそんなに馬鹿じゃないと思っていたんです。ところが、中学校に行ったら、学力にあまりに格差があって、それはそれはびっくりしたんですね。東京郊外では校内暴力とかが非常に盛んだった時期ですよ。郊外の中学校では、ガラスが割られるとか暴走族がどうだとかという状態だったんですね。千代田区の学校では、そうはさせまいみたいなのもあって、それはそれは厳しい教育指導だったんです。

塾にも通いましたけど、もう全然追いつかないんですよ。彼らとは土台がもう小学校の時点で違うんですよね。一番びっくりしたのは、初めての中間テストで三百八十人という生徒がいるうちの三百六十番とかで、びっくりしました。で、自分はそんな馬鹿だったのかと思って。そこからは自分なりにかなり勉強したつもりでしたけど、それでも一番成績が良くて百番ぐらいまでしかいかなかったですね。ちょっと手を抜くと百何十番。英語は全然駄目でしたね。数学も得意じゃなかったです。

中学時代は私は「よたけ」と呼ばれてました。ニックネームだったり悪口だったり、子どもの世界ですからね。まあ、別に意味はないでしょう。家では「ひろたか」ですね。そのまんま。

あの中学は毎日、朝、小テストがあるんですね。だから、小平の家から行くときは満員電車で勉強ができないんで、始発に乗って、電車の中で勉強して、校門の前で勉強して……それぐらいしないと、平均点にいかなかったんですね。

塾の後は駿台予備校に行ったりとかもしましたけど、全然追いつかなかったですね。勉強はできないし、運動もできないし、学区外から通っていることもあって、いやぁ、みっちり苛《いじ》められましたね。

高校は偏差値で言えば、中の下か下の上でしたね。

名前は、中学校と同じ一橋なんですけど、決して進学校じゃないです。都立です。うちの学区で進学校といえば日比谷、九段です。日比谷か九段に入れないのはだめといわれてましたね。一橋中学校、日比谷高校、東大に行けって先生が常に言ってました。

私は滑り止めが一橋だったんですね。非常に曖昧な成績だったんですよ。ちょっと上のレベルの私立をいくつか受けましたね。全然覚えてないですけどね。偏差値に見合った学校でしたよ。みんな落ちましたよ。

普通の人は小学校、中学校のことを曖昧ながらももう少し覚えているんですか？　いやあ、私、全然覚えてないですね。うちの妹とか見てても、そう思うんですけど、多くの人たちは小学校のときの友達とずっとつき合いがあるんですよね。小学校の友達と一緒に中学に行って、中学の友達と一緒に同じ高校に行ったりとかしてるんですね。

ところが私の場合は、誰もいないんですよ。だから、記憶が全然伴ってないです。疎《うと》いというか、あまり楽しくなかったというか、中学のときの思い出なんて何もないです。修学旅行も行きましたよ。京都じゃないですか。もうとにかくね、いっぱいいっぱいで、中学生らしく生活した記憶はないです。私の話を聞いていると不思議でしょうがないと、ときどきいわれます。

小学校のときの友達や中学校の友達とも交流が一切ないですね。高校の友達は一人だけ年賀状のやりとりがあるだけです。別に嫌いな中学校でもなかったですけどね。ほとんど休まずに通ったし。でもなにか特別な印象というのはないですね。

この当時は、やっぱり良い高校に行って良い大学に行って、大きい会社に勤めるというふうにみんな思っていたと思うんですけど……でも、いま思い返すと、私はあまりそういうことをいわれた記憶はないですね。

親から、将来何になりたいんだみたいなこととか、言われた記憶は全然ないですよ。

いわない親でしたね。

私にとってみると、小学校、中学、高校まではもう全部一緒くたなんですよ。それで私の頭の中の年表が整理されるのは、ヒマラヤに行き始めてからなんです。

人生はそこから始まったようなもんです。

1991年にどこへ行った、1993年にどこへ行った。1995年のマカルーでは、あのときは何があった、1996年にはエベレストへ行って何をやったとかが、克明に年表になって思い出されます。小学校、中学はまるで記憶が一緒くたで、ほとんど覚えてないです。

祖父との山遊び

祖父と、小学校のときにスキーや山に行ったりしましたが、大した山には行ってないですよ。奥多摩とか秩父とか。ハイキングぐらいのものです。

泊まりがけで行ったのが丹沢かな。

道具ですか？　底に爪の付いたキャラバンシューズを持ってましたね。

祖父は小さなキスリングを背負ってましたね。でも、私は普通のナイロンのバックでした。そういう物を買いに登山用具店にも連れて行ってもらいました。

銀座の好日山荘に連れて行かれたことがありますし、さかいやスポーツは近所だったので、ときどき買い物に行きました。ガラスのテルモスとか、あと靴とか何かと。祖父はスキー板を買ってくれました。

スキーは私のは木の板だったんですけど、スキー場へ行くと、既にグラスファイバーの板があったんですね。ちょうど過渡期だったと思うんですね。祖父は竹のストックを使っていましたね。山スキーは裏にアザラシのシールとか貼って……そんな時代です。

ハイキングだとか遊びに行くときは妹とか弟も一緒でしたね。いや、そうだったかなあ……。あまり一緒じゃなかったかな。スキーなんかはもう一族全員まとめて行きましたけど。山はそうではなかったですね。

祖父と行ったスキーというのは、どちらかというと登山の延長にあるスキーでしたね。

祖父と行くのはツアースキーです。朝、宿のおばさんにお弁当をつくってもらって、テルモスにお茶を詰めてザックを担いで上ったり下ったりしながら、山の続きのどこか遠くまで行って、途中でシャベルで穴を掘って板を並べてテーブルを作って、ご飯を食べて、ぐるっと回って帰ってくるというのが、私が最初にやったスキーですから。それは私にとってみれば、スキーというカテゴリーじゃなくて、どっちかというと、登山の延長にあるようなものだったような気はします。

祖父と行ったのは小学校の低学年から中学年にかけて。小学校の高学年になると、スキースクールに行ってましたね。当時、競技スキーをやりました。草レースみたいな程度でしたけどね。

祖父が洋岳と名前を付けてくれるときに「岳」の字を付けたのは、自分の望みがあったのかもしれませんね。まあ、うちにおいてというか、私において、祖父の影響力はそれはそれは強かったですね。誰もが祖父のいうことは聞いたんですから。まさに家長、そういう立場にはいたんです。例えば岩原にスキーに行くというと、祖父が全員を連れて行きましたから。

そのときは、父も行きましたよ。

うちの家族だけじゃなくて、母の下の妹たちの家族も含めて、何もかも全員、だから、何十人とかという、一団でそこのスキー場へ連れて行ったりとか、海に連れて行ったりとかやってましたから。連れて行くからには資金も出したし。そういう意味では、経済力もあったし、発言力もあったし。

祖父が西神田の家を整理したのは何年だったかな。バブルの一番高いときに売りました。あの判断はすごかったですね。いま思ってもすごいなと思います。一番高いときに祖父が売り抜けて、神保町に土地を買ってビルを建てるんですね。小さなビルですけどね。五階だったかな。それで四階、五階に住んでいて、下を事務所に貸したんですね。

他にもなんかアパートとか建ててましたけど。有限会社だったかなあ。

母方の旧姓は村上ですから、祖父の所は「村上不動産」になっていましたね、布団屋でありながら不動産もやっていましたね。

うちの母親とか祖父とか叔母とかというのは、典型的な商人なんで、日々を楽しむことをよく知っている人たちだったと思います。

昔の東京の商人たちで、そこそこ稼いでいる人たちは芝居を見に行ったりは当たり前だった。なんかそんな雰囲気ですね。

うちの祖父は商才があったらしいですよ、ずいぶん。

私が跡を継げばいいとは考えてなかったと思いますよ。そういうふうな話もなかったですね。それぞれの道を行くのだろうとは思っていたと思いますよ。うちの祖父も戦争で生き延びてきたせいか、あまり執着がない人でした。何か自分の影響力を確固と残すとかというのはあまり感じられなかったですね。

ああいうのは、やっぱりなにかこう……、生粋《きっすい》ではないですけども、やっぱ江戸っ子的なものだったんですかね。やっぱりああいう所に住んでいて、当時はまだそういう風情がいっぱい残ってましたからね。本当にさっぱりしていて、うちの母親にもそういうとこがありますけども、それは明らかに私にも影響はしていると思います。何事にも私もそんなに執着というか未練たらしくはないですね。

高校時代

そんなですから、何だかよくわからないうちに高校に入ったんです。一応大学に進学するつもりでいました。

一橋高校は進学校じゃないですね。就職する人も結構いたし、中退していく奴なんかいっぱいいましたよ。半分ぐらいが進学しない学校というので、めっちゃくちゃのんびりしていました。あの頃の日本の高校生でいえば、嘘のようでしたね。暴走族なのかどうかはよくわかりませんけど、チンピラみたいなのもいましたよ。それでも、えらいなんかみんな仲良くやってましたよ。中学との違いにびっくりしました。

中学のときは、廊下で先生とすれ違うときは立ち止まって会釈をしなければいけなかったんです。気がつかなければ叩かれましたよ。なんかしょっちゅうひっぱたかれてましたよ。

中学のときも、学校帰りにぷらぷらして立ち食いしたりなんかする奴が出てくるわけですよ。そうすると、町中に卒業生がいっぱいいますから学校に通報されて、先生が現場に急行してとっ捕まるわけですよ。それで学校に連行されて、親が呼び出されて。私も捕まったことが一回あります。そんな恐ろしい学校でしたから、高校に行ったら、何も制約がないから驚きましたね。

時間通りに来る奴なんかいないんです。授業中なのに人がぱらぱらぱら出ていくし、遅刻は当たり前ですね。これは、エライとこに来たなと思いましたね。

制服はあるんだけれども、私服でもいいんです。私は制服の詰め襟に革靴を履いてました。帽子はなかったです。中学は刈り上げでしたが、高校に行ったら金髪とかいましたもんね。開放的ちゅうか、だらしないなあと、最初のうちはそう思いましたね。

山岳部に入るんですけど、きっかけはまったくひょんなことなんですよ。

体育館かなんかに新入生が全員集まって、入学ガイダンスみたいなのがありました。あの学校はクラブ活動は盛んだったです。そこで、後でやめてもいいから、一度はどこかに入りなさいみたいな、説明がありました。で、いろいろクラブがあるから、とりあえず、今日はどこかに名前を書いていきなさいと。書いたら、きょうは何もないからもう帰っていいみたいな話でした。

それで、体育館の脇にいろいろクラブの出店みたいなのがあって、代表者がうちはこんなクラブでとかいって説明していて、見てたら結構みんな入るんですよ。

山岳部もあったんですよ。

そこだけが誰も並んでないんですよ。山岳部ってやっぱり人気ねえんだなあとか思って見てたんですが、名前を書かないと帰れないから、山岳部でもいいかと思って、名前を書きました。

部には、男の先輩が二人いただけです。二人しかいないクラブだったんです。それで新入生は私ともう一人。

学校からクラブ活動費が出てました。顧問の先生は、学校の中ではもうベテランの先生だったんです。二人いらっしゃいました。

私は、小学校、中学校と、運動神経は大変悪い子で、運動はまったくできなかったんです。できるスポーツはスキーしかなかったんです。徒競走とかはもう絶対ビリでしたし、まずは走り方を知らなかったんです。父親と一緒にボールを投げて遊んだりしたこともありませんでしたから、球技とかも一切できない。野球もサッカーもやったことはないですから。笑えるぐらい下手だと思いますよ。体育の成績は悪かったですね。中学校の体育の授業でやるような種目というのは球技か走るかでしょう。もうめっちゃくちゃ苦手でした。まったく何もできなかったですね。

だから、うちの祖父とか母親なんかは、高校で山岳部に入ったと言ったら「山岳部！」みたいな。驚いてましたよ。高校に入っても、サッカーも野球もやったことはないです。いまもまったくやらないです。ボールにはほとんど触れない。テニスも何もやらないです。丸い物は嫌いです。

本当に山登りとスキーだけができるだけです。

小学校の時からスキースクールにずっと入ってましたから、スキーだけは好きでしたよ。その姿は同級生も誰も見たことがないですよね、授業じゃないですからね。特にね、言う機会もないですしね。スキースクールは楽しかったですね。草レースで竹ポールとかでしたが、中学生同士でやっているなかでは、なかなか成績は良かったです。

高校生のとき、ＳＡＪ（財団法人全日本スキー連盟）の２級はとりました。高校生のときも一生懸命スキーはやってました。

私ね、子どもの頃、嘘みたいですけど、すっごい体が弱かったんですよ。生まれたときに、心臓に穴が開いているだかで、お医者さんからもしかしたら三カ月とか四カ月の命かなとかいわれたような赤ん坊だったんですよ。幼稚園とかもうすっごいひ弱で、ほとんど行ってないんですよ。毎日家で寝ていたんですよ。

小学校の二、三年ぐらいまで、学校に行ったのはおそらく週の半分ぐらいです。とにかく貧弱ですぐに熱を出して。ですから運動なんて、親もさせないし。中学まではまともな運動とかはしてなくて。剣道だけはやりましたよ。

あまりにも体が弱いんで、母親が剣道をやれって。

小学校三年から近所の道場に行きましたね、小平の。そこそこ熱心に行ってましたよ。その道場が隔週で総当たりの試合とかをやっていたんですよ。結構、優勝したりしてましたよ。

その道場には、六年生までずっと毎週何日か通ってました。瞬発力とかそういうことに関してはそれなりに自信がありました。小学校のとき、地域大会で優勝したり、結構自分も強いんだなあとか思ってたんです。

中学に入って、学校とは関係ないけど、千代田区の剣道大会とかいうのがあったんで、中学生の部に出たんですよ。一回戦で負けました。もう全然レベルが違っていて、それもびっくりしましたね。

高校でも剣道部があったので、山岳部の顧問と剣道部の顧問が掛け持ちの先生だったんで、両方をちょっとの間掛け持ちしてました。一応道具もあるし、やり方はわかるからといって、剣道部にも入ったんですよ。

先輩の一人と稽古をしたんですけどね、レベルが違うどころの騒ぎじゃなかったですね。竹刀の動きが見えないんです。ちゃんとしたレベルの人の太刀運びってすごいですね。まったく敵わなかったですね。

剣道はそこそこでやめてしまいました。

山岳部の最初の合宿は穂高です。夏休みでした。楽しかったですねえ。涸沢《からさわ》にテントを張って。これが私にとってまともな初めての登山です。

合宿ということで、先輩二人と私と、私と一緒に入ったもう一人、先生二人で六人です。テントは二張りでした。四泊五日じゃなかったかな。

松本から、松本電鉄で新島々まで行って、バスで行きましたね。

私、山の話になると細かく思い出しますね。初めての穂高のときは、本谷橋、いまは鉄骨の橋が架かっているんですけど、あの頃はまだ丸太の橋でしたね。丸太に鉈目《なため》が入ってるだけの橋でした。

祖父と行っていた山登りはハイキングでしたから、北アルプスに行ったのはあれが初めてだったわけですよ。北穂から奥穂へ縦走しました。手を使った山登りというのはあれが初めてだったですね。非常に印象深いですね。

涸沢にテントを張って北穂に登って奥穂に登って、前穂高岳にも行ったのかな。全然ばてずに、登ってました。

もうこのときには心臓が悪いとか何もない、もう虚弱児じゃなかったですね。いまより体格がよかったかもしれませんね。

このときに山道具は改めて買いました。

靴はゴアテックスのトレッキングシューズを買いましたね。やっぱり祖父が買ってくれましたよ、確か。ザンバランの、革登山靴ではなくてトレッキングシューズですね。布張りに紐のところと縁に革がついているやつで、底がビブラムでした。都立高校は冬山はやってはいけないことになってましたから、重登山靴までは必要ではなかったんですね。ザックはさかいやスポーツのオリジナル。ストーブはホエーブスでしたね。ランタンはガスランタンだったような気がしますね。キャンピングガス、通称キャンガスの。これらは個人装備じゃなくて、クラブの備品でした。テントはエスパースでしたね。

楽しかったですけど、高校の山岳部って限度がありますからね。三年の先輩が二人翌年には卒業したら、私一人になっちゃいました。もう一人の子も途中でやめて、二年目の最初は一人でした。先生が二人に生徒一人なんて山もありました。

顧問は今井先生と棚井先生がいて、棚井先生とはいまでも親交があります。この二人は、棚井先生は都立大の山岳部出身で、厳しい山登りをされてきた方でした。それに私を連れ山登りと魚釣り、それと酒が大好きで、休みの日は山か酒か釣りなんです。それに私を連れていくわけですよ。クラブ活動だと時間外手当が出るから、生徒を連れていくんだと冗談半分でいってましたけど。

行くのは電車が多かったですね。あれは、たぶん先生は酒飲むからですね。ロープを使うような山登りはなかったです。穂高とか北岳とかそんなのですよ。あとは奥多摩とか奥秩父とか丹沢とか。泊まりがけで行ったとしてもそのようなものですから、道具なんかいらないんです。

この時代、１９９０年のちょっと手前だと、山での食事はインスタントラーメン。あとは先生の酒のつまみぐらいです。ハム、チーズ、サラミとか。先生たちはウイスキーを持ってきてましたね。いまの中高年のハイキングに毛が生えたようなもんです。

今井先生は国語の先生で、棚井先生は歴史の先生です。

普通、山岳部顧問といったら理科系の先生が多いのかもしれませんが、違いましたね。話は飛びますが、山は全然やらなかった人でしたが、理科の先生にすっげえ面白い先生がいましてね、地学の先生だったんですけど。

その先生は、三原山が噴火したときに、居ても立ってもいられなくなって学校の授業をすっぽかして三原山に行って行方不明になっちゃって、みんなで死んじゃったんじゃねえかとかいっていたんですけど、後から出てきました。その先生と一緒に化石掘りに行ったことがあります。

私は単純に山があると楽しい。山登りをしているのが好きなんですね。

山遊びが面白いと思うきっかけは祖父だったし、高校の山岳部の先生だったのかもしれないですね。

まあ、山登りとは限定されませんでしたけれども、日常生活の中で、不便な生活をするということが、なんとなく気に入っていたんじゃないかとは思いますね。

海は好みじゃないですね。泳ぎは得意じゃないですね。肌が弱いんですよ。

海水浴へはよく連れて行かれましたけども、あまり海が好きになれなかったですね。親たちはあちこち連れて行きましたね。会社の同僚とバーベキューとかやるのがちょっとした……家庭のあり方だったんですかね。

釣りも小学校のときは流行ったんですよ。漫画の『釣りキチ三平』が人気で、みんながやっているから私もやりました。ルアーもやりましたし、多摩川に鯉を釣りに行ったりとかしましたけど、飽きてやめちゃいましたね。

祖父が釣り好きだったんですよね。ハゼ釣りとかキス釣りとか。で、ハゼ釣りはずいぶん行きましたよ、祖父と。東京湾で岸壁から釣るんです。朝早起きしておにぎりを作ってもらって車で浦安辺りへ行って、ハゼとかキス釣りとかずいぶんしましたよ。それはね、私にとっては釣りではなかったですね。祖父と出かけるドライブみたいなもんでした。

今井先生、棚井先生は渓流釣りをしてましたね。それにも付き合ってましたけど、別にのめり込むことはなかったですね。

私、沢登りは嫌いなんですよ。

多少、難しい沢登りもしましたが、何回かでやめてしまいました。濡れるのが嫌ですね。濡れた岩に触るのが嫌なんです。ぬるぬるしてて、苔が生えていて。なんで濡れた岩に触らなきゃいけないんだろうっていうのがすごくあったんですね。

あまり山の本を読んだり、記録を読んだりはなかったですね。

高校のときの山登りは、ルート開拓とかそんな山登りじゃなかったんです。地図に六時間と書いてあるのを五時間で歩いて、やった！　とか。その程度の話です。ときどき沢に入って沢登り、魚釣りするとか、そんな程度です。そんなのも、ほんと一回か二回かの話で、基本的には一般縦走路を歩くだけ。まあ、尾根歩きというか、山歩きが面白かった程度ですね。

合宿って年に三、四回。日帰りとか一泊とかというのが多かったんですよ。奥多摩とか秩父とか丹沢とか。まあ、山に慣れに行くというか気晴らしに行くような感じの。まさに、いまの中高年の人達がやっているようなものです。

山岳部部長に

二年目は私一人でした。で、一年生を、結構勧誘しました。先生達も生徒に山登りへ行こうよって誘ったんじゃないですかね。山岳部に限らずどの先生もみんな誘ってましたね。それで入ったのが、四、五人いたのかな。女の子が三人いて、男の子が一人いて、それが中心的なメンバーでした。他にも入ってきたり出ていったりしたんですよ。最後までいたのはその四人。

私は、二年生のときから一番先輩だから部長になりました。

部室はなかったですね。荷物を置いておく倉庫はありましたが、荷物を置いておくだけ。ほとんどのクラブが部室はなかったんです。予算も道具を買う予算で、山へ出かけるお金は自分持ちでした。

体育部という感じでもないし、トレーニングみたいなことはなかったですね。国体に行くとかいう考えはまったくないです。テントを乾《ほ》したついでに、ちょっと背負子に錘《おもり》を付けて階段を上ってみるとか、そんなことをやった程度です。

天気図を書くとかもなかったですね。先生がやり方を教えてはくれましたけど、机に向かって、みんなで、さあ、やれみたいなことはありませんでした。

他の高校の山岳部は国体に出るとか、荷物を背負って走る訓練とかしてたかもしれませんね。天気図とか磁石の見方とか、そういうのはうちの山岳部は一切なしでした。先生が、山でコンパスの使い方とか一応教えてくれましたが、でも、使うことはないですね。雰囲気が盛り上がる程度です。

二年目の夏の合宿は北岳だったと思います。

そのときからいまの体力があったんですねえ。強かったですよ。なんかへばった後輩の荷物を背負ったりなんかしてましたよ。苦しかった覚えは何もないですよ。

自分の体は特殊？　いや、そんなことはないと思いますよ。坂道を登るのはやっぱり辛いですよ。山も辛いですけど、でも、苦じゃないんですよ。

登っていくと、あの先はどうなっているのかなあとか単純に思いますね。

自分が行ったことがない場所に行ってみたいとかって思いは、なんか純粋に人間のどこかにあるような気はするんですけどね。

「何で山に行くの？」ってよく聞かれますよね。私は常々、もっと大変なスポーツはいっぱいあるのに、何で山ばっか、そういう質問をされるのかなあとかって思うんです。マラソンとかスキンダイビングとかのほうがよっぽどわけがわからんと思っているんですけどね。

石垣島へ行ったときに、シュノーケリングでちょっと潜ってみただけでも、海の中の光景にすっげーっとか思いましたから、海に潜る魅力はわかるんですよ。ただ、競技としてやっているスキンダイビング、特にスタティックとか言う、プールに顔をつけてどれだけ我慢できるかという競技なんてのは私にはよくわかんないですね。やっている人からすれば、自己限界をどこまで持っていけるのかということを試すということですかね。快感に繋がる部分がどこかに細い道があって、それを見つけると楽しいんでしょうね。山登りも世間の人はそう思っているかもしれませんけど……。うまく答えられないですね。私が山に辛さを感じないというのは、許容範囲だったんでしょうね。

女の子の方が多いクラブでしたが、クラブだけでなくクラスの子にも別に興味はなかったですね。高校の終わり頃には、年上の女の子と付き合っていたし。

私は山岳部だけの生活じゃなかったですね。トレーニングがあったわけでもないですし、何か拘束をされたりもなかったし、先輩後輩のつながりもないですし、山岳部がすべてじゃなかったですね。まったく体育会の体質はなかったですね、あの部は。

ですから、普通に遊びに行ったり、映画を観に行ったり。スキーもしてたしね。山岳部は面白かったし、大きな楽しみの一つではありましたけど、一色ではなかったですね。

その歳上の彼女は、私が大学生になってもしばらく付き合ってくれてました。たぶんね、私のことは年下の子として面白がって付き合ってくれていたんですかね。私も楽しかったですよ。就職して働いていましたから、ご飯を食べさせてくれたり、なんか買ってくれたりとか。遊びに連れて行ってくれたりとか。その時だけの話ですけどね。山の道具や何かは祖父や両親が買ってくれてましたね。あまりお金が足りなくて困ったことは記憶にないんですね。

けっして裕福……ではなかったですが、別になんかこう普段の日常……家にしても、なんかお金がなくて困っているというふうでもなかったですね。

買ってもらいたい物が買ってもらえなかったとか、そういうのはあまり記憶にないですね。買ってもらいたい物も……あんまりなかったんですね。本は結構買いましたね。お小遣い……五千円ぐらいか、そんなもんだったと思いましたよ。でも、祖父がくれたり、彼女がくれたりとかしてたんでしょうね。ちゃんとしたアルバイトってやってないんですね。でも、いろいろ買ってましたね。不思議ですかね？

山岳部は、私が三年生になったときもまた新しい生徒が入ってきて、かなり大きくなってましたね。その後はなくなっちゃったと思いますよ。高校のクラブってそうなんですよ。いい顧問の先生がいるかどうかですからね。

どんなにクラブが盛んでも、その先生が転勤してしまうと、そのクラブはなくなっちゃうんです。二人の先生は私が卒業して、二年目だか三年目に移っちゃっていましたね。私は大学の山岳部に入りますが、高校の山岳部の面倒を見に行かなかったですね。

刀鍛冶志願

高校生のとき定期購読していた雑誌は日本語版の『ニューズウィーク』でした。日本語版が出てすぐぐらいに定期購読しました。何でだったのかなあ。経済とか社会とか政治とかに興味があったっていうより、知りたかったんでしょうね。

実は、あの頃は刀鍛冶になろうと思ってたんです。

進学か就職かどっちかみたいな話があって、大学って、東大とか早稲田とか慶応とかしか、名前知らなかったんですけど、たいしていい所にはいけないと感じてました。

うちの親も受験のこととかまったくいいませんでしたし、私は大学というのは黙っていても入れるぐらいなのかと思っていましたから。六大学ぐらいしかないものだと思っていたんですよ。それで、そこに入れなかったら、行かなくてもいいのかなんて。それで就職しかないかなと思ってました。

進路相談のときに、私の担任は中村先生という方で、いい先生でしたね。国語の先生だったんですけれど、表現とか言葉遣いとかとても面白い先生でした。私は彼のことをすごく好きでした。けっこう若くしてガンで亡くなっちゃうんです。

いま思うと、言葉の一つひとつをすごく選んで私たちに投げかけてくれた先生でしたね。毎日、B5の紙1ページにびっしりとワープロで打ったクラス通信を書いて、下校時に配ってくれました。その内容は、先生がその日思ったことだったり、起こったことだったり、連絡事項だったりでしたが、私は、なんとなく言葉や文字ってすごいなって思いましたね。いまでも、そのクラス通信は全部ファイルして取ってありますよ。すごく教育熱心で、朝礼とかで、中村先生が台に立って話しているときに、誰かが下を向いたり、遊んだりとかすると、「こらっ！　誰々！」って、全校生徒の顔と名前を覚えていて、一人ずつに怒ったり、褒めたりする先生でした。

その先生が、「竹内、おまえ、進路をどうするんだ」と言ったときに「行ける大学があるなら行きます」「行けないんだったら刀鍛冶になります」と言いました。

刀に興味があったというか……日本刀というものは特に美しいなと思っていたんです。もの作りの世界は、身のまわりにあまりなかったのに、何でですかね。なんだか興味がありましたね。剣道をやっていたせいか、刀は見る機会があったんですよね。人を殺す道具なのに、なんであんなにもきれいなのかという、当時はすごく不思議な……気がしていました。

ああいう物をつくる仕事にすごく憧れがあって、刀鍛冶とかいいですねと言ったんだと思います。そしたら、先生が、普通だったら「馬鹿いってんじゃねえ」とかいうんですけど、ちゃんと調べてくれたんですよ。

先生は伝《つて》を頼って刀匠《とうしょう》さんに聞いてくれたらしくて、高卒じゃちょっと遅すぎるからと。それで、六大学じゃなくても、どんな大学でもいいから行けるなら行けという話をされて。

それで進学をやっと考えたのかな。まあ、先生がそういってくれたんでしょうね。

高校生のときは、本当に不思議な高校生だと思いますね。

友達ともあまり話さなかったですね。話す相手がいなかったのかもしれませんね。あの高校自体がなんかクラス意識ってあまりないんですよね。もうぐちゃぐちゃで、学校に来たり来なかったりする奴もいるし、混合クラスとかにもなってましたから。強固な友人関係というのはあまりなかったですね。親友と呼べるような人もいないですね。みんなで集まって何かやるということは全然なかったですしね。私に限らず、なんかあの時代のあの学校のあの雰囲気の中ではそういう人が多かったです。

バンドをやっている奴らもいたし、オートバイに凝っていた奴もいたし……みんな勝手に遊んでいるみたいな。

成績は、まあ上の方でしたよ。推薦がもらえる程度あたり。卒業はしようと思っていました。中退する理由はなかったですから。

中退していった奴らは、学校が嫌だというのもいたし、事件を起こして補導された奴もいるし、なんかいろんなのがいましたけどね。できちゃった結婚をした奴もいましたよ。

私は学校にはちゃんと行ってました。ただ、三年生になると、もう学校へ行かなくていいようになっちゃうんですよね、受験を控えているでしょ。なので、家で受験勉強ということで行かなくなりましたけど。

勉強してましたよ、一応。

三年生の後半は授業自体が自習になっちゃいますから、予備校も行ってました。高一ぐらいからかな……駿台予備校へ行っていました。

でも、駿台の授業も結構さぼってましたね。面白くなかったんですね。勉強する習慣というのがなかったんですね。

野外教室

いま、話してて大事なことを思い出しました。私、小学校、中学校と野外活動教室へ行っていたんですよ。千代田区にそういう教室があったんです。

「千代田区子ども体験教室」で、千代田区が嬬恋村にキャンプ場を持っていて、そこで一週間テント生活をして、川で泳ぐとか虫を捕まえるとかハイキングするとかみたいなのを年間のプログラムとしてやってたんです。だから、春は田植え、夏はキャンプ、秋は収穫とか、山登りするとか。そういう体験プログラムというのがあったんです。それに小学校の三年だか四年ぐらいから、小平にいながらも通ってたりしてたんです。

千代田区内に連絡先があればいいとか、両親が千代田区内で働いている子どもはいいとかなんていうんで、そんな厳密なあれはなかったんですよ。

たぶん、祖父が行かせてたんじゃないかな。体が弱いということをみんなが気にしていたかもしれませんね。なんかそこはのびのびやってましたよ。面白かったですね。

たぶん、山なり野外での生活の素養というのはその辺でできたのだと思うんですよ。地べたに寝るとか、自分でお米を炊いて食べるとか、薪割ってどうだとかというのは、そこで身についたんだと思うんです。

　中学ではリーダーになってましたね。高校になったら、今度はアシスタントで参加してましたね。ボランティアですね。大学に入ってからは、指導員の補佐としてそれに参加したこともあるので、ずっとそれに関わってました。

　そこをやってたのが、国際自然大学校NOTS「ノッツ」という、いまはNPOになりましたけれども、当時、佐藤初雄さんと、桜井義維英《よしいえ》さんがその組織を作って、千代田区の仕事を受けてたんです。

　最近は多くなった自然学校というもののハシリですね。自然観察の仕方を教える、そんなのもやってました。イニシアティブ・ゲームとかネイチャー・ゲームとか。いまでは結構大きな野外教育のNPOなんですよね。

　ですけど、私は鳥の名前とか、花の名前とかまったくだめ。虫もあんまり好きじゃないです。私は山自体が面白いんですよ。

　ガイドで山へ行くことも結構あったんです。そうすると、お客さんがこれは何ていう花ですかとかって、いやあ、知りませんねえみたいな。私はまったく知りませんね。

　このことを忘れてました。高校の時はまだ千代田区の子ども体験教室の手伝いに行ってましたね。

　いっぱい高校生たちも来てましたよ。参加者が持ち上がりで。専門の人、プロの人もいましたけど、その中に混じって手伝ってました。千代田区以外のも手伝いに行ってました。学校に行ってそういうものに出たり、山岳部で準備をしてみたり、けっこう忙しい高校時代だったかもしれませんね。

第二章　山へ

（この章取材　２００８年２月14、15日）

受験・浪人

高校三年生のときには、受験の準備で駿台予備校と自分の家で勉強してました。最初から私立を受ける学科しか勉強しなかったですね。でも現役の年は史学部とか受けましたね。歴史とか国文とか。元々本を読むのが好きでしたし、歴史が好きでしたから。国語と歴史を。理数系は全然受けるつもりはなかったです。

大学では好きなものを勉強するつもりでいました。受けたのは史学と国語と宗教とかですね。宗教も何となく好きだったんですね。

家に宗教はないです。

祖父はいわゆるファミリーレリジョンというのが真言宗でした。祖父の家のお寺というのが巣鴨にあって、お墓参りにはよく行きました。西神田の家には神棚があって、朝起きてきたら柏手を打つのが日課になってました。祖父はそういうのは重んじている人でしたね。

結構いろいろな大学を受けましたが、あまり緊迫感がなくて受けましたから、落ちたら、ああやっぱりねみたいなことでした。

浪人しました。

その間に車の免許を取って、相当乗り回してました。車は親父のです。私が子供のころから車はありましたけど、私が免許を取ったのに合わせて買い換えたんです。クラウンでした。ガソリン代は親が出してましたね。お小遣いはもらったりもらわなかったりでした。で、時々時間ができると、彼女と遊びに行ってました。その年上の彼女は、一応有名大学を出てまして勉強は大変良くできたようで、教えてもらったりしてましたね。

一応、勉強はしてましたよ。駿台には行ってましたし、模擬試験も受けました。

成績は普通。一応、模擬試験の結果ではもうちょっと頑張れば、そこそこの可能性が出てきますぐらいのものでした。駿台は入学試験を受けて入るんです。予備校でも、クラスによっては落ちる人もいるんですよ。

私が受けたクラスというのは総合クラスというので、受験をして入るんです。一クラス何百人とかいて、成績順に並んでいるんです。私は、宿命なのかどうかしりませんけど、ちょうど真ん中あたりでした。

隣に座っていた女の子がいて、隣同士ってことで、話をすることも多かったんですが、模擬試験があるたびに席順が変わって、その子はどんどん前へいっちゃうんですよ。これが置いていかれるということか……みたいな気分でした。私は必死には勉強しなかったですよ、考えてみれば。

あまりうちの両親も進学の重要性というものを私に説明してこなかったんですね。行けたら行けばみたいな感じでした。みんなは寝ないで勉強していましたからね。私は寝ないでなんか勉強してなかったですから。そういうもんだと思わなかったです。

山には、浪人中はほとんど行かなかったですね。野外活動に参加したり、スキーに行くとかありましたけど。

結局、私、勉強する習慣というのはなかったんですよ。

自分でいうのもあれですけど、中学や高校時代、本は読んだんですよ。目についたのを片っ端から読みましたね。ドストエフスキーもサガンとかも読みましたしね。永井荷風とか読みました。名作といわれるものから長編といわれるものまで、年齢不相応なものまで相当読みました。本を読んでいると、心地よいんですね。誰が好きということはなかったですよ。SFと推理小説以外ほとんど何でも読みましたね。SFと推理小説は不得意でしたね。

一年浪人して受験の時期になっても、成績はたぶん現役と同じぐらいだったと思います。そのときは五、六校受けました。地方の大学に行こうとは思いませんでした。

このときには仏教系に絞ってました。仏教に興味があったので。宗教が好きというのはなんですかねえ……何か……あったんですかね？　まわりに宗教にこだわらなければいけないような背景はないですね。

立正大学入学

結局、受かったのが立正大学だけでした。滑り止めにしか行けなかったんですよ。仏教学部宗学科でしたが、何人ぐらいいたんでしょうね。わかりません。学校へあんまり行ってませんでしたから。そのくせ長いこといるんですよ。大学に八年いました。

立正大学は趣味をするには良い学校でしたね。跡取り息子みたいなのとか、なんだか羽振りのいいのもいたし、あまり勉強、勉強って感じもなく、のんびりした感じで、大学生活を楽しんでいるって雰囲気の奴らがいっぱいいましたね。そういう学校だったんですよ。地方から、東京の大学へ来たんだってな感じのもいっぱいいました。

仏教学部に関しては別に日蓮宗だけっていうわけじゃないです。うちは、医学部以外は全部ある総合大学ですが、仏教学部というのが一番小さいんです。

立正で最も実力があるのは地球環境科学部の地理学科ですね。ここは実績のある学部で、地理とか地質とかですが、理系ではないんです。だけど、地形や地質とか防災とかがすごく盛んで、私も後で気がついて、その学部も良かったなと思いました。受験のときはそのことは気がつかなかったんですけど、早くに知っていれば、そこを目指して勉強したのにって思ったぐらいです。

妹はそこを出て、東京農工大の大学院、立正の大学院に行って、土砂崩れとか洪水の論文を書いて博士になって、その後防災科学技術研究所で土砂崩れの研究をしたりしていました。その後は、京都大学で災害予防の研究や講師をしています。

妹が高校生のときに、私が外国に行くときに必ずその地図を買ってきてくれといってましたね。地図が好きだったんですよ。地図修正のアルバイトとかなんかそういうのをやってました。

小さい頃は大して仲も良くなかったですけど、いまは仲がいいです。そういう地理とか地質とか私の興味とすごくオーバーラップしているんですよね。だから、私の山の話もすごく興味を持っているようです。

立正大学で、地方の人たちと付き合うことは少なかったですね。大学って、親しい友達ができる場って、ゼミとかクラブとかなんですよ。私、授業はほとんど出ませんので、ゼミとかもうちの学部はそんなにしっかりしたものはなかったんで出てないですね。だから、友達は一人もいなかったんですね。

一年生のときだけは、たまたま席が近くの三人ぐらいとは少し交流があったんですが、いまは名前も顔も定かでないですね。

大学山岳部へ

すぐに山岳部に入りました。大学に入ったら山岳部に入ろうとは決めていたんです。

大学の山岳部に入ろうというのはもう……高校のときに思ってました。

まわりに大学の山岳部の人なんていなかったですね。当時、長谷川恒男さんとか星野清隆さんが活躍していた時代だったんですね。二人は1991年にウルタルⅡ峰で亡くなるんですが、それまでの三大北壁とか、岩登りと言えば長谷川さんみたいな、そんな、すごい人達がいるんだというのは、雑誌に出てきたり、新聞に出てきたり、人伝に聞いたりとかしてたんです。それは、よく覚えています。長谷川さんがやっていたような登山をしたかったんです。

都立高校は、冬山やロッククライミングは禁じられていました。それは格好良いことで、面白そうだというのは思ってました。岩登りはしたくてしょうがなかったです。

冬山をやっちゃいけなかったんですが、夏に登ったことのある八ヶ岳に2月ぐらいに一人で行ったことがあります。装備が何もないんです。ニッカズボンにスキーグローブでした。いつものトレッキングシューズで行きました。スキーウエアとかなんか適当なものを着て行きました。当時、冬山の装備というのはまったく持ってませんし、冬山ってどういうものかも全然わからなかったです。

バスで美濃戸口まで行って、林の中を抜けて、赤岳山荘とかの前を登って、南沢を登って行者小屋から文三郎新道に行こうと思ったんです。夏に何回か登っているんで、それを冬に一回登ってみようとただ思っただけですけどね。頂上に向かいましたが、樹林帯を抜けた辺りで、だめだこりゃあとか思って下りてきました。頬がちょっとだけですけど凍傷になりました。三年生の冬ですから受験直前ですね。こういう敗退した記憶があるから冬山に対する強い思いがありましたね。

棚井先生は都立大の山岳部だったので、大学の山岳部の話とかをいっぱいしてくれたんですよ。面白そうだなあと思いました。岩登りの話も聞いてました。長谷川さんの話とかも聞いてましたしね。

今井先生はたぶん大学山岳部じゃなかったと思いますね。たぶん、ただ山の好きなおっさんだったと思いますけれど。

山岳部の部室には入部のために自分から行きました。スキー部の部室にも行っているんです。ワンダーフォーゲルは行かなかったですね。ワンゲルは岩登りはしないと思ってたんですね。

私は岩登りと雪山がしたかった。それをするのは山岳部だと思っていたんです。

スキー部は、日本チャンピオンがいますって聞いたんで、えっ、すごいなあ、入ろうかなと思って聞いたら、スラロームじゃなくて、距離の選手だったんです。距離には全然興味がなかったので、スキー部はお断り……。

立正大学は五反田で、一部は埼玉県の熊谷にもあります。私はずっと五反田でした。

私が、滑り止めとして受けた立正大学の学部は二部でした。一部の学部は一、二年生は熊谷に行かなければならなかったのです。熊谷なんて遠くまで行きたくなかったので、五反田の二部しか受けませんでした。山岳部の先輩にも、そんな理由で二部の学生が何人かいました。

山岳部の門を叩いたら喜んで入れてくれました。入ってみてわかったんですけど、うちの山岳部はいわゆる〝地獄の二丁目山岳部〟じゃなかったんですね。しごきとか奴隷制度とかいうのは全然なかったです。そんなのがあってもどうでも、何があっても、もう山岳部に入ろうと思ってました。

予備知識はなかったんですが、立正大学の山岳部は海外登山でも意外と実績がありました。

最初に開放されたときにアフガニスタンに入ったり、パキスタンの未踏峰へ行ったりしていました。付属の立正高校山岳部というのが当時としては珍しく海外登山を盛んにやってたんです。高校生がアムネマチン（中国青海省最高峰・6282メートル）に行ったりして有名だったそうです。そこの生徒が大学山岳部にも入ってきているので、海外登山は当時の大学山岳部にしてはあったほうだと思います。

立正大学のワンダーフォーゲル部はタクラマカン砂漠横断とか、テンシャン山脈の未踏峰登頂とかやってたんですよね。当時、ワンゲルとうちの山岳部は非常に親しくて、ワンゲルの海外登山に山岳部からもメンバーが参加してたんです。

ワンゲルと山岳部って区別がいまはもう曖昧ですけども、本来は、ワンダーフォーゲルというのはドイツ語の渡り鳥の意味らしいですから、基本的にはピークに拘らないんですね。砂漠も行くし、島にも行ったりとかね。

山岳部というのはアルパインクラブですから、頂上に立つというのが最終命題のはずです。ですから、ピークに立つために新しい技術、新しい道具というのを積極的に取り入れて、それでもって、信念としては、より高く、より困難にというのがアルピニズムだとされたんです。

ワンゲルの場合は、ピークに拘らなくて移動に重きを置くので、新しい道具とか新しい技術を取り入れて便利に快適にするより、先輩から受け継がれてきた道具や技術を守っていこうってなことが、当時のワンゲルではよく行われていたんです。より、広く、より確実にというのを求めたのがワンゲルだったんですかね。

大学には探検部もありました。

これが結構過激でした。川下りとか洞窟とか。私は探検部に入る気はなかったです。岩登りがしたかったんです。

このときの同期で、山岳部に入ったのは私を入れて二人です。先輩は五人いましたね。全部で七人ですね。少ないですか？　そういうもんですよ。

棚井先生の時代は山岳部に二十人とか三十人とかいたそうですけど、私が入った時代は十人もいれば多い方でしたよ。

他の大学では一年生をしごくとか奴隷のような先輩後輩関係があったみたいですが、立正は全然なかったです。

何で大学の山岳部にそんなに迷いもなく入ったのかというと、祖父の影響もあったし、高校の山岳部の影響もあったでしょうし、いろいろなものが複合して築き上げてきた道がたぶんそこに繋がっていたのと、それ以外のことにあまり興味がなかったからかもしれないですね。

祖父ですか？　私が山岳部に入ったら喜んでましたよ。なんか驚いていましたけど。でも、誰も反対しませんでした。うちでは「エーッあんた山なんか行けるの」って言っただけでした。

あの頃、山岳部に入っても親が駄目といったんで辞めますとかいうのはいっぱいいましたよ。

谷川岳の宙づり事故の影響もまだ多少あったでしょうしね。

シシャパンマ遠征計画

大学に入った時点で既に、翌1991年のシシャパンマ登山が予定されてましたから、みんな進歩的だったですよ。シシャパンマは中国にある8027メートルの山です。

この計画は大学山岳部が主体でしたが、メンバーにOBももちろん入ります。そのためのということはなかったでしょうけれども、それに向けて道具とかもどんどん新しい物が取り入れられましたし、メンバーはそれに参加するつもりで登山してましたから、下級生をいじめるとかしごくとか理不尽なことをやっている暇はなかったんですね。元々、先輩たちを見ていても、四年生も三年も、そういうタイプの人達では全然なかったんです。登山をやりたい者がやっているというスタンスがすごく強かったですね。

先輩五人は、毎年の合宿をこなしてきてますから、それなりの所は登ってますけども、登山誌に名前が出てくるような人たちではないんです。

私が入ったときに四年生は三人いて、三年生が一人、二年生が一人、私たち一年生が二人でした。四年生三人のうちの二人は立正高校山岳部から来た人たちですね。そのうちの一人は、アムネマチンにも行っているし、ワンゲルのタクラマカン砂漠とテンシャン山脈の登山にも参加していました。経験は積んでいる人なんです。ただ、海外登山の経験と岩登りの経験は全然別のものなので、特別凄い人のようには見えませんでしたね。

この五人はけっして上手ではなかったけどロッククライミングの経験がありました。考えてみれば大学へ入って始めて四年ですから、見てても、そんなに没頭しているふうではなかったですね。

ＯＢがいましたけど、玉石混淆でしたね。教えていただきたいと思える方は一人、二人ですね。結局は自分でやっていくしかないということです。

大学の山岳部というのは学校の助成金があるんです。うちの山岳部は体育会の中では古参なので、結構もらってました。その助成金は装備を買うとか食料の一部を買うとかはありましたけれども、合宿の交通費とか食費とか個人装備とかというのは、全部自分持ちでした。山岳部自体は、部費は徴収してませんでした。

団体装備というのは、テント、ストーブ、ロープ、鍋、コッフェル類、燃料……ですかね。一番高いのはロープですね。クライミングに必要なロープとかいっぱいありましたしね。テントも全員で行くために大きいのもありましたし、二、三人で行くものや、個人山行もありましたから、そういうときに使えるようなテントとして小さいテントとか。テントは新陳代謝してましたから、常に七、八張りいろいろなテントがありました。軽量のテントがいっぱい出てきた頃でした。私たちが使ってたのは、ダンロップかエスパースか、石井のオリジナルですね。

ストーブは合宿ではホエーブスを使いますけど、個人山行はガスで十分で、これもいろいろな種類がありました。

部室には備品が詰め込んだように置いてありました。装備品リストがあって、一応、誰かが管理している。山岳部に車はないです。山行きはみんな電車で、装備を背負って。夏合宿は一カ月ぐらい山にいましたね。一回途中で山から下りてきて風呂に入って、また登っていくんです。うちの大学の山小屋はなかったです。

トレーニングも全部個人が勝手にやるだけです。

最初の春合宿は谷川岳でした。二週間ぐらい。これはその七人で行きましたが、途中OBも来ました。谷川岳の芝倉沢で雪上訓練をしました。最初の合宿が残雪で嬉しかったなあ、あのときは。すぐアイゼン（氷上移動の際靴の裏につける金属の爪、クランポンとも）とか買ったんです。

アイゼンは一番最初に買ったのはサレワのアイゼンです。十二本のアイゼンは初めてでしたね。フロントポイントのあるものでしたね。それまでは六本爪です。でも、持っていても雪山へ行ってないから使うこともなかったんです。

当時、サレワのアイゼンがイコール、アイゼンだったんです。他にもシャルレとかシモンとかありましたけど、シャルレとかシモンはちょっと高くて、すぐには買えなかったですね。シャルレの良い物はサレワの倍ぐらいしたんですよ。

高校生のときは、残雪があればそこは避けて歩くんです。だけど、今度はそういう道具を使うことで、登るということができるわけですね。これは私にとっては登山道から離れたバリエーションルートに入るわけで、他の人たちと違う所に入っていけるというのは、すごい魅力的なことだったんですね。

いまでもあのころ嬉しかったことを覚えてますよね。荷物を持っていくのは苦じゃなかったですね。50キロなかったと思いますよ。

訓練とか合宿には結構ＯＢが指導に来てましたね。一人、高橋さんという方がいらっしゃって、この人は本荘山の会に所属してました。当時は、まだ、緑山岳会とか山岳同志会とかに代表される社会人山岳会が活躍していた時代だったんです。本荘山の会もあちこちの岩場に「本荘山の会ルート」があるような会でした。

高橋さんは学生のときに山岳部に所属しながら本荘山の会にいたんです。それで、岩登りがとても上手だったですね。そういう人が指導するために来てくれました。

初めて本格的な岩登りを体験するんですが、想像していた通り、面白いなあこれはと思いましたね。谷川岳もルートに入りますと、やっぱりハーネス付けてロープを付けて、ちょっとした岩登りをしたわけです。ああ、面白い、やっぱり、これをやりたかったんだなと思いました。

特に体力的なことで鍛え直さないといけないなとは思わなかったですね。別に高校時代に鍛えたわけでもないんです。走り回ったとかなにもないんです。浪人のときは車ばっかし乗ってて、ほとんど歩いてもいませんしね。たぶん軽かったんでしょうね、体が。そのときはいまよりも太ってましたけど、でも、70キロはなかったですね。

みんなの呼び方は、大学では「タケウチ」でしたね。やっぱり体育会ですから呼び捨てです。でも、それは呼び方だけで、上下の関係はなかったですね。先輩も後輩も荷物は同じ重さを背負ってました。荷物分けは、リーダーが人数分に分けて、ジャンケンで決めてましたよ。うちの山岳部というのは、そういう意味では特別な記録もないし、特別すごいクラブでもなかったんですけど、山岳部ができて以来一人も山では死んでないんです。当時はそれは珍しかったんです。

先輩たちは冬の利尻とかも行っていますし、結構いろいろなことをやっているんですよ。困難なことをするというのは、結構、純粋にクラブの伝統として体質としてあったんだと思うんです。他の大学山岳部は、登山だけでなく、もうちょっと人間から鍛え直すみたいなところがあったのかもしれませんね。それがしごきだったんじゃないですか。

本格的な道具を

いま思い出すと、私の持っていた装備が誰よりも一番良かったですね。

シュラフはみんな化繊の寝袋を使ってましたけど、私は羽毛でしたし、みんなエアマットはキャラバンの座布団みたいなマットでしたけど、私は最初にサーマレストを買いました。ハーネスもみんな石井のオリジナルかなんかだったかな。私はウイランスのハーネスをしてましたし、カラビナなんかも先輩のはずいぶんと使い古されていましたね。

それは、私が物が好きで、少しは知識があったからというのもあったと思いますね。石井スポーツとかさかいやスポーツとかカモシカスポーツとか、日頃からよく行ってましたね。高校生のときや浪人のときも、よく見に行ってましたね。

最初は知り合いからもらった木のピッケルを使いましたけど、すぐ自分でピッケルを買いました。シモンのピッケルを。石井スポーツへ行くと、木のピッケルとメタルシャフトのピッケルと並んでいたんですけど、時代はメタルの時代になっていたんです。買ったのはシモンのスーパーなんとかでした。普通の溶接のものでしたね。一応、テクニカルに使えるというタイプで二万円ぐらいのものです。

革の登山靴も買いました。アイゼンが付く革の登山靴ですね。マインドルじゃなかったかな。結構良いのを買ったと思います。私と同期で入った宮本君は、アルバイトでお金を工面して道具を買ってました。下宿してましたね。

当時、石井スポーツに手形というのがありました。大学山岳部あてに、部長先生を保証人にして支払いが一年間猶予される、いわゆる「ツケ」です。私は一回も使ったことはなかったですけど、彼なんかやっぱりそれで道具を揃えて一年かけて返済とかしてましたよ。

お金が貯まるまで待って揃えてから山に行くとなると、一年もかかっちゃいますから。当時は石井スポーツは学生だけにそういうサービスをやっていました。

アイゼンは一万五、六千円だったんじゃないかな。ハーネスは一万円ぐらいでしたけど、カラビナは当時は高かったんですよね。千五百円ぐらいしました。メーカーがまだ少なかったので、高い物しかなかったんですよ。それを七、八枚買ったのかな。

バックパックはロウアルパインを買いました。ほかにもいろいろと全部揃えれば、十五、六万円はしました。

うちの母親は、祖父の娘だからかもしれませんけど、買うのならば、必要かどうかはよく考えなさいと、買うべきか買わないべきか。買うならば、良い物を買いなさいと。

で、お金がないからといって悪い物を買ったり、買わないで、怪我したり、死んだりすると困るから、ちゃんと揃えてから山へ行きなさいって。

必要な物は、やりくりすれば買えるなら必ず買いました。それは必要だから買います。不必要な物は別に買うつもりはないですけれども、結局、一番良い物を買いますね。

私ね、道具が好きなんですね。使える道具が増えるということがとても面白いですね。腕時計をつけるとかね、自転車に乗るとかという感覚ですよね。それをつけることで、自分の能力が高まるような、ピッケルとアイゼンをつけることで、自分がいままで登れなかった所が登れるようになる。パワーを手に入れるような感じになる。それはね、とてもとても快感ですよ。学生の時もそう思いました。実際めちゃくちゃ面白かったですね。

道具には凝って、いろいろ研究したり、いつもカタログを見ていました。いまも道具は大好きです。ただ、あまり執着はないんですよ。

買って使ってみて気に入らなければ使わない。それに、私たちは使用頻度が高いので、傷みが早いんですよ。なので、古い物に愛着を持ってずっと使うということはしないです。学生のときから使っているとか、そういう人は多いですが、私は全然そういうのには興味がなくて、どんどん新しい物に交換していってしまいます。

いまの時代は技術を導入することで、よりハードなことができると考えるべきなんですよね。どんどん新しくて良い物が出てくるわけです。もちろん古い方が良い場合もあるんです。だけど、それも含めて、一つの物をずっと我慢して使ったりとかというつもりは全然なくて、常に消耗品というような考え方が強いです。

愛着が湧くとかそういうのもすごくよくわかりますが、山の道具に関していうと、体の一部なんだけど、代謝をしていく物というか、消耗していくもののような感覚という思いがすごく強いんです。ずっと一つの物に拘って使うとかというのはあまりないです。

どれもこれも高いですけど、良いと思えばすぐ買ってみますね。で、良ければ使う、良くなければあきらめて買い換えるというか、別の物を試してみる。アックス、アイゼン、ヘッドランプ、ガスストーブとか、そういうものはどんどん使ってみますね。

岩登りに夢中に

大学に入って最初の春合宿の後、夏の合宿までは個人山行みたいなのはありました。先輩と二人で行ったりとかね。クライミングでしたね。小川山とか双子山とか、岩登りです。岩登りもいろいろ種類があって、いわゆるヘルメットを被ってトンカチを持ってハーケンを打ちながら登るようなアルパインクライミングもあれば、10メートルとか15メートルのクラッグ（崖）の中だけで、プロテクションはすべて既に整備されていて落ちるのが大前提で、体のムーブを追求するようなスポーツクライミングもあります。私はアルパインクライミングが好きでした。

いまは、そんなことはないんですけど、当時はアルパインクライミングの人とスポーツクライミングの人というのはなんか敵対関係みたいな時代だったんです。お互いに邪道だと言い合ったわけですね。私にとっては理解しにくいところがあったんですけど、私に岩登りを教えてくれた先輩はどっちもする人でした。

矢作さんという人です。ちょっとポッチャリしていて、特別に上手なわけではないのですけれど、岩登りが大好きな人だったんです。その人にアルパインのルートにもフリーのルートにも連れて行ってもらったんです。

一年目は、ずいぶんあちこちで岩登りしましたね。

授業はあまり行かなかったですね。社会人になる気はありましたよ、永遠に学生じゃないということはわかってましたから。しかし、父親は毎朝、同じ時間にネクタイ締めて出ていくんですが、自分がそれをやるというのは想像しにくかったです。何をやるかわからなかったでも、祖父のように商売をやるというのも考えてなかったです。

岩登りがすごく楽しくて、すごくやりたいことができていて、それに夢中だったんですね。だから、その時点では、卒業して何になろうかとか、全然考えてなかったと思いますね。

いままで絶対に登ってはいけないし、登れなかった所に道具を使いながら自分で登っていける面白さがあって、危険と隣り合わせなんだけれど、自分の体力で行ける所まで行ける。いままで登れないように見えていた所が実は登れるとかね、道具もあるし、やってみたら登れるという、そういう面白さでした。

時には、落ちてハッとするようなことはありましたよ。ただロープをつけてますから、擦《す》りむくとかなんとかというのはよくある話で、大けがというのはなかったですね。ただ、一回ね、まだ学生の時でしたけど、そこそこ登れるようになったときにガイドの真似事をしていたときがあったんです。知り合いに頼まれて、岩登りを教えてくれみたいなね。

三ツ峠に行って、岩登りを教えていたときに、私が先に登るので知り合いが私をビレイ（確保）してたんですけど、私が落ちることはないのが前提で登ってますから、しっかりと確保されてなかったんですね。

ところが、なんかの拍子でロープが引っかかったらしくて、私はバランスを崩してグラウンドフォールという、地べたにまでおっこって、足首かなんかを亀裂骨折だったかな、それと背骨の一部をちょっと欠いたんですよね。そのときは、三カ月ぐらい痛くて何もできなかったんです。まあ、それが大したことなくて、それぐらいで済んだんですね。落差は3、4メートルですが、背中から落ちたんです。あのときは痛かったですね。相手はびっくりしてましたよ。

保険とか、当時はそんなものはなかったですしね。

夏合宿で岩登りに行くときは、それだけの期間に使うハーケン（岩に打ち込むクサビで確保の支点にする）とかみんな用意していくんです。ハーケンは打って、また抜きます。あれは本来は抜くもんなんですが、残置する場合もありますね。ただ、そういうふうに残されたハーケンは錆びているかもしれないし、信用できませんね。

いろいろなハーケンがあるんですけども、打つにも経験というか直感が必要だし、抜くのにもコツがあるんですよ。釘を抜くみたいに抜くんじゃなくて、そのハーケンをいろいろな方向に打ったり、良い方向に叩いていくとだんだん出てくるんですよね。そこそこ抜けてきたときに、ハーケンとハンマーの穴をカラビナ（バネ式の開閉部がある金属製の輪）で繋いで、飛ばないようにして引っこ抜くわけです。

さまざまなハーケンを使いますね。リス（岩の割れ目）の形に合わせて薄い物もあるし厚い物もあるし、顎《あご》の向きがどっちを向いているかとか、先端がどういう形をしているかとか。長さもいろいろ種類があります。それを何種類か持っていて、リスに合わせて選びます。それがハーケンを打つ技術の一つでもあるんです。

ロッククライミングの話

岩登りで、二人一組で登っていく方法というのを「スタカット」っていうんですね。スタカットクライミング。

一人リードする人が登っていきますね、で、次に来る人を確保するんです。それで下の人が登ってきます。技量が違えば、上手な人が先に行って、技量が足りない人が後から付いていきます。それを繰り返します。

同じ技量があるならば、下の人は上がってきたら確保している人を追い越しちゃって登り、次に確保の役に回ればいいんです。

そういうふうに釣瓶《つるべ》式に登っていく方法もあるんです。

どんな方法であっても、ロープでお互いに繫がっています。

私が登っていきますね。そうすると、途中にランニングプロテクションといって、中間支点を設けていくわけです。それはハーケンであったり、カムやナッツという道具だったり、岩角であったり、場合によっては立ち木であったりもするわけです。

そこにクイックドローや、スリング（ロープやテープを輪にしたもの）を掛けて、カラビナを掛けて、その中をロープが通っていきます。もし、落っこちると、その中間支点から落ちることになるので転落距離が短くてすむわけです。その上、下の人が確保器という道具を使ってロープが流れ出すのを止めるわけです。そうやって転落を最小限にするんです。

上の人が登っていくときは、下のビレイヤー（確保する人）が、自分は落ちないように固定しておいて、登っていく人に合わせてロープを送り出していくんです。

中間支点が増えれば、増えるほど、カラビナとロープとの摩擦によって衝撃が減衰されるし、ロープが長く出ていれば出ているほど、ロープの伸びによって衝撃は吸収されるんです。

だいたい50メートルとか60メートルのロープを使うんですけども、50メートルの所まで行く間に、いいビレイポイント（確保支点）、テラスみたいなのがあれば、そこで自分が落っこちないようにまず止めて、下の人のロープをビレイする。そうすると、下の人が途中のランニングプロテクションを回収しながら登ってくる。これが二人でやるやり方です。

三人になると、先頭の人が一人で、下が二人ですね。そのときはロープを二本にするわけです。アルパインクライミングの場合は、基本的にロープは二本で一本にするんですよね。ちょっと説明が難しくなってくるんですけど、ロープには、シングルロープとダブルロープ（ハーフロープ）、ツインロープという種類があって、一本で使うべきロープと、二本で使うべきロープと、二本を一本として使うロープがあるんです。

クライミングの質や内容によって使い分けていくんです。オーバーハングが主体のクライミングや、スポーツクライミング、アイスクライミングであれば、一本でいいわけです。岩角に当たって、切れる可能性が少ないので、一本のほうがより軽いし、複雑なムーブができるわけです。

ところが、アルパインクライミングといわれる岩登りでは、岩もあるし、氷もあるし、場合によっては藪もあったりしますから、土木作業をしながら登って行かなければならないこともありますね。それとロープが岩角を通ることが多いので、転落の衝撃で切れてしまう可能性が高くなるので、二本のロープを別々のカラビナに通していくんです。そうすると、一本が切れても、もう一本が生き延びる可能性がある。それに、下りる際に懸垂下降をしますね。そのときに下でロープを回収しますので、二本を結び合わせることで50メートル下りてくることができるのですね。

ですから、アルパインのルートに入るときに、二人でも二本のロープを繋げて登っていくんです。

三人になったときには、先頭の人が二本のロープを結わえて、先に登って、ビレイポイントに着いたときに、二本のロープをそれぞれビレイするわけです。そうすると、二人の人はイッセイノセで登っていくわけです。

実際には、一緒に登れないので、少しずらして登ったり、一人ずつの場合もあります。四人になったら二人ずつ組んで登ればいいんです。基本的には、二人いればできるから、三人目のときは補助が一人増えるということです。

こういうことを夏の合宿で一個ずつ、みんな試したり、教わりました。

いまと違うのは、道具が軽くなったことぐらいです。ロープはもちろん細くなりました。

基本的には……形や役割はみんな一緒。

当時は、シングルロープといわれるものは11ミリが基本で、ハーフロープといわれるダブルのロープは9ミリが基本だったんですね。いまは、シングルロープで一番細いのは8・9とか、太いもので10・5か10・2です。ダブル（ハーフ）でも、8ミリとか8・3ミリとかです。

11ミリが、9ミリ以下になって、9ミリが8ミリになったんです。

ずいぶん、中途半端な太さですが、おそらくロープメーカーにとってロープの太さは後からの話で、強度や伸び率の規格でその太さになっちゃったんだと思います。おそらくより細くて軽くて、より伸び率がコントロールされているものを作ろうとした結果ですね。

ロープの話

ロープのテクノロジーというのは、すごく進化しています。ナイロンでできているんですけど、コア（内部）とストランド（外皮）は別の構造になっていて、それぞれがずれないように特殊な技術で圧着をしたり、ロープの伸び率をコントロールしてあります。

ロッククライミング用のロープって、皮を剝くと白いんです。

体に衝撃を与えないために伸びるように出来ているんです。ロープの外側のストランドは網状になっているんです。蛇の模様みたいです。中は一本の繊維なんですよ。細い一本のナイロンの繊維が50メートルになっているものを何本単位かで撚って束ねてあるんです。電話線みたいなもんです。だから、よく伸びるし、それ自体がすごくクッション性があるんです。

ロープというのはバネなんですよ。バネというのはどこかで切れてないわけですね。引っ張られたら、ビョヨヨヨーンと伸びる。伸びて縮むのです。

研修会では、人間に見立ててタイヤをくっつけて落っことしたりして、ロープの性能を実験してみるんです。ロープにタイヤをぶら下げるだけでもう伸び始めるんです。これが、何パーセントの伸び率かということで、それらは全部コントロールされているんですね。

ロープはUIAA（国際山岳連盟）などの規格で全て定められています。伸び率が何パーセントで、衝撃荷重が何ニュートン以下にしなさいという規格で作られているんです。バンジージャンプのひものようにロープは伸びれば伸びるほど衝撃を吸収しますが、伸びすぎてしまっては、地面まで落ちてしまうわけです。だから、伸びなくて衝撃を吸収してくれれば理想なのです。

一般の方はロープは伸びない物だと思っているでしょうね。

クライミングロープは、ダイナミックロープと呼ばれ、ぶら下がるだけでも伸びます。80キロの錘をぶら下げて、シングルロープは10パーセント以内、ダブルロープで12パーセント以内の伸びがあります。

クライミングの場合は、必ずどこかにランニングプロテクションがあって、ロープが屈曲することで落ちる距離が短くなります。カラビナによる摩擦で、さらに衝撃は吸収されます。しかし、ヨーロッパのロープ試験だと、末端をアンカーで止めて、岩角に見立てたエッジにロープを当てるようにして、60キロや80キロの錘を付けて、落とすんです。そのときに、何回やったら切れるかというのも調べられるんですよ。より厳しい検査をさせられるんですよね。

洞窟探検のケービングとか、窓拭きなどの高所作業などでは、伸びてもらっては困るわけですね。転落して衝撃を吸収するような使い方をせずに、ただ下りていって、その後、上ってこないといけないんです。

そうすると、伸び率があると、ビョンビョン、ビョンビョンしちゃって、上れないので作業にならないわけです。ですから、そういうケービングなんかで使う物は、スタティッククロープという伸び率が1パーセントとか、3パーセントとかというものがあるんです。そういう物は、伸びないので、クライミングには絶対に使わないでくださいって書いてあります。ケービングする場合は、100メートル、150メートル下りていくので、200メートルロープとかというのが市販されています。

登山技術の進歩

１９９０年夏の合宿で、そうしたことを何回もやりながら、ロープの扱いだとかをみんな教わりました。

正直いうとね、先輩たちはそれほど技術的には高くなかったですね。後で考えてみれば、だいぶ時代遅れな方法を私に教えていました。最先端の技術ではなかったんです。やっぱり登山の技術というのは、ヨーロッパでどんどん洗練されてきて、日本に入ってくる時点でもう既に遅かったんです。

さらに大学山岳部というのは、先輩たちから教わってきたことしかやらないわけです。新しい技術とか方法を学ぶ機会ってないんですね。なので、後でわかったことなんですけど、そのときにおいてもかなり間違った技術がずいぶん多かったんです。そのときはわからなかったので、それを覚えたわけです。

だんだん自分で勉強し始めるわけですよ、本を読んだりして。そうすると、なんか、先輩のやっている方法は昔はＯＫだったけど、いまは否定されているなんていうことがいっぱいあるわけですよ。

特に、クライミングの技術なんかは去年まではいいとされていたものが、今年はやめたほうがいいという話になるのはよくある話なんです。

私が岩登りを始めた頃はエイト環（８の字の形の金属製の器具）でビレイをしてたんです。ところが、三、四年後には、ダブルロープをエイト環でビレイするというのは完全に否定されるわけですね。そういうのを知らないまま、いまでもエイト環でビレイしている人というのはいっぱいいます。

ハーネス（登攀《とうはん》用安全確保ベルト）も、私が使っていた型は、いまはもう売ってさえもいないんですね。危ないから使っちゃいけないんです。

でも、昔それでやっていたし、まだ使っている人達がいっぱいいます。

それぐらい登山の技術とか道具が急速に進むなかで、大学山岳部みたいな閉鎖的なとこで行われてきた技術は、古典みたいなもんです。だから、そのときに、私が学んだものは私の登山の技術の礎になったわけではないんです。山登りの技術というのは、道具が変わってテクニックが変わっていくと、積み重ねていくんじゃなくて、新しいものにどんどん取り替えていくものなんです。新しい道具なり、新しい技術を積極的に取り入れられるかどうかというのがすごく重要なんです。

なかには、自分はこの技術が使い慣れているからいいんだっていう場合もあるんですが、登山の場合は、それは否定される場合があるんです。実は、その結び方は危ないんだとかということが出てきていますから。

誰かが失敗したり、それを検証したら正しくないことがわかるというのは、ままあるんです。そういう意味では、登山の技術というのは、新しいものに取り替えるだけではなくて、自分が使っている物が常に正しいかどうかチェックしていかなきゃいけないんですね。

山岳雑誌がよかろうと思って、これが新しいんだって載せるわけです。そうしたら、もうすかさずそれが否定される場合もあるわけですよ。

登攀技術の本なんて古本屋で買ってくる人もいるわけです。それは大変恐ろしい話です。山道具屋さんがちゃんと説明できればいいんですが、残念ながら、ちゃんと説明しきれていないのも、また事実でもあるんです。まあ、さすがにね、商品になったものが、まるでだめというのはあまりないんですけど。それをどのような状況でどう使うかで危険なことがあるんです。

例えばエイト環の発明というのは、登山の技術革新でもありました。エイト環はロープを下りるために作られたもので、いまでも下りる道具としてはパーフェクトなんです。いまでも私は常にエイト環は持って歩いています。それが、確保に広く使われるようになったんです。確かに確保に使って悪いことはないんですが、使って悪い状況があることがわかったんです。

エイト環が発明された後はエイト環の仲間みたいなのがいっぱい考え出されたんですよ。角が生えていたりとかいろんなのが、ドバーッて出たんです。

それが、一つずつ淘汰されていって、結局、元の「8」の字に戻ったんです。いまはほとんど8の字しか売られてないんです。そういう検証が常に行われているんです。ビレイに使うと危ない局面もありますよっていうので、限定されて、違うビレイデバイスが発明されたんです。いまは、ビレイをするのは、そっちを使ってます。

私が大学の山岳部で教わった技術自体はもうすでに古い技術だったんですね。混沌とした時代ではあったんですよ。当時は、まだまだヨーロッパにおいても、どれが良いのか悪いのかということはよくわからなかったようですね。ヨーロッパで良いと思って作られたものが必ずしも日本で良かったかどうかわからないとかもありますしね。

山の状況が違いますからね。

昔はカムとかナッツとかというものも、日本の岩は海外の岩に比べて脆いから、こんなものは使えねえんだというような人がいっぱいいたわけですよ。いまでは、そんなのは笑い話みたいですが。

ボルトという岩に穴をあけて設置をするものだって、海外では岩に無意味に傷を付けないのが原則です。だけど、欧米では既にクライミングはスポーツとして成り立っていたわけです。そういう場所では、安全を確保するためだから、岩場の整備として、浮き石があったら落としておくのと同じように、電動ドリルで穴をあけてケミカルアンカーを打つべきだっていうことで、がっしり打ってあります。

だけど、途中の部分は、登る人達もチャレンジで登らなければいけないから、ボルトとかはできるだけ打たないように制限されているわけです。

ところが、日本の場合は登れなければとりあえず打っちまえと、例えば、その日に行ってみて、濡れていて滑ったら打っちまえぐらいの……安易さだったんです。

ですから、ヨーロッパと日本で使われたボルトの種類が違ったわけです。

ヨーロッパの場合は、長期間設置が大前提ですから、ステンレス製です。ハンガーもナットで締めるようになっています。場合によっては、そのハンガーだって交換できるようになっているわけですね。

ところが、日本では、とにかくそこだけ突破してしまえという概念でつくられていましたから、コンクリートボルトを改造したようなものです。一発ドカーンと落ちるとリングが変形してもう使い物にならないんです。日本の岩場では使い捨てられ、錆びちゃったものが沢山残置されています。

考えが違ったわけです。私たちもそれを使ってましたけども、海外に行って登った人たちがいろいろな情報を仕入れてくるわけです。大学の山岳部で、岩登りを教わりながら、自分で海外の技術だとかを勉強していかなければいけなかったんです。山岳部の先輩以外で教えてくれる方はいませんでしたから、本を読むしかなかったですね。

当時身近だったのは、日本の雑誌では『岩と雪』や『クライミングジャーナル』。アメリカの雑誌では『クライミング』とか。私は英語が読めなかったので、絵や写真を見るとかで推測してました。当時は、まだまだそんな時代だったんですよ。

そのときから、ヒマラヤには行ってみたいと思ってました。ただ、ヒマラヤに行く技術というのは何なのかというのは全然知りませんでした。

冬合宿

山岳部に入ってまず残雪期の登山をやって、夏休み合宿は剱岳《つるぎ》で一カ月ぐらいでした。剱岳で合宿したそのまま穂高でも合宿して合計で二カ月弱。ＯＢが途中で来たり帰ったり、前半だけで、後半の合宿に参加しない人もいました。

私はフル参加しました。

あの時は、一年生二人と、三年生、四年生で五人で、他の人が出たり入ったり。私の同期の一年生は、後半は出なかったですね。

うちの場合は、剱岳の真砂という所に入って、そこで大体二週間ぐらい毎日岩場に通うわけです。

きょうはチンネとか、きょうは八ッ峰のどっかとか、池谷とか。天気が悪ければテントにいることもあるし、何日かに一日は、休みながら、岩場に通っていくわけです。

いろいろな岩場を登っていくわけです。今日は頂上に行ってみるとか、裏側まで行ってみようって。まあ、あそこは登るところは無数にありますから、もし全部登ろうとすれば、二週間でも三週間でもいくらでもいられるわけです。

そういうのをした後に、たいていは真砂から槍ヶ岳までとか、平の渡しを渡って、後立山に回って親不知までとか何でもいいんですけど、縦走していくわけです。その縦走が大体一週間とかですね。

お風呂はないですけども、川原がありますから、そこで体を洗ったりとか、水場があれば、頭を洗ったりとかってのはしてますから、別に全然……なんていうんですか、そんなに汚くはないと自分では思ってましたよ。もちろん普段からすれば臭いと思いますけど、思っているほどじゃないと思いますよ。

大学の山岳部では、夏の合宿などがトレーニングという考え方なんです。冬合宿は北鎌（槍ヶ岳・北鎌尾根）に入るんです。当時、冬の北鎌というのは、大学山岳部だけではなくて、社会人の山岳会を含めて、まだ大きな課題だったんです。

冬の北鎌とか、冬の剱の八ッ峰、黒部横断とかというのは、難しい課題とされていました。私にとっても初めての冬山で北鎌を登れるかどうかというのは、すごく大きな課題だったんですよ。

それは結構大変でしたよ。生半可ではなかったです。それを登ったことで、若干の自信ができたみたいなのはあったと思うんですね。

そのときの装備は、靴はプラスティックブーツでした。卒業する先輩が、まだ傷んでないからあげるといいましたので、それは有り難く頂戴して使ったんですね。

他にはノースフェース（ザ・ノース・フェイス）の厚手のフリースを買ったぐらいじゃなかったかな。あと手袋を買って。既に、初冬の富士山とか八ヶ岳に行ってたので、冬山の装備はそこそこあったんです。だから、北鎌のためだけに買い足したのは、防寒具ぐらいだったと思います。

アンダーウエアも、すでに新しい時代のもので、ナイロンの薄いアンダーを着てましたよ。その上は、当時、またクライミング用というか、山用のズボンというのは、ウールのニッカズボンをはいている人が結構いたんです。山用のパンツはあまり良いのがなかったのですね。先輩たちからジャージが濡れないし、すぐ乾くし形も絞ってあるからね、使いやすいからいいっていわれて、みんなジャージでしたね。ジャージの下はポリプロピレンの股引のような下着でした。フリースのパンツも出始めたので、私はフリースのズボンを持っていたんです。ところが、フリースのズボンは当時、湿気たんですよね。それに風が通ってしまって。で、やっぱりジャージにオーバーズボンとオーバーヤッケを着てましたね。シングルウォールのヤッケです。ダブルだと中に結露して、霜が立っちゃうんですね。ゴアのカッパを使っている人たちもいましたよ。

当時は、日本の冬山で使いやすい冬用のオーバーヤッケってあまりなくて、どちらかというとゴアのカッパみたいなもののほうがよかった場合も多かったんです。学生は、いまでも雨具と冬山用のヤッケをゴアテックスの雨具で共用している人が多いと思います。いまは、あんな格好では行きたくはないですけど、当時は、まあ、それが全国的に普通だったんですね。

先輩には、石井のオリジナルのカッパ着てる人が多かったですね。私はノースフェイスのカッパでしたね。

食料は、あのときは、もう完全にジフィーズとラーメンでした。美味しくないですけど、もうその時点で、私を含めて誰も山でおいしいものを食べるつもりはなかったですね。山に行っても美味しいものを食べたい人はいっぱいいるんでしょうが、北鎌ではそういう発想にはならないですよ。

途中で岩登りもありますしね、ロープとハーネス着けての登山です。北鎌に対する認識というのは私なりにちゃんとありまして、それなりに緊張して準備をした記憶があります。楽しかったですね。先輩が独標で落ちてやばかったりしました。

まだ社会人も北鎌に入る時代だったので、社会人と抜きつ抜かれつの登山だったんです。私達は万が一のために荷物や日程が多いんですが、社会人は、それを学生方式だといって、結構、馬鹿にしてたもんですよ。

私自身はあまりそういうのにはこだわりはなかったですね。

まだよくわからないというのもあったし、とにかく楽しかったんです。何となくそこで冬山のイメージが現実のものとして体験できたんですね。私、いまでもね、独標の頭で嵐がはたと止まって、夕焼けが出たときの、あの真っ白な槍ヶ岳はいまでも目に浮かびます。あれはきれいだったな、星が出てて、嵐の直後の空は、本当にきれいでしたね。

初めての冬山で、もちろん厳しかったけど、恐怖感はあまり感じませんでしたね。あの時は一年生は私一人でした。同期に入った宮本君は冬山はまだ僕には早いからとかで来なかった。そのときは三人だったんですが、この三人が結局、シシャパンマに行くメンバーだったんですよ。

第三章　初の海外遠征「シシャパンマ」

（この章取材　2008年3月18日から三日間）

※シシャパンマ（標高＝8027メートル）所在地＝中国
チベット側の呼び名「シシャパンマ」は「牛も羊も死に絶えて、麦も枯れる地方」。長い間、ネパール語で「聖者の住居」を意味する「ゴサインタン」と呼ばれていた。中国が外国登山隊を排除していたため、初登頂が遅れた
◆初登頂＝1964年、中国隊許競ら十人
◆竹内洋岳の登頂＝2005年5月7日、アルパインスタイルで南西壁から登頂。北面への初トラバースに成功。無酸素で。この章の大学山岳隊では登頂せず

初の海外遠征

私の初めての海外遠征は大学二年生のときの1991年です。

遠征費は自分持ちでした。一人百万円でした。総勢八人か九人か。現役は三人でした。その百万円はたぶん祖父に頼んだと思いますね。母は躊躇《ちゅうちょ》しなかったですよ、行けといいましたね。まだヒマラヤに行くという機会は世の中でもそんなになかったし、8000メ

ートル級の山へ行くという機会もなかなかなかったんです。私は、ヒマラヤと８０００メートル級の山にはなんとか行きたいと思っていました。

初めて入部を申し込みに行ったときに、先輩が「来年、大学山岳部創部四十周年記念でシシャパンマに登る計画があるけど行く？」っていったんで「僕も行きます」といいました。その時点でもう既に計画はしっかりしてたんです。それで、私が行くと手を挙げたので、一人増えたというだけの話ですね。

こうした計画の第一関門は人を集めることだと思います。行こうという人達が五人でも六人でも集まれば、一人が百万円ずつ用意してくれれば、六百万円とかになるわけですし、さらに学生が行くとなれば、大学からもお金がでますから。

まず誰が隊長という旗振り役をするかということを決めます。そして、人が集まるか、あとは学生をいかにそのかして行かせるかというのがあったと思うんですね。ＯＢたちは仕事をしてますからね、仕事をどうするかというのもあったようです。

ＯＢたちは、もっといろいろ持ち出しをしていると思いますけど、一応、最初に百万円ずつ持ってテーブルの上に載せて、それで足らない分を、ＯＢ会からの寄付金とか助成金とかで。さらに足りないものは、その都度、ＯＢたちが少しずつ金を出すとかというようなかたちで、手作りの登山隊として行ったわけです。

ＯＢは必ずしもお金持ちではなかったと思いますけど、中に参加者じゃなくてＯＢ会にお寺さんの住職とかいて、結構まとまったお金を寄付してくれていますね。

他の大学では、ヒマラヤとなれば、山岳部OB会だけじゃなく、卒業生からも寄付を集めたりと集金力があるようですが、立正大学の場合はとにかく山岳部の中だけの話ですからなかなか大変だったと思います。

個人装備は、自分たちで用意していかなければいけないので、新しくプラスティックブーツなんかを買い揃えましたね。

当時は、靴はプラスティックブーツが主流になってましたね。靴に併せてアイゼンとか、着る物も買いました。もうゴアテックスが普及してました。

ダウンジャケットもこれを機会に買い換えました。ノースフェースのヒマラヤ用のというのを買いましたね。けっこう高かったですね。シュラフもノースフェースのものを買いました。

立正大で、8000メートルは初めてでしたね。当時、8000メートル峰に単独の大学が登山隊を出すというのはまだ稀でした。かなりの決意があったと思います。シシャパンマには二つの峰があって、立正大学が登ったのは中央峰の8008メートルです。もう一つ8027メートルの主峰があります。この標高8008とか8027は、じつは、資料によって標高がまちまちなんです。シシャパンマは山全体が中国領のチベットなので正確な測量がされていないからだと思います。今でもそうなんです。

8000メートル級に行くといったら、可能なら、みんな行きたいと思ったと思いますね。OBたちは、それはそれは途方もなくヒマラヤとか8000メートルへの憧れってあったと思います。大学山岳部の存在意義がヒマラヤに行くという時代が確かにあったんです。日本の登山は、基本的にはトレーニングで、最終目標はヒマラヤに行くんだと。

おそらく、この時の立正大学も学生はおまけなんですよ。ＯＢたちが自分で行きたいがために、学生も行きますという大義名分が必要だったんです。学生は、別に、頂上まで登らなくてもいいんです。お金を集めるための宣伝材料でもあり、実動部隊なんです。ＯＢ達は仕事をしていますから荷造りとか学生にやらせるしかなかったんです。

結局は、その遠征は登山だけを取れば私にとっては大して面白いことでも何でもなかったんです。私が入った頃の山岳部には上下関係なんてないですけど、ＯＢたちはそういうのが大好きな世代ですからね。

お金を掛けないで行くのだったらカトマンズから行けばいい話ですが、北京の登山協会の人とか当時の政府の人とかとのつき合いがあるというので、北京で何日か滞在してパーティーが組み込まれているから、中国経由はお金のかかるコースになるわけです。

北京、成都、ラサで行く行程でした。北京がそれを要望しますからね。そうすると、ＯＢ会長とか三、四人くっついて来るわけです。本来なら八人の所がそれだけで十何人になっちゃうわけです。登山隊のメンバーは、荷物を少しでも多く持ち込むためビジネスシートを買っているんですよ。八人分。ところが表敬訪問に行くＯＢたちが買ってあったのはエコノミーです。なのにＯＢだからということで、学生分のビジネスに座るわけですよ、三人分。

別にそれを私は恨んでいるわけでもないですけど、そういう組織なんだって知りました。

私にとって、初めての海外でした。それまで海外へ行ったことはなかったんです。

私、チベットへの憧れは強烈なものがあったんです。あの頃、世界中で行ってみたい秘境の一つがチベットでした。その当時は既に、ハインリッヒ・ハラーの本とか、木村肥佐生さんの本とかは読んでましたから、チベットにはすっごい憧れはありました。

これは、1991年の3月から二カ月半ぐらいの遠征でした。

遠征前は、冬の富士山に登るのが良いトレーニングだといわれていたので、何回か登りました。冬の富士山というのは、それなりの技術と道具が絶対必要です。誰もが行ける山ではないです。独立峰なので、風がもろにぶつかるのですね。とにかく寒いということと、風が強いんです。立っていられないような風が吹いてきますね。砂利とか飛んできますしね。凧のように飛ばされる人もいます。冬の富士山では毎年、事故がありますね。一番危険なのは突風だと思います。過去に、結構有名といわれたクライマーでも富士山で飛ばされて亡くなっている方もいますから。

シシャパンマ準備

シシャパンマに行くために日本から送った装備は1トンぐらいでした。

総リストは私と先輩で作りました。学生は雑用係だったから、先輩、ＯＢがやれといえば、なんでもやるんです。私は食料係でした。

総合計画を立てたのはOBでしょうね。

隊のメンバーは八人だったかな?。

隊長の古川さんは、前年のタクラマカン砂漠やテンシャンへ行ったり、6900メートルだかの山にも登った方でした。会社を辞めて参加したOBもいましたし、他の三人は……パキスタンの未踏峰に行ってましたね。それは結構難しい山で結局、登れなかったんですね。7000メートルちょっとの山ですけど、それは今でも未踏峰の山です。その人たちは、豊富な知識と情報を持っていました。

その中には、私が岩登りが上手だなと思ったOBの高橋さんも来てました。もう一人児玉さんという人も。その人も一生懸命山登りをしてた人なんですね。シシャパンマに登頂したのは、その高橋さんと児玉さんです。やはり、シシャパンマでも高橋さんからは色々と教わりましたね。

その人たちは当時もう既にサラリーマンでしたから、山行日数は減っていたでしょうけど、合宿にも顔を出してましたし、メインメンバーだったんですね。

もう一人は見届け人みたいな世話役というか、隊長の古川さんよりもずっと年上の方で、純粋に山登りが好きなおっさんっていう感じの方でした。頂上まで行くつもりはないけど、とにかくヒマラヤの8000メートルだから、行ける所まで行きたいんで、一緒に行くんだって感じの人だったんです。

寄付や食料とかあちこちから集めてきたりとかしてくれたんです。その方はC1（キャンプ1）ぐらいまでは行ったのかな、なんかみんなを和《なご》ますような、いいおじさんでした。もう一人吉江先輩は、私が入った年に卒業した先輩です。なぜか、吉江先輩までを、「先輩」と呼んで、そこから上の人は、「さん」でした。

それと現役の先輩が二人。大滝先輩は四年生でした。山形の出身の人なんですけど、寡黙な人でしたね。体力はとにかくあるんですけど、いつも、なにか考え込んでいるようなタイプです。それはいい人なんですよ。いまでもお付き合いはあるんですけど。

もう一人の平岡先輩は、いまは専業のガイドになってますし、大滝先輩は山形で地質調査会社に勤めながらも兼業でガイドをしています。それから、山岸先生……。

私を足すと、全部で十一人になる？　そうだ、十一人でしたね、じゃあ。

向こうに送る荷物は、OBの知り合いの段ボール屋に頼んで、特別に段ボール箱を作ってもらったんですよね。あとプラパールというプラスティックの段ボール箱とか、そういうのを用意して、パッキングしたんです。

シシャパンマに限らずすべての登山はそうですけども、食料とかは外装を剝いで軽くして、一パックが三人分の朝飯、昼用、晩ご飯用。それを開ければ三人は食べられるというようなものをいっぱい作るわけです。それでそれをいつ使うかというのを分けて、段ボール箱に詰めて送るんです。

当時は、まあ、そういうふうにするのが当たり前でした。そういうのをもう準備のときは朝からアルファ米をカップに何杯とかって三人でやってましたよ。それは時間がかかります。学生しかやらないですからね。同期の宮本君は遠征には参加しなかったけど、手伝ってくれました。でも、やっぱり基本は現役学生の三人でやってました。

メニューを作ったのは大滝先輩でしたが、結構、偏ったメニューでした。アルファ米と納豆汁とか。マルタイ棒ラーメン。あのラーメンはパッキングがしやすかったからだと思うんですよね。そうめんみたいに細くて縦長で。ですけど、美味くないですよ。平川さんという九州出身の人は、それを美味い美味いって食ってましたね。九州の味らしいです。

缶詰は上には持って行かなかったような気がします。ベースキャンプ（BC）まではヤクで行きますから、一通りの物を持って行ってましたけどね。

ベースキャンプ

現地ではシェルパが三人。コックさんとキッチンボーイが二人。それしか雇えなかったんじゃないですか。

現地でヤクドライバー（ヤクを扱う人）を中国登山協会とかチベット登山協会を経由して依頼するんですね。チベットでは中国人の連絡官や通訳が来ます。

それはお目付みたいなものですね。ただ、彼は別にベースキャンプまでは来なくて、車の終点（TBC：トラックベースキャンプ）の所まででしたね。

ベースキャンプの場所は最初から設定されているんです。シシャパンマは、既に過去にいっぱい登られていますから。ルートラインやベースキャンプの位置とか、各キャンプの大体の位置とかというのは、ある程度決まってるんです。

でも、私はそういうのを体験するのは初めてですね。そのとき、シシャパンマには
それからやたら長いアプローチを見るのも初めてでした。

長野隊も入っていたんですね。長野県山岳協会の隊です。同じ時期に挑戦して、雪崩で二人亡くなりました。

ベースキャンプはラサから車で三日の距離のTBCへ行って、そこからは車で行けないので、ヤクで三日の所でした。

一日半ぐらいの距離なんですが、高度に順応してないですし、あとヤクと一緒ですからそれぐらいかかるんですね。

ヤクを使う人たちも、三日行けば三日分の賃金ですけど、二日で行っちゃうと二日の賃金になっちゃうので、とにかく三日なんです。だから、三日の行程なんです。

標高はTBCが5200メートル。BCは5600メートルでした。

ラサから来るときに、シガツェで二泊とかシガールで二泊と、少しずつ刻んできているんですよ。行程は三日だけど、わざとそこに何日かいて少しずつ高度に慣れていくんです。

ラサにも何日かいましたしね。

高度順応というのは初めての体験でしたけど、特に違和感はなかったですね。上は苦しいですよ、多少は心臓がドキドキしましたが、頭が痛くなったり吐いたりとかっていうの

はなかったですね。人によって、症状が急に出たりしますが、標高が何メートルで出るとか一概にはいえませんね。

ベースキャンプに行く前に若いシェルパが一人倒れてましたね。シェルパだから強いというわけでもないんですね。酸素吸入されてましたよ。それでもう一回上がり直してきました。

私はこうした高度を二十歳の時に経験したわけですから、大変恵まれていました。当時は、まだ他にはあまりいなかったです。

こういう高所登山は一気には登れないので、幾つかの中継所をつくって登っていくんです。ベースキャンプから、次が第一キャンプ（C1）、第二キャンプ（C2）、第三キャンプ（C3）というふうに、シシャパンマでのラストキャンプは第四キャンプ（C4）でしたね。それが7500メートルぐらいじゃなかったかな。

最後の「アタック」（サミットプッシュ）は頂上まで500メートルぐらいの高度差だったですね。これは普通ですね。8000メートル前半の山ならそれぐらいで組んであると思います。

アタックは二人でしたが、他の人達は荷物担ぎとキャンプ設置とルート作りでみんな行きました。このルートはノーマルルートです。他にもスペイン隊とか入ってましたし、先行してるグループがありましたから、あまり厳密にはルート工作というようなものではなかったと思います。

すでに踏み跡があるんです。

シシャパンマのノーマルルートというのは、ヒマラヤ8000メートルの入門コースといわれているんです。当時は、日本人はそんなに入ってませんでしたから、そういうふうなとらえ方はされてませんけれども、ヨーロッパのクライマーの間においては、トライしやすい8000メートルの山といわれていたんです。

いまは特にその度合いは強くなってきていて、最初に登る8000メートル峰みたいな感じになりつつあるんです。すごくなだらかな山で、ベースキャンプから頂上まで、8000メートル峰の中で最も距離が長い山なんです。

長いと嫌ですね。ただ、その分だけ登りやすいという考え方もあります。ヨーロッパでは、スキーのツアーがいっぱい出てます。8000メートル峰でスキーをしましょうと。スペイン隊はスキーを持ってきてましたね。長野隊もスキーを持ち

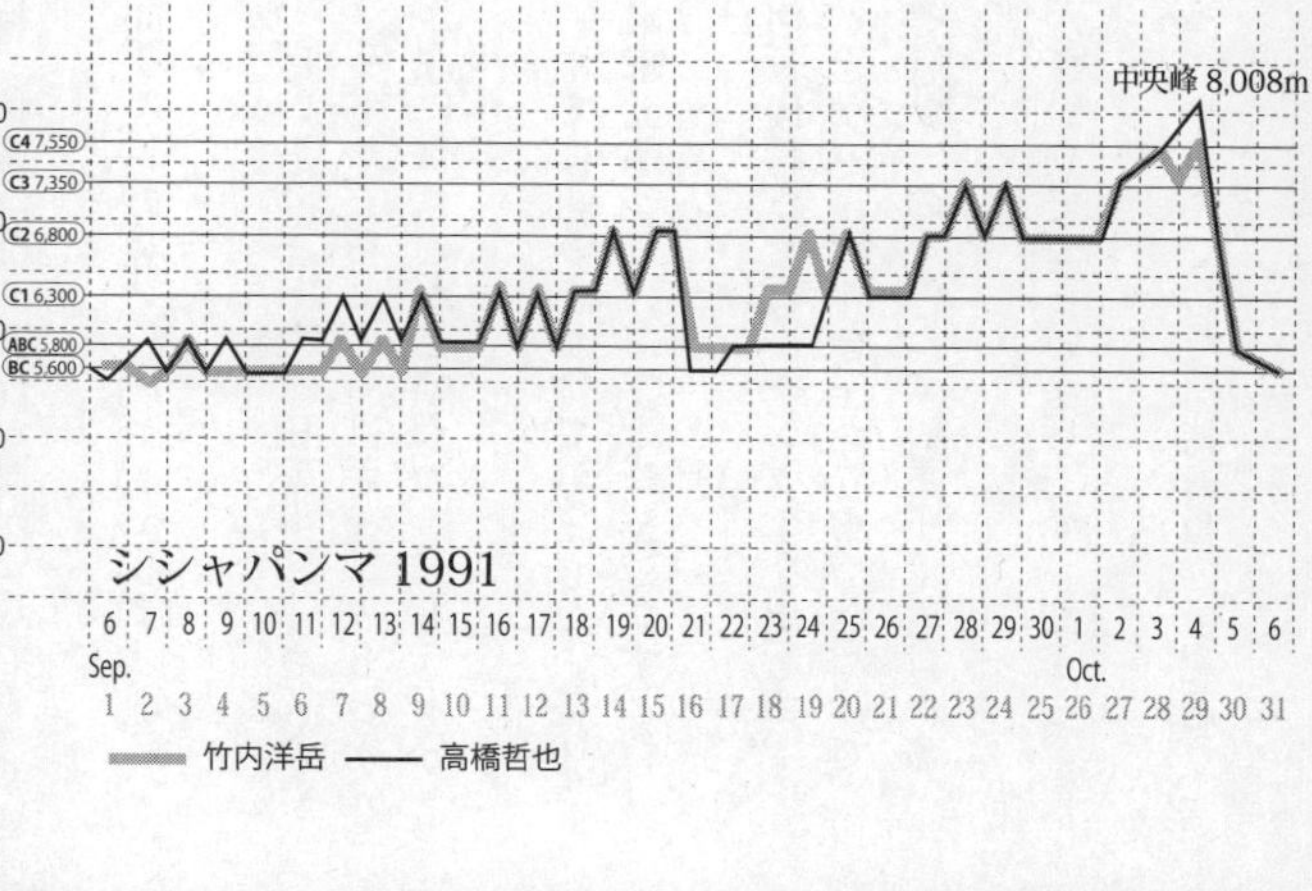

込んでいましたね。下りに使うつもりだったんですね。私達は持って行かなかったです。そんな発想は全然なかったです。

なので、まあ、考えてみれば、シシャパンマの北面のノーマルルートというのは、分相応の山を私たちは選んでいたわけですね。

地図というよりはルート図みたいなものは既にいっぱいありました。田部井淳子さんたちも登ってますし、情報とかルート図など、標高何メートルぐらいの所はキャンプ2とかキャンプ3だとかというのや、そこから右に行くのか左に行くのかというのは、もう十分わかっていた山です。

ですから、登頂のためのタクティクスというのは、すでに組み上がっていました。普通に登っていけば大体何日頃は頂上みたいな行程表が出来上がっていて、それをこなすという登山で、当時はそれが常識だったんですね。

だから、何月何日にベースキャンプに着いたら、何月何日までにキャンプ1を出して、キャンプ2出してと、天気のことなんかお構いなく、そういう計画を作ってあったわけですよ。もちろん、いまでもヨーロッパのチームでもそういうのを作っているチームはあるんです。

そうやって作らないと、食料計画も装備計画もなかなか立てづらいからです。だから、本当にスタンダードなやり方だったんですね。

シシャパンマはBC建設から登頂まで一カ月ちょっとぐらいでした。結構ね、予定通りに登ったんですよ。

天気も悪くはなかったですね。

長野隊の遭難

シシャパンマは中央峰と主峰があるんですね。同時に入った長野隊は主峰に登るつもりでいたんです。主峰に登るためには、中央峰から、けっこう難しい氷のナイフリッジ（ナイフの刃のように切り立った尾根。両側が急激に落ち込んでいる。九五頁写真参照）を越えていくか、中央峰のもっと下辺りから、雪の斜面をトラバース（横切る）していくかどっちかなんです。

どっちをとるかというのは、シシャパンマにおいて一番難しい判断です。

私は2005年にアルパインスタイル、無酸素でシシャパンマに登ったんですが、南西壁を登って主峰に立って、私たちはこの下の斜面をトラバースしてきたんですけど、ここは雪崩がすごく起こる所なんです。私たちも下っているときに、すっごい緊張しました。

長野隊は中央峰の手前から、雪の斜面をトラバースして行こうとして、雪崩に遭ったんです。過去、ここで雪崩に遭って亡くなっている人たちがいっぱいいるんです。そういう意味では、ここの中央峰から主峰に行くまでがシシャパンマの核心部なんですね。

雪崩というのは、起きる場所が決まっているわけじゃないんですが、起きやすいところというのはあります。想像外の所でも起きます。

雪崩は夜は起きないと昔はいわれていたんです。それは雪崩というものは、気温が上がって雪が動いてなるんだと考えられていましたから。弱層といって、雪が解けて表面が固くなって、そこに降ったものが滑って弱層となって落ちるとか、雪崩が起きる角度は30度から60度とか、30度以下だと、緩いから落ちてこないとか。60度以上だと、常に落ちているとかいわれていたんですけど、それは今では全部否定されちゃっているわけです。夜だって雪崩は起きてますし、弱層がなくても雪崩は起きるんです。

例えば、風が吹くことで、本来つかないような所に雪がついて雪庇《せっぴ》みたいになったのが落ちて雪崩になったりする場合もあるので、角度とかはあまり関係ないんです。

すごく水分を含んだ雪なんかだと、スラッシュっていって、すごく緩やかな所でも、雪崩になることがわかってきているんですね。そういう雪崩というのは、巻き込まれると、すっごい遠くまで流されていって、しかもそれが水を含んでいるので、重たくて脱出できないような雪崩もあるんです。

だから、雪崩というもののメカニズムというのは未だによくわかってないので、どこで起きるかというのは一概にはいえませんね。

ただ、長野隊が雪崩に遭った所は、確かに過去にも起きている所なんです。

地形的にも起きやすそうな所でしたね。私は実際、長野隊が雪崩に遭った所を、この間通ったわけですけど、地形は非常に悪かったです。

2004年　シーフェンピークのナイフリッジを行くガリンダ　©竹内洋岳

私たちはベースに下りてきて、そのニュースを聞いたんじゃなかったかな。もちろん私たちのルートはそこそこ延びてましたけど、長野隊のほうが先にラストステージに入って、今日、登頂だとかという話は聞いてました。

そうしたら事故が起きたって聞いて、遺体は発見されたけど、そこに埋めてきて、けがをした人が下ろされてきて、ベースに下りてきたときに、私たちも見てますよ。

中央峰から主峰に向かっての雪崩が起きやすい所を通るか、ナイフリッジを登るか。状況判断は結構難しいんです。大きな雪庇がついて、全然行けないときがありましたが、そういう状況なら、下から行こうとするんでしょうね。

そのナイフリッジも年によってすごく変化があって。緩くて、すごくだらっとした年もあるらしいんですよ。すごいナイフリッジのときもあるらしくて、有名な写真では、アメリカ人のエド・ビスチャーズが、そこに跨っている写真があるんですけども、すごく尖った年なんですよね。おそらく右側には800メートルとか落ちているんじゃないですか。本当にナイフの刃の上を登っていくようなもんです。そういう年もあるんです。

それは別にシシャパンマに限らず、そういう所はたまに出てくるんですよ。以前お見せした、雑誌『旅と冒険』の中にも私のそんな写真があったと思うんですけど、あれもね、シシャパンマの近くの山だったんです。地図で見ると、こっちに1000メートル、反対側に800メートル落ちているんですよね。そういうことはあるんですよ。（九五頁写真参照）

ただ、そこは行けるかどうかというのは、そのときの状況によってずいぶん違ってきて、私の知り合いのオーストラリア人は、シシャパンマの中央峰まで四回ぐらい行っているんですけど、主峰まで行けないんです。去年、五回目でようやく主峰まで行っているんですね。そういうこともあるんですよ。

おそらく、そういうところは、ちゃんとしたビレイをすると思うんですよね。それは行けると思えば行くでしょうし、四回とも行けないと思うから行かなかった、それで五回目にようやく行けると思ったから行ったという、そういうことでしかないと思いますね。

私たちが2005年に主峰から、中央峰の下をトラバースルートを選択したときだって、けっして雪崩が起きないという保障で歩いているわけではないんです。

そのときに、雪崩の可能性の高いルートを選んだ理由というのは、そっちのほうが早いからです。ナイフリッジを登って越えるというのは、その中にいる時間が長くなるんです。でも、下るのは、そこにいる時間が短くて済むんですね。そうだったら、ナイフリッジを時間をかけて越えていくよりは、そこを短時間の間に抜けてしまったほうがいいだろうって、判断したんです。

それが正しかったかどうかというのはよくわかりませんね。生きて下りてきたから正しかったでしょうけれど、ナイフリッジを行ったほうがより安全だったのかもしれませんね。けど、そのときは私たちはそういうふうにやったというだけなんです。

目の前でそうやって遭難者たちが出ている所に登っていく気持ちって……私はこのとき

二十歳ですよね。あのときはどう思ってたのでしょうね。あまり記憶がないんです。たぶん、自分たちはすごく特殊なところにいるんだということで、遭難を事実として捉えただけのような気がしますね。過去において、その後も、そうした事故に出会っても意外と取り乱したりとかというのはないですね。

それは環境がそうさせるのかどうか知りませんけど、感情が吹っ飛んで、事実だけが残るんですね。そういうふうにしか思えない、そのときはね。後でいろいろ思うことがあったりもしますけど、そのときはあまり感情は絡まない……ですね。

できることの選択、何がここの場所でできるかという選択肢がほとんどないわけですね。長野隊とは、あんまり交流がなかったんですね。同じベースにいたけれども、動きはね、バラバラで、一緒に何かやりましょうということはありませんでしたし、もちろん顔を合わせて「こんにちは」とかというのはありましたけど、特別に何か一緒にやってたわけじゃなかったんで。メンバー一人ひとりの顔というのは、そんなに思い浮かばなかったでしょうね。だから、なおさらかもしれません。

それまでも、国内においても事故の話はありましたんでね。そういう意味では、特別何か感情が高ぶって怖くなってやめたいなとかという思いはありませんでしたね。

シシャパンマ・アタック

実際の作業として、荷揚げは別に一番年下だから多いとかそういうのはなかったです。

みんなで運ぶ量を計画表に従って運んでいくだけです。だから、おまえは、若いんだから余分に持てとか、そういうことができる環境じゃないんです。

もちろん、テントの中で食事を作るのは、全部じゃないですけど、私に回ってくることが多いとか、除雪するときには、私が最初に出ていくとか、そういうのは別にいわれてやることではなくて、若い者がやることなんですよ。それは私が普通にやってました。一番年下の役目というものではありません。

そういう意味では、結果的に仕事が多かったですけど、私はそういうのは別に嫌いなほうじゃないです。

ただ、洗い物が多くてあかぎれになりました。あかぎれって、初めて見てこれなんだと思ったのを覚えてます。ベースでコックさんとかいましたけど、間に合わないんですね。そういうのを手伝ったりしてましたから。

この時の登山は、非常にオーソドックスなスタイルで、まずC1に荷物を上げます。三日荷上げして一日休む。だから、全員で三日行って帰ってくる、そして一日は休養、その次はC1に泊まりに行く。で、帰ってくるとお休み。もう一回C1に入って、C2に三日荷揚げして、ベースに帰ってきてお休みとかなんとかいうような、高度順応と荷揚げを計画通りにするんです。

初めてですから、そういうもんかと思いました。高度に自分が慣れていくのをすごい実感しましたね。最初に行ったときより次の方が楽だし、C2まで上がった次のときにはC

1まではすごく楽だとかね。というのを明らかに感じましたね。

高度順応というのはこういうことだと。やっぱりオーソドックススタイルってすごい作業なんですよ。同じルートを何度も何度も行き来して、三勤一休とか四勤一休とか組むわけです。それは作業なので、その一つひとつの行為に感激はあまりないんです。これも登山のなかの一つであるということは十分理解してましたね。その環境の中へ身を置いているというのは、私にはとても楽しかったですね。

本当はその後やるような登山みたいに、自分でルートを延ばしたりすればもっと面白いのでしょうけど、当時はそこまではなくても、すべてが初めての経験ですから、ものすごく楽しかったです。

結果はシシャパンマはOBが二人登頂しました。最初のアタックメンバーを選ぶときには、もう既にそういうことに決まっていたんだと思います。

要は、日本的なオーソドックススタイルというのは、サポートがいるというのが大前提なんです。登頂した人を迎えに行く人がいるんです。登頂した人はへろへろしているから、危ないから下から元気な人が迎えに行くというのが大前提です。そうすると、一次隊が行ったら誰かが迎えに行って、さらに二次隊が出るなら、また迎えに行かなければいけない。あの時は一次隊しか出なかったんですが、私がその一次隊を迎えに行ったんです。中央峰の頂上がすぐそこに見えるところまで迎えに行ってしまいました。

私は下のC3キャンプから出て行きましたが、アタックメンバーのスピードがそんなに速くなかったので結構な所まで上がって行ってしまったんです。

シシャパンマには頂上が二つあるという話はしましたね。中央峰と主峰とあって、OBたちが登頂したのが中央峰です。

主峰が頂上なんですけど、これは大いなる謎なんですが、なぜか日本においては、こっちの低い中央峰に登っても、シシャパンマに登頂したことになるらしいんですよ。今となっては、世界的に見ても、日本だけではないでしょうか。

国際的には、頂上の手前へ登っただけとしか認められませんよ。そこから主峰へ登るのが難しいんです。前にも話しましたが、中央峰から主峰までがナイフリッジで、ここがルートの核心部とされているんですね。

いま私が中央峰に登ってシシャパンマに登りましたとかっていったら、笑われると思いますね。でも、一般の登山者が「中央峰に登りました」と、ちゃんと説明するなら中央峰登頂でもいいのかなと思います。

そのとき、OBたちが登ったのは中央峰だったんですね。

そのときは、そういうことはよくわかりませんでしたから……それでも、地図を見てルートを考えたりしながら、頂上が二つあって、向こうの方が高いということは行く前からわかっているんですけど。

中央峰も8000メートル超えているんです。中央峰が8008メートルで、主峰が8027メートルなんです。確かに8000メートルを超えているから、いいかという話になってるような気がしますけどね。

当時は、中央峰から主峰へのナイフリッジのことは、漠然としか知りませんでしたから私はもうちょっと行けば主峰なのになとは思いました。

登頂しない人

こうしたオーソドックスな登山では、頂上に登れるのに登れないということがあるんです。立正大学のシシャパンマでもそういう思いをしました。1995年のマカルー、1996年のK2と経て、全員が登れるわけではないタクティクスを組むというのは、オーソドックス登山の限界だと感じました。

それが、私がアルパインスタイルも取り入れた理由のひとつですし、コンパクトなチームで登るようになった大きな要因ですね。だってね、このやり方だと、登頂して下りてきても、嬉しさを表現できないです。

登らなかった人たちに、悪い、申し訳ないという気がしちゃうんです。最初からC4で待機してチャンスを待つというわけにもいかないんです。そういう人たちは、そこまでも上がってこられないわけです。それで動ける、登れるのだけれど登れなかった人たちが荷下げを始めるわけですね。

体調が悪いとか、全然、及ばない人は寝ているしかないんですけども、動けて、本来登れるだけの実力はあるんだけど登頂者に選ばれなかった人たちは、登頂できないとわかっているのに、上に向かって行って、装備の荷下げを始めるわけです。これはどう考えても、私は不合理だと思いますね。

でも、組織としては、誰かが支えなければいけないんです。登れる人数を決めちゃったんだから、そうなるんです。組織登山というのはそういうもんなんです。

第一アタックのメンバーに選ばれた人と、第二次のメンバーでは、それだけ条件が変わっているわけです。例えば、お金を少ししか出してないからとかというので条件が出てくるならありえるのかもしれませんけど……そうじゃないんです。

オーソドックススタイルといわれている中でも、日本的なオーソドックススタイルというのは、ちょっとシステムに問題があると思うんですね。

立正大学のときには、古川さんは、もう既に行く前からアタック隊は決めてあるとは言ってませんでしたが、それなりの考え方はあったと思います。全員登頂するつもりは……なかったんじゃないかと思います。まあ、なんか全員登頂という言葉は安易に予定段階では、よく使われるんですけど。

このときもそう言っていたような気がしますね。だって、日本の登山隊は、必ずそれは言うんですよ。全員登頂を目指しますって。

そもそも、酸素ボンベの数を見ればそんなことはないんです。それだけの数がないんですから。

一回目のシシャパンマのときはどの時点で自分はアタック隊に入れないとか、全然わからなかったですよ。というか、実は私は一番強かったんです。それなのに……という感じがありましたね。でも、途中でそのつもりはなくなりましたけどね。自分で改めて来ればいいという気にはなってました。

このシシャパンマ登山では、まだ組織登山に対して違うんじゃないかという感じは持ちませんでした。他を知りませんでしたから、持ちようがなかったんです。

アルパインスタイルというものがあることは知っていましたけれど、それはまた別な話で、ヒマラヤというのはこうやってみんなで登るもんだと思う方が強かったですよね。

まさに組織登山の典型の中に身を置いてましたから、ある意味で、組織登山の中にいることは、結構、楽しかったところもあったんです。

組織登山では、将棋をするようにね、メンバーの力量を将棋の駒にたとえて、どう頂上を攻略するかということを考えたら、すごく楽しいことだと思うんです。

そのなかでメンバーとして動くということも、けっしてつまらないことではなかったんですよ、面白かったですよ。

ラストステージに入る前、隊長が登頂メンバーを発表するんです。

シシャパンマのときは、ベースで、今回は人数は二人といってましたね。

マカルーのときは、ほんとぎりぎりまで隊長の重廣さんはいわなかったですね。あの時は、上部キャンプでトランシーバーで「竹内、おまえ、行け」って聞いたんじゃないかな。

これから登頂メンバーを発表しますといって、トランシーバーで各テントにいるメンバーに、もう既にルートに入ってるメンバーにいっていたような気がします。それまでは全員登頂するように準備をして上に上がっていけっていわれましたね。

それは、きっと重廣さんはそういうことを楽しんでいたと思うんですよ。あらかじめ登頂メンバーや人数を発表しちゃったら選ばれなかった奴はやる気をなくしちゃいますからね。

選ばれない人たちの気持ちの問題とか、余力がないなら話は別なんだけど、余力があるのに登れない人たちをどういうふうに納得させるか……重廣さんは、もう完全にタクティクスというふうに割り切った感じのやり方をしてました。だからこそ成功したんだと思いますよ。

最後の判断というのは、それをそういうふうに自分を故意に演出することの能力を持てないと、無理だと思います。また、それなりに苦労も多いと思いますね。

立正大学の山岳部の登山なのに、シシャパンマでは現役生は一人も登頂しなかったから、たぶん、古川さんも苦悩したと思います。もし、事故があってもOBが死ぬのと学生が死ぬのとでは、話が違いますから、それなりに、きっと悩んだとは思いますね。幸い、凍傷だとか、事故っぽいことはうちのチームはなかったですね。

目の前で長野隊の死者を見たから、特に無事に帰ろうというのも古川隊長の中にあったかもしれないですね。それで、もしかすると、主峰を諦めて中央峰になっちゃったのかもしれませんし。

主峰まで行ってみようという計画はもちろんそれはあったと思いますよ。それはちょっとわからないですけど。いずれにしろ、この登山は立正大学登山隊としては成功だったんです。

登山報告書

報告書は何て書いてあったかなあ、読んでないですよ。私が担当したところは書きました。ちゃんと発行されましたけど、読み返したりなんかしてないですね。報告書とか全然興味ないんです。いまはね、いくらでもそんなものは本になっていますから、別に……って感じです。昔は読んだかもしれませんけど、いまはあまり参考になる報告書なんてないですよ。

大した情報源ではないです。思い出帳みたいなもんです。

要するに、隊員がどう登山をやって、どうだったかみたいな、一人ひとりの感想文です。確かに、食料は何があったかとか、ロープは何メートルを持って行ったとか、装備表や食料表とか、最終的にはどういう動きをして頂上にたどり着いたかというような行程表の記録とかは入ってますけど、資料になるような報告書ではなかったですね。電池を何本持って行きましたとかね、そんな程度でした。

私が行ったのは１９９１年ですから、今年シシャパンマに行く人は、それを参考にできるかというと、できるわけないわけですよ。もうあの頃の道具はないです。全部変わっていて、許可の取り方とかも一応書いてありますけど、許可の取り方なんかもう全然違っちゃっているわけですから、そんなものを読んだって何の資料にもならない。

昔はこうだったんだみたいなものですよ。私は、登山隊の報告書というのは、あまり価値はあるとは思いませんね。

一つには、クライマーが、例えばダグ・スコットが、すごく記録的な登山をしたときに、どういう登山内容だったかというのを書いてあるのは読めばすばらしいと思います。個人としての彼がどんな思いでそれをやったかというのに触れるというのはすごく面白いと思うのですけれども、団体の報告書なんて読まされても、本文を飛ばして……写真だけ見てますね。

マカルーの報告書は登山が終わった後、すぐ出たんです。山と溪谷社から発行したんです。それは、そのときはホットですし、それに初登攀からの登頂ですから、それは意外と、そのときは面白かったんです。そこそこ売れたんじゃないですか？　おそらく手にした人は、エッ、こんなところに行ってきたんだというか、写真も結構ありましたから面白かったかなと思いますけど、じゃあ、いまそれを引っ張り出して見るかというとそんなことはやらないですね。あるというだけでね。

私にとって、立正のシシャパンマは無事に計画通りに終わった山行で、それ以上でもそれ以下でもなかったんです。

第四章　日本山岳会「マカルー登頂」１９９５年

（この章取材　２００８年3月18日、4月29日）

※マカルー（標高＝８４６３メートル）所在地＝ネパール・中国
エベレスト山群の南東に位置し、世界で五番目に高い山
◆初登頂＝１９５５年、フランス隊　リオネル・テレイとジャン・クジィ
◆竹内洋岳の登頂＝１９９５年5月22日、日本山岳会隊。東稜下部を初登攀

マカルー先発隊へ

１９９１年のシシャパンマの後は北京に戻らずに、帰りはカトマンズに出ました。チャーターしたマイクロバスで、ザンムーまで行って、そこでネパール側で車を乗り換えて、カトマンズに入ったんです。それはすごい楽しい旅でしたよ。

あの当時のラサの様子とか、あと途中シガールとかシガツェで、チベット人の生活のなかにちょっと入っていって、家の中を見せてもらったり、私にとってはすごく印象深かったですね。

その経験があったので、1995年のマカルーのときには、先発隊に手を挙げたんです。先発隊は選考だと言ってましたが、他に行きたいといった人はいなかったんです。みんなは登山のために体力を温存したかったんですね。一カ月も早く行って疲れたくないわけです。私はもう一日でも多く行ってたいぐらいだったですから。

マカルーはチベットとネパールの国境上にある8463メートルの世界第五位の山です。ネパール側からはクラシックルートの他にも幾つもバリエーションルートがあって、結構登られていたんですが、東稜は未踏だったんです。

それは、理由がありまして、そのルートはあまりに長い尾根だったからです。長くて遠いということは、それだけ人も物もたくさんいるということですから。日本山岳会はかなりの熱の入れようだったと思います。日本山岳会創立九十周年記念事業の一環だったんです。何人行ったのかなあ、十何人とかです。

あの時は、どこから取り付くのか、それさえわかっていなかったんです。

そのために先発隊を出してルートを探すという話になったんだと思います。

先発隊はね、四人。重廣恒夫隊長と山本宗彦さんと私ともう一人、田久和さんという通訳の人です。田久和さんは、登山メンバーではなくて、純粋に通訳の人です。いいメンバーで先発させてもらって、一緒に一カ月、四人の珍道中で、すっげえ面白かった。もう一回やりたいですねえ、ああいうのを。

それまで外国人には未開放だったところへ初めて入ったんです。最奥の村のユンパっていったかな、そこで雪に閉じこめられてチベット人の家の一部屋借りてしばらく生活をしてました。チベット人の家族と一緒に、寝泊まりして、人跡未踏地をルートを探りに行ってました。

食料がなくなっちゃって、チベット人と物々交換して食料を分けてもらったりしました。食べ物の夢を見たりとかしましたね。

マカルーメンバー選考の話

マカルー登山の話は、立正大学の二年のときにシシャパンマに登っていたときにはまだなかったです。

１９９４年に選考山行とかがあったから、話が聞こえてきたのは１９９３年の終わりぐらいです。

マカルーはメンバーを一般募集したんです。一応、日本山岳会会員が条件ということだったんですけど、公募でした。私は、そこに申し込んだんです。面接もありましたし、選考山行もありました。

剱で、すっごいことやられましたけどね。いまやったって、全然できないような合宿をさせられました。体力検査みたいなものですね。体力だけじゃなくて、チームワークとか、どんな登山をするかとか、ロープ捌《さば》きはどうかというのを、別に審査員がいるわけじゃないんですが、参加してきた人同士でチームを作って、どこどこを登ってこい、あっちへ行ってこいとかって登りに行くわけです。

もう全然ついてこれなくて落ちていく人もいっぱいいました。中には、東京湾で漁師をやっているんだけど、ヒマラヤに一度行ってみたいということで応募しましたみたいな人も来ました。ほかにもハイキングしかやったことがないけど、８０００メートルを登りたいと思ったので応募したなんて方もいました。

書類選考で落ちている人もいるし、選考山行で落ちた人もいました。大学山岳部の出身の人もいましたけど、結局、体力が及ばなくて、選考漏れした人もいっぱいいました。

十二人に選ぶというのは、結構ね、ある程度の出来レースだったような気はしますけどね。なんとなく残る人は予《あらかじ》め予想はついているわけです。

既に実績のある超ベテランたちは応募したからには、間違いなく行くつもりだと思うんです。個人負担金さえ用意できれば行けるわけで、残っていた枠は三つか四つだったのかもしれません。そのうちの二つを若い者にあげようとなったときに、たまたま私の席を作ってもらえたということなんだと思いますね。まあ、それだって形式的なことだと思いますけど。でも、一応そういうふうに申し込んで、選考山行をやったんです。その前に面接もありました。私も面接を受けましたよ。

よく覚えていることは、面接のときは、髪の毛が長くて茶髪だったんですよ。当時、まだ珍しかったです。その髪の毛を黒くしたら連れて行ってやるとか言われました。

それと選ばれた大きな理由があります。

宇田川芳伸さんという、立正大学のワンゲルのOBの方がいらっしゃるんです。重廣さんとか、山本さんなどのメンバーをみんな知っている人なんですね。宇田川さんとうちの山岳部のOBが同期で、一人が山岳部を創って、宇田川さんがワンゲルを創ったとかっていう話でした。

私は山岳部だったんですけど、宇田川さんは私のことをすごく気にかけてくださったんです。たぶん、ちょっと興味を持ってもらったんでしょうね。宇田川さんが登山のことをよく知っている、そういう人だということを私もわかったんだと思うんです。それで、シシャパンマから帰ってから、山岳部のOBにではなく、宇田川さんにどこでもいいですから8000メートルの山へ行きたいって相談したんです。

そうしたら、マカルーの募集があるから、応募しろって。で、まあ、宇田川さんは重廣さんや山本さんとかみんな知ってましたから、竹内が応募するんでよろしくって言ってくださったようです。私は何もわからないですから、ただ、申込書を書いて応募したわけです。

そのとき日本山岳会に入ってなきゃいけないということになりました。宇田川さんが日本山岳会の理事だったんです。なので、宇田川さんともう一人の推薦で日本山岳会の会員になりました。マカルーに行くために会員になったんです。会員にならなくていいならば、別に会員になる必要はなかったんですがね……。

そのときには、山登りの経歴の所に、シシャパンマに参加していたというのは結構重要だったようです。山本宗彦さんが後からおっしゃるには、本隊メンバー選考の理由と、先発隊に選ぶのにも大きく影響したとおっしゃってました。

そのときのメンバーは、隊長が重廣恒夫、登攀隊長が山本宗彦、渡辺雄二、馬場博行、山本篤、谷川太郎、岡本憲、松原尚之、小野岳、田辺治、荒井俊彦、私です。私と荒井君を除いたら錚々たるメンバーですよ。

チベットへの興味

山登りを始めて、最初の頃には、とにかく山に登りたい一心でした。それで、一回目にシシャパンマに登って……そういう役じゃなかったから、登頂せずに帰ってきました。次に1995年のマカルーに参加して、1996年にチョモランマ（エベレスト）とK2と続けていきました。この頃になると、ヒマラヤを取り巻く国際的な動きにも関心を持ってました。

私は、宗教に興味があって仏教学部に入ったので、チベットにはすごく興味がありました。それは1991年の時点でラサに行ったというのもあります。高校生の頃から、いつか自分の目で見たいと思っていたものは、オーロラとアルゼンチンで氷河が海に崩れるのとフンコロガシ、あとヒマラヤとポタラ宮殿でした。これはいつか必ず自分の目で見たいと思っていたんです。

最初ね、ヒマラヤとポタラ宮殿がくっついてなかったんですよ。後になって、ヒマラヤとポタラ宮殿というか、チベットで一緒だったということがわかりました。

ラサに初めて行ったのは1991年、シシャパンマのときです。

あのときは、まだぎりぎりチベットらしいチベットだったんですね。ジョカン寺では多くの人が五体投地をして、石畳がすり減っていました。五体投地をしているお婆さんの額に、タコができているんですね。額を地面にこすりつけるから。

道ばたに人がいっぱい倒れているんです。聖都ラサで死にたいがために、死期を迎えた人が聖都に来て死のうというんですね。すごい印象深かったんですね。

1995年のマカルーのときは、しばらくチベットの家族と暮らしましたが、忙しくてラサは見ることはほとんどできなかったんです。

通常、先発隊は時間的にはずいぶん余裕があるんですが、お金と食料がなかったので、チベット人と一緒に生活をしていたんです。

そんな彼らの生活や習慣を見ると、北京で生活している漢人たちのそれとは、あまりにかけ離れていて、それを同じ中国として統一し価値観を統一しようってのは、まあ、無理な話だろうなと思いましたね。

今年（2008年）、北京オリンピックを前に再びチベット問題が起きていますが、中国は力で抑えるでしょうね。これまでも、過去二度のチベット暴動を中国は力で制圧してきました。

中国は、あれだけのお金をつぎ込んでチベットに道を整備したり、鉄道を通したり、インフラを整備して、チベット政策はうまくいっていると内外にアピールしてきましたから、北京オリンピックという国際舞台を前にして、飼い犬に手を噛まれたようなもんで、面目丸潰れで相当怒っていると思いますよ。だからこそ、もはや後には引けず、徹底的に押さえ込むでしょうね。

どれほど、インターネットが発達して情報に国境が無くなったと言っても、世界中がチベットを救え！　と叫んでも、恐らく、しばらくすれば冷めちゃうんじゃないですかね。日本だけじゃなく、どの国も、いまメディアが中国に批判的な報道をして、目を付けられると北京オリンピックが取材できなくなるので、相当、腰が引けているでしょう。それくらい、中国の圧力というものは強大なのです。

今回の騒動は、山登りにも関係あるでしょうね。影響があるのはエベレストだけですがね。

今回のオリンピックでは、エベレストに聖火隊が頂上へ登りますから、その前には誰も登頂させないんですよ。そのため、チベット側は一切の登山隊の入山は禁止しています。それだけじゃなくて、ネパール政府にも、規制を要請していて、とにかく今年のシーズン、一番最初に登るのは聖火隊だという約束がネパール側ともされているんですよ。なので、聖火隊が登れないと、他の登山隊は動けないのです。この騒ぎで、聖火隊の動きによって、登山が制約される可能性があります。影響がなければいいですが。

地形の問題もあるのだろうけれど、ネパールは貧弱な国だし、チベットには中国の強大な圧力があって、パキスタン、カシミール、アフガニスタンと、ヒマラヤ山脈を境目にもめ事が多いですよね。ヒマラヤの周りに政治的不安定な要因が集まってきちゃうんです。どうしても、国って地形で別れているし、川を挟んでとか。どうしてもボーダーラインは、もめ事の発祥地なんですね。環境も厳しいし、人の生活も厳しいし。貧しいし。山も、軍事境界ラインになってきたわけですね。それはヒマラヤに限らずヨーロッパでも、戦争では山というのは軍事のフロントラインにならざるを得ないわけですよ。軍事作戦というのは山を越えることだったのです。元々ヨーロッパでも、オーストリアとイタリアが戦争した結果、発展した山岳技術というのがあったわけです。

そもそも、歴史的にも、現在でも、登山と政治とは密接なつながりがあるのですね。

ルートの模索

マカルーの先発隊は何でお金がないのかというと、予算がなかったわけじゃなくて、行動が予定通りにいかなかったんです。

本来は、早々にベースキャンプの場所を見つけて、ラサに帰ってきて、本隊が来るのを待つようになっていたんです。ところが、一向にそのベースキャンプの場所が見つからないし、どこへ行っていいかもまるで見当がつかないんです。地図もないですし、衛星写真もロシアから取り寄せた不鮮明なのが一枚あるだけで、チベット人に聞いたって、全員があっちだこっちだ言って、全然わからないんですよ。

仕方がないから、きょうは、この谷へ入っていってみよう、明日はこの谷へ入っていってみようって、谷を一つずつ潰していったんです。まさに探検隊のような状況だったんです。面白かったですけど、それはそれはえらいことでしたよ。

そうしているうちに、天気が悪くなって雪が降って、退路が閉ざされてしまったわけです。それでラサにも帰れなくなっちゃったんです。その上、持ってきた食料も燃料も底をついて、チベット人からツァンパを分けてもらっては食べて、本隊が来るのをその村で待っていたんです。ツァンパはチベット人の常食でチンコー麦（ハダカオオムギ）を脱穀し、乾煎《からい》りして粉にしたもので、ヤクのバターや湯で練ったもんです。

その時点でも、ベースキャンプの場所が見つからないままでした。

それでも本隊が入ってきてしまうので、その村を出て、玉突きのようにベースキャンプを探しながら私達は出て行くことになったんです。

本隊は荷物が多すぎちゃって、止まることも後戻りすることもできないわけです。チベット人を大勢雇用して動いていますから。戦争と同じですよ。後方支援の補給路が動き始めちゃっているから、止められないわけですよ。止めちゃうと、そこで時間も食料も消費されて、なくなっちゃうから、前に動くしかないんですよ。しょうがないんで、私たちも行き場所が決まってないのに前へ行くしかないわけですよ。

で、こっちじゃなかろうかという方向に、ただただひたすら行くわけです。

だけど、私たちのスピードは遅々として進まないんです。本隊は人海戦術で進んできますから、どんどん追いついてくるわけですよ。で、もう、先発隊が二日手前にいる、一日手前にいると、どんどん追いついてきちゃうわけです。私たちのトレースを追いかけてきてますから。本隊は、のべで千人とかの規模です。

私たちはもう、苦し紛れに行けそうな所を行くわけですよ。

そうしたら、ラッキーなことに、当たりのラインが出てきたわけです。マカルーが見えてきて、これは行けるとなったんですが、ベースキャンプに適した場所が見つからないんです。莫大な量の荷物を集積できる平らなスペースがないんです。

山の方向に行っているし、他の谷は全部潰していって残った最後の谷だから、これしかないということはわかっているんだけど、荷物と人を集積する所がないんです。本隊はどんどんどんどん追いついてきて、振り向けばすぐ後ろにいるような状態だったんです。で、後ろからトランシーバーで早く場所を決めろって催促がくるわけです。どこでこの荷物とチベット人たちをストップさせたらいいかと。

ここにするか、もうちょっと行ったほうがいいじゃないかっていってたときに、私が、あのコル（鞍部）を越えてから決めましょうっていって、探索に行ったんです。尾根をちょっと越えたら、良い所があったんです。そこにベースキャンプを決めて、四時間後か五時間後には先頭が入って来ました。もうぎりぎりでした。

このときの日本の登山隊は……報告書だと……十六人ですか。二人は、読売新聞の記者、それにお医者さん、通訳さん。ですから登山メンバーは十二人ですね。

読売新聞は現地から電送機で写真を送ったり、記事を送ったりしてましたから、通信機器とかいっぱいありましたよ。いまの衛星電話は軽くて小さいですが、当時の衛星電話って40キロもありました。それ用の発電機が二台あって、燃料のガソリンだってもう何十リットルだか持って行ったんです。バッテリーも一個や二個じゃないですよ。予備も含めて。日本から持ち出した荷物は15トン。さらに、ラサでピックアップした日本山岳会がデポしてた荷物が1トン。さらに、本隊が持ち込んだ荷物が1トンありましたから、トータルで17トン、さらにシェルパが持ち込んできている自分たちの個人装備とか食料とかも入れたら、18トン近くはありましたね。

マカルーのベースキャンプはどこへ

それだけの荷物を運ぶと、延べ千人近い人数になるんです。本来は、ヤクでアプローチしようとしたわけですが、雪が深い上に道がよくわからないので、ヤクが使えなかったんです。なので、あちこちの村から人を集めてきて、確か五百人とかを、ツーローテーションで回したんですね。

1995年の3月です。雪が本来は少ないんですけど、完全な誤算だったんです。それともっとこの時期なら、アプローチが簡単だと思っていたんですが、二つぐらい5000メートルぐらいの峠を越えていくようなルートでした。

ベースキャンプとして選ばれる場所はある程度の高さまでまず上がっておかなきゃいけないというのが本来はあるんですけど、そのときはもうそんなことはいってられなくて、ベースキャンプは確か3900メートルでした。ヒマラヤ登山史上で、もしかしたら最も低いベースじゃないかと思いますね。

この時のベースキャンプの条件は、まずは18トンの荷物が置ける場所。一個の梱包が一人のポーターに背負えるように30キロぐらいにしたんですよ。これもむずかしくてね、時間が掛かるんです。一人一個で五百個以上でしたからね。

ポーターたちの食料を背負うポーターもいるわけです。どんどんどんどん解雇していくんですけど、何だかよくわからないですよ。それに、物がどんどん盗まれちゃうんです。

荷物を背負っているのはチベット人ですから、私たちがそれを組織するわけにはいかないんです。毎日ストライキをやって、一時期は完全にもう切羽詰まった状態になりましたね。

中国人の連絡官の張さんは漢人なんですが、チベット人のことをとても愛していて、チベット語もめちゃくちゃ堪能で、チベット人と生活するのをまったく嫌がらないし、チベット人にとても親身になってやっている方でした。彼も最初のうちはすごく理論的に彼らと話をしてたんですよ。これは仕事だと、お金をもらえるんだと。しかし、もういよいよ頭にきて、銃を乱射してました。空に向かってですが、堪忍袋の緒が切れたんですね。

連絡官やなんかというのは拳銃を持っています。警察権もあります。連絡官はこのとき三人いたんですけど、もう一人の連絡官なんかは、もう完全にチベット人のことを動物扱いでしたし、それはその人の素養によるんですよ。だから、漢人だからどうのというよりも、個人の問題なんです。

まあ、そのぐらいベースキャンプに到達するまでというのは、えらいことでしたね。ヤクを使わずに、人力だけで荷物を運んだんですから。

村までの道では、雪が深くてトラックも動かなくなって、押したり。チベット人は足元が中国製のズックなんですよ。ガムテープで巻いたり、そんなでした。

ベースに行くのに、まず、私たちがシャベルで道を造るわけです。誰のために人を雇っているか本当にわからなくなっちゃったんですよ。斜面を落っこって、けが人が出たりしましたし。

18トンの荷物は使い切らないものも多かったですが、とにかく持っていったものは多かったですね。とにかくマカルーを登頂しない限り帰らないぐらいの勢いはありましたからね。重廣さんという人はそういう考え方の人ですから。

登山タクティクスを決めて、そのなかで、食料や物資は最終はゼロになるようにするわけですけど、このときは、もうとにかく1メートル先は何が出てくるかわからない状態で登山をしてましたから、とにかく食いつないで、食料がある限り、ルート延ばしていこうという考え方だったんですね。

過去、マカルーの南東稜は、原真さんたちが登っているんですけど、やっぱりそのときも完全に最後は食料がなくなって、ツァンパかなんか食べながら登ったそうです。引き延ばして引き延ばして。

やっぱり重廣さんは、燃料と食料さえあればやれるという思いがあったと思うんです。人数もそこそこいたし、ローテーションさせて、消耗しても登れる奴だけでもとにかく頂上に立たせようというような、完全な戦術的登山でした。

地図もないし、見当もつかない衛星写真一枚ぐらいで、よくやったと思いますよ。このマカルー東稜下部からの登頂は海外でも評価は非常に高いですね。日本ではあまり評価されてませんけど。いまの時代だったら、もっと情報があるでしょうからこんなことにはならないでしょうけど、まったく未知の世界に近かったんですから。

ベースキャンプを探すのに、一個ずつ谷を全部入っていくなんて、いまだったら、信じられないですよ。いまならそんな不備なまま行かないですよ。しかし当時は、もう何もなかったんですよ、本当に。南東稜から撮られていた写真が何枚かあったのと、あとチョモレンゾが登られているんですよ。これに行ったときの報告書があって、全然別個の山ですけど、ベースキャンプを共有できないかとか、参考にはしたんですけど、途中までしか役に立たなかったですね。

ショウラっていう峠があって、そこまでは使えたんです。でも、その時点では、このショウラ越えは違うと思ってたんですよ。だから、ショウラを外して可能性のある峠を潰したんです。結局はショウラが当たりだったんですけど、これじゃない峠を四つぐらい登りました。山本さんと二人で持てる荷物を背負って出かけて行くんです。二泊三日とか三泊四日とか。持って行く食料は日本から持ってきていたものもありましたけど、チベット人が焼いたパンみたいなのとか、そんなのを適当に。

1995年当時だから、ストーブはもうガスでした。食料はアルファ米とかラーメンとか、水羊羹とか、中国で買ったお菓子とか圧縮干粮《かんりよう》とか。圧縮干粮は、今はないと思いますが解放軍が使っていた携帯食料ですね。あれをずいぶん食ってましたね。食料がなくなっちゃったから。

重廣さんは本陣におられて、この谷も駄目だったか、よし次に行けって。でも、その少人数でやっている時期はすっげえ面白かったですけど、途方に暮れましたね。おそらく1930年代のイギリス隊が、エベレストの地形を探していたときとか、エリック・シプトンとかのときは、そんな状態だったと思うんですよ。昔、読んだ探検隊の本とかあんなのを読むとどこに向かっているかわからないようなことを書いてありますからね。そんな感じでしたよ。

いまは、もう衛星写真とかがあってそういうことはないですけど。このときも衛星写真はなかったわけじゃないんですけども、本当にロシアから取り寄せるとか何とかというような時代だったんですね。

村の人だってよくわかんないような状態で、登れそうなところを片っ端から登ったわけです。登ってみたら向こうは何もない崖だったり、ぐるっと回って戻って来たりとか。だから、あっちだ、こっちだ、みたいな、そんなのはもういっくらでもあったんです。自分がどこにいるかわからないんですからね、地図もへったくれもないですよ。谷だって名前もなければ、地図の中にない谷を歩いていくわけです。いや、本当に右も左もわからないぐらいでした。

山本宗彦さんにはいろいろなことを教えてもらいました。日本でも、宗彦さんとはずいぶん山へいっぱい行きましたね。明治大学山岳部の出身の方ですが、学校を超えて付き合わせてもらいました。

未踏・マカルー東稜

先発隊では大変でしたが、具合が悪くなったりはしなかったですね。ただ、登山が始まって、C2（5200メートル）で私はとんでもない熱を出しました。42度とか出ましたよ。痙攣してエビ反りとかなっててました。お茶を飲ませられるんですけど震えちゃってこぼれちゃうぐらい。でも、座薬二発入れて、ふらんふらんになってベースまで下りてきて、五日ぐらい寝たきりでした。

それまで先頭にいたのが、ローテーションから下がっちゃったんです。それっきりずっとローテーションが前に出なくて、そうやっていれば体力は戻ってくるものです。若かったですからね。よかったのは、ベースが低かったということですよね、4000メートルなかったですから、これがもっと高いベースだったら、もっと大変だったかもしれません。高山病じゃないと思いますね。おそらく、疲れて風邪ひいてとかですね。先発隊で人の倍も働いていたから？　それもあったと思いますけどね。

当時、マカルーに集まったのはまさにトップクライマーだったんですよ。日本の登山史を作ってきたような人たちでした。

出身山岳部は、明治、中央、法政、農大、信大……。登山の六大学メンバーみたいなもんですね。山岳部が盛んなのはそのへんなんですよね。日大、立教はいなかったですね。それと立正の私でした。私と同い年、同期で、法政の荒井君というのがいて、二人が最年少で二十四歳。彼も大学五年生でした。

あとのメンバーは、当時の日本の有名なクライマーで、雑誌によく名前や顔も出ていましたし、テレビで見てたりしていた人たちでした。

この人達がよってたかっても一日に50メートルしかルートが延びないときがあったんです。状況が悪過ぎたんです。

一番酷かったのが、標高が低いので、キノコ雪のようなリッジ（稜）になっていたんですよ。氷のナイフリッジなら、まだいいんですけど。エッジの上を歩ける様子もないです。ときどき崩れるんです、ドカーンとかって。それで、朝行ったときに設置したロープが帰ってきたときには、上空に電線みたいになっちゃったりしてるんです。

ただ、ロープが全部繋がっているんで、無くなっちゃったりはしないですけど、場合によっては、もう一回やり直しとか。毎日パターンが同じで。そして、毎晩、夜中にすごい雪が降るんです。だから、朝行くと、前の日にやったやつをもう全部、手で掻いて掘り出すんです。で、帰ってきたときは、また電線になっているのを直して、翌日また掘り出すんです。この繰り返しですから大変でした。

アルパインスタイルだったら、一回行っちゃえばいいんですけど、極地法ですから、行き来するたびに、何回もそれをやらなきゃいけないんです。ルート作りも、荷揚げも、よってたかってやっても、まったくルートが延びない毎日でした。

ベースキャンプが3000メートル台なので、上はC7までありましたね。

その間、ずっと行ったり来たりを繰り返すわけです。私なんかはひどいんです。全然、高度も上がらず。もうただひたすら、下で荷揚げしているわけです。C2、C3あたりでベースにも下りずにやってますよね。何日間も。ベースに下りて来ちゃうと時間を消費しちゃうから、上で休養に入っちゃっているんですね。ベースを出てからC2（5200メートル）とC3（5650メートル）の間を荷揚げして、次はC3とC4（6300メートル）の間をベースに帰らないで荷揚げして、その延長で頂上へ行っちゃっているんですね。

セオリーをまったく無視した状態でした。他の人もみんな同じなんです。そうじゃないと、ベースキャンプが低いのとルートが悪すぎちゃって、登山が進まなかったんですね。

それは、このルートが未踏だったというのもありますね。

4月17日から22日まで熱を出してベースに下りちゃって、完全にローテーションから外れちゃったんです。私以外も具合は悪くなった人がいました。けがしたりとか。あと登山方針と合わないと言って下りたとかというのもありましたね。

このときのやりとりは、理由はシンプルで、小野さんと田辺さんが論争になったんです。上部のセラック(氷河の一部が塔状になっている)部でどのルートをとるかという議論でした。小野さんという人は、ある意味、登れる人なんです。田辺さんは体力のある人なんです。だから、小野さんは難しいけど、アイスクライミングをしてでも真っ直ぐ行こうというわけです。ところが、田辺さんは難しすぎるから巻こうというわけです。

ところが小野さんは、巻いたらここは絶対雪崩なり崩落が起きる可能性があるから、ここを行くなら俺は

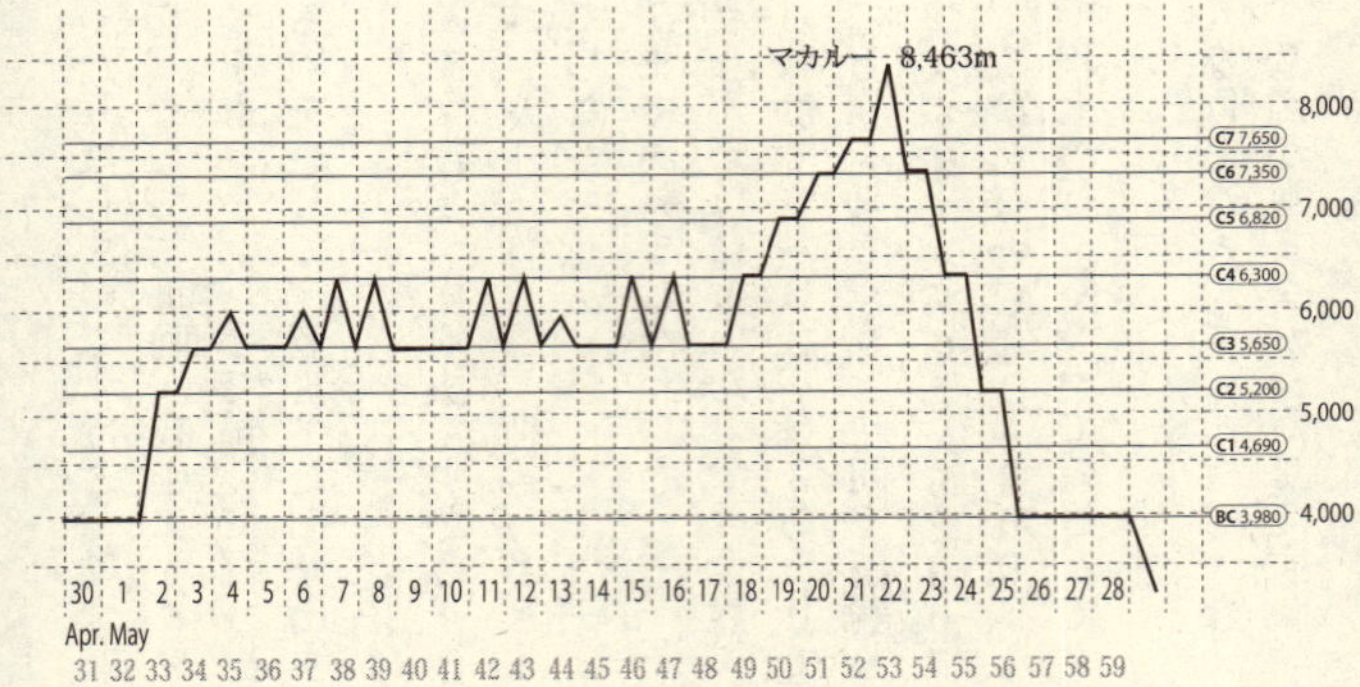

登山をやめるといったんです。

隊長の重廣さんはベースにいますから、無線のやりとりしか聞いてないわけですよ。

時間がかかって難しいけど安全なルートと、ちょっと危険だけれど、一気に行けてしまうルートとどっちをとりますかという話になるわけです。

そうすると、隊長は少しでも進めと、上に上がれというふうになるわけです。で、田辺さんのルートを選択するわけです。小野さんはそっちを行くなら、私は登山をやめますと下りちゃったんです。結局、このルートは、誰もいなかったときに大崩壊を起こすわけです。ですから怪我人を出さずに済みましたけど。結局、小野さんが最初に行きたいといったルートに変更になったんです。小野さんは、それでまた復帰をしてくるわけです。

それはすごい真剣なやりとりです。

それを上部のルート上でやりあっているわけです。

他のメンバーたちは、小野さんの意見に賛成する人も

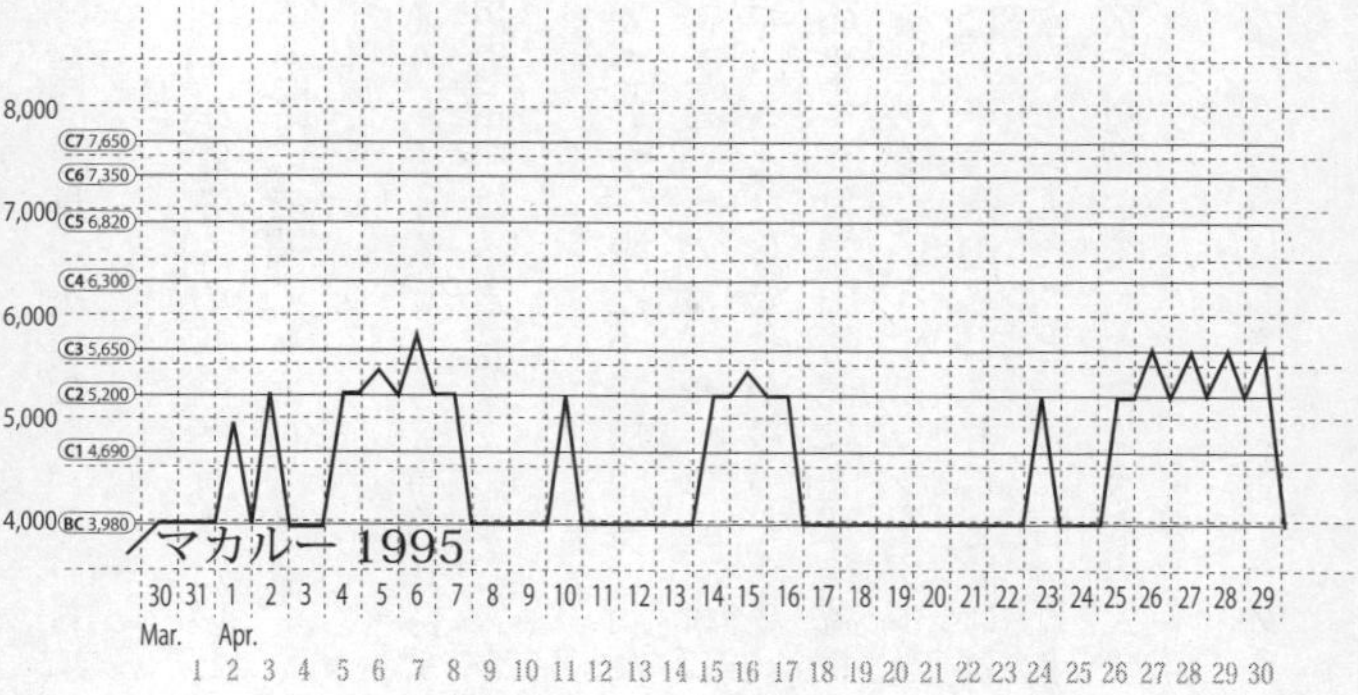

いるし、田辺さんの意見に賛成の人もいるわけなんですけど、隊長が決めたら、そっちに行かざるを得ないわけですよ。

小野さんははっきりしてたから、俺は下りるというけど、小野さんのほうへ行きたいといっていた人たちでも、ルートが延びていけばそっちに行かざるを得ないわけですよ。

それは集団でやっている登山だからです。

私はこのコースが嫌だから下りるという自由は許される？　うーん、こういう登山隊では、本来は難しいですね。でも、小野さんは、すごく意思表示をはっきりしていましたから。

昔、K2の登山隊で、森田勝さんが、俺は第一次隊じゃないから嫌だって帰っちゃったとかっていうのがありました。そういうのと同じようなことというのは、やっぱり、すごくみんな自分の経歴とかに、そういう絶対の自信を持っている人たちですから。

そういう意味では、大学山岳部の集団とはちょっと違います。大学山岳部は先輩後輩だから、先輩のいうことをきくのは当たり前で、先輩が経験があるというすごくシンプルな関係があるわけなんですけど、このマカルーのメンバーは、下っ端の私と荒井君を除けば当時としてはドリームチームに近かったんです。私たちが、この人たちと一緒に行けたというのは夢のような出来事なんです。私たちは、丁稚奉公、見習いで行ったようなもんです。

それは、重廣さんの構想の中に、育てるに値する若手を二人連れて行きたいというのがあったからなんです。

そういう意味では、重廣さんというのは組織を構築して運営する能力というのはすごい長けているんです。圧倒的なリーダーシップをとるということは過去の登山でもよくわかっていることで、1973年のエベレスト南西壁やら、1977年のK2からの人ですから、重廣システムとか重廣イズムという言葉がちゃんとあるぐらいで。

戦争で兵隊を動かすのと同じです。このマカルーの登山隊というのは、まさに戦争の兵隊を動かすようなシステムの中で登られた登山なんですね。

たぶんこういうやり方をやった最後に近いですね。この登山隊は、ある意味、日本の登山隊の象徴でもあるんですけど、日本の社会の象徴でもあったと思います。

私はそこにいなかったので、論戦には参加してませんけど、後からそのルートに行ってみれば、明らかに小野さんの取ったルートのほうが自然なラインなんですよ。

でも、それには技術的な問題がある。おそらく田辺さんの考えは、シェルパたちをいかに通させるかというのがすごくあったと思います。田辺さんというのは、過去の登山はシェルパを多く使ってきた人でした。なので、田辺さんの発想というのは、遠回りでも、ちょっと危なくても、自分が通れるんじゃなくて、技術的に足りないシェルパが、さっと通れるかどうかということに注目する人なんですよ。

それはそれぞれ言い分には間違いはないんです。ただ、あのルートであれば、やっぱりちょっと小野さんのルートのほうがより自然ですね。そこの部分だけはテクニカルですけども、まあ、テクニカルなところも、ロープを張ってしまえば、あとはなんとかなっちゃいますからね。もちろん、そこを大人数が通過するのに時間がかかるという欠点はありますが。

誰が最初に行くか、それはちょっとね、なんともいえないですね。結局、田辺さんのルートだって、ぶっ壊れなければそのままだったでしょうしね。それは全然わからないですね。

頂上へ

この時、八人が登頂しました。一次隊四人が5月21日に8463メートルの頂上へ、そして次の日に二次隊四人が登頂しました。一次隊は山本篤、田辺治、松原尚之、荒井君でした。二次隊は山本宗彦、小野岳、谷川太郎、私です。

私のラストステージはちょっと変則的でした。普通だったらラストキャンプの高度を経験してから、頂上に向かうんですが、そのときは、C3から頂上に行っているんです。C3で荷揚げをやってたら、「竹内、頂上に行け」と、行動中に言われました。トランシーバーを持っていた小野さんが「大本営発表があったぞ!」って教えてくれました。

それまで、私は自分が登頂するメンバーだと思ってないわけです。この時点では、重廣さんに全員登頂する可能性があるから必要な装備は上げておけといわれてC3には入っているんですけど、前もってなんとかというのは何もないわけです。最後の最後になんかおまけみたいに登頂メンバーに入れてもらえたという感じですね。たぶん、隊長の重廣さんが賭けたんでしょうね、私に。本来は、私なんかは登頂メンバーの条件には合わなかったはずです。途中で体調を崩してましたから。

本来だったら、C5とかC6、あのときはC7もありましたから、そこらに一回泊まってからいかなければいけないんですけど、私はC3からでした。

あの条件で上がれたのは酸素を使っていたというのもあると思うんです。ですから、この登山はあまり参考にならないですね。

八人分の酸素ボンベを上げるのは大変な作業です。シェルパを使ってましたけど、シェルパたちを私たちより一歩でも先には出さなかったんですよ。重廣さんは。

頂上にも登らせなかった。シェルパたちは荷物だけ運ぶというタクティクスだったんですね。最近の登山ではちょっと珍しいタイプなんです。最近は、やはりシェルパにも、全員じゃないですけど、一人なり二人なりは登らせるというのがあります。あのコースは未踏ルートだったからでしょうね。

シェルパとは

重廣さんの当時の考え方としては、とにかく未踏の東稜を完全な戦略として登るということが、とにかくあったと思うんです。シェルパたちを、一兵卒じゃないですけども、手駒として使っていたんですね、単純に。

頂上に行きたいといって出た不平はないですけど、途中でシェルパたちがストライキをしてました。もう嫌だと、危なすぎちゃってやりたくないというのが日常茶飯事にありました。

それはお金の交渉のためではなくて本当にそう思っていたんです。

私たちも彼らとはずっと付き合っていますから、別に彼らは悪い奴らじゃないことは十分わかっているわけですよ。だけど、一回はもうまったく動かなくなったことがありましたね。とにかく危なすぎて嫌だ、家に帰りたいと。

最近ではそうでもないですけど、当時はやはりシェルパの技術というのはそれほど高いものじゃなかったんです。特に、最初から頂上に登らせないといってましたから、それほどの執念というのはないわけですよ。仕事なわけですよ。

だけど、仕事としては、あまりにも危険過ぎちゃったわけです。一度、雪崩に流されたりなんかしたり、ボロボロおっこったりなんかして、けがとかもしょっちゅうしてたんです。だから、本当に嫌だ、嫌だ、嫌だって。

サーダーというのはシェルパの頭です。このときのサーダーは、パルテンバというシェルパのカリスマでした。

この時、シェルパはネパール側からみんな呼んだんです。パルテンバはクリス・ボニントンのクライミングパートナーも務めた人で、ネパールでは国民的英雄なんですよ。パルテンバはサーダーとして完全にプロフェッショナルです。本当に聡明で、優秀ですね。サーダーは酒を造る杜氏さんのように、自分の部下を何人連れてくるというかたちでやってくるわけです。

そういう立場ですからサーダーは私たちの登山をサポートしながらも、シェルパを守るのが役割です。そこのバランスが難しいわけです。

パルテンバが言いましたけど「あなたたちは指を落としても問題ない……問題なくはないけれども。シェルパは指を落とした時点で完全に職にあぶれてしまって、その後路頭に迷ってしまう」。保険も何もない世界ですから、家族全員が食いあぶれちゃうんです。だから、シェルパたちにけがさせたり殺すわけには絶対いかないんだと。そうでなければサーダーは務まらんのです。ただ、仕事だからクライアントの要望もちゃんと満たさなければいけない。

ですから、サーダーの仕事というのは、隊長の仕事より難しいんです。でも、どっちを選んでも命懸けなんですね。ただ、このとき、彼らはよりシェルパに徹してましたから、まだ良かったのかもしれません。いまのエベレストになると、シェルパたちはガイドの役割も果たさなければいけないんです。そういう意味では、さらに難しいのかもしれませんね。この場合は、ガイドの役目は一切なかった。誰も知らないルートですからガイドをしようがないです。

重廣さんはコースを選ぶときなんかでも、彼らに相談したりは一切なかったです。

ここを選んだ、行け、この荷物を運べと。

このときのシェルパは完全にシェルパです。いまのシェルパはそうじゃないです。けど、この当時のシェルパたちというのは、親しくはしますけど、分を弁《わきま》えていました。当時は、私たちをサーを付けて呼んでました。失礼なシェルパもいっぱいいますが、やっぱりパルテンバが集めてきたシェルパだけあって、そういう意味では、全員分を弁えてました。

この人たちの賃金は、いまとなってはとんでもなく安い金額ですよ。いまのシェルパの賃金は結構良くなっていますから、ですけど、当時はそこそこだったんですよね。いくらで雇われているとかというのは知ろうと思えばわかるんですけど、私は特に聞きませんでしたね。興味はなかったんです。

私たちがとやかくいう領域じゃないです。シェルパの人件費もサーダーが決めるんです。私たちが決めることではないんです。サーダーに払って、サーダーが分配するんです。そういうシステムなんですね。だから、私たちが彼らの給料を高いとか安いとか、とやかく言う立場ではないわけです。

いまは、だいぶそういうのはもう崩れちゃいましたけど、この当時のやっぱりシェルパたちというのは、完全な徒弟制度みたいな、プロ集団なんです。職人的な集団なので、私たちが彼らの中に入っていって表面的に仲良くすることはあっても、彼らと一緒に何か喜怒哀楽を共有するということは、なかったですね。

この人たちは食料とかも自分たちのものを食べます。それはこっちでお金を渡して用意をさせるんです。もちろん日本食とかインスタント食品、上で使うものは、私たちが用意しましたけど、基本的な彼らが食べる食料は自分たちで用意します。それもお金をコックさんに渡してやっているわけです。

私は、この隊の一番の年少でしたが、いずれこういう隊を組むかもしれないとかいうつもりで見ていました。翌年、立正大学でエベレスト登山の予定がありましたから。なので、エベレストでこれをやるんだなという思いはありました。

立正大学で、エベレストに行くときには、交渉から渉外からお金集めから、食料、装備すべて私が中心になってやりました。

マカルーのやり方をそのままやりました。このときに、私はこのマカルーで登山が終わった後に、使った装備をラサにデポしました。重廣さんに、来年これとこれを使いたいから貸してくれという交渉をして、荷物を分けて、翌年来たときはそれをすぐピックアップできるようにしたんです。それは完全に計画的にです。

エベレストのときもシェルパを雇いました。

どのシェルパのグループを雇うかというのはエージェント任せです。それは、私たちが一人ひとりピックアップすることは不可能なので、エージェントに依頼をしています。サーダーもエージェントで手配しました。それはもう日本人がやっている信頼できるエージェントで長いつき合いなので、そこにシェルパたちは任せてお願いしました。

マカルー登山は全部で四カ月かかりました。それで翌年の準備をして一回戻ってきました。

結果的に、マカルーでは結構な量の装備が余ったんです。マカルーの東稜という写真さえもろくすっぽない所にトータルで四カ月の登山をしたわけですから、それぐらいになって然るべきだったのかもしれません。結果的には、余分な物は相当ありました。山本宗彦さんと毎晩一緒に余った食料をでっかい穴を掘ってガソリンをかけて燃やしてました。持ち帰るわけにいかないんですよ。

罰が当たりそうな気で見てましたよ。そのとき、宗彦さんが「竹内、俺たちきっとろくな死に方をしねえな」って。

マカルー登山を振り返って

マカルーでは凍傷もなければけがもなく、一回熱を出しただけです。それはなんか山まわりの人たちの評価としては丈夫な奴だと思っていると思いますね。それはなんか山本宗彦さんあたりに改めて聞いてみたいと思うんですけど……評価というおこがましいものではなくて。まあ、足手まといにはならなかったと思ったんじゃないですかね。

荒井君もちゃんと登頂しました。

荒井君はすっごく真面目で、いわれたことは全部やろうとするタイプです。私なんかは、結局、これをやっておけばいいんでしょって。だから、彼は集中砲火を受けていたんですね。日本にいたとき、重廣さんは私と荒井君を、カバン持ちじゃないけど秘書みたいな感じにしてたわけですよ。そういうときでも、荒井君のほうがいじめやすかったんでしょうね。で、荒井君のことを理不尽にいじめるわけです。

重廣さんも準備が思ったように進まず結構、煮詰まってて、いらいらしてたんですよね。俺なんかは適当にかわしてたんですけど、荒井君は真面目に受け取っているもんだから、過労死するんじゃないかって心配になっちゃいましたよ。で、先発隊を誰にするかといったときに、私か荒井君を連れていくという話になったわけですよ。そうしたら、荒井君が、俺、先発隊に選ばれたらきっと死ぬと思うとかいって。まあ、結局、私が選ばれたわけですよ。荒井君は行きたくなかったんですけど、面と向かって行きたくないとはいえないわけですよ。

それぐらい荒井君は大変だったと思います。

彼は五年で卒業して、法政の大学職員になったんです。いまでも大学職員をやってます。で、もう高い山というか8000メートル級には行ってないですね。マカルーが最後。いまでも行きたい、行きたいといってますけど、なかなか難しいでしょうね。

当時は、あまり技術というものを評価してない時代だったんですね。どちらかというと技術より体力、根性という時代だったんですよ。

道具がまだそんなに良くなかったですから、登れる所というのは限られていたんですよ。十三、四年前では今と道具がまるで違うんです。

当時は、まだシャフトが真っ直ぐなピッケルしか出回ってなかったんですが、いまは、シャフトが曲がっているのは珍しくありません。

もちろんアイスハンマーもありましたし、アイスアックスもあったんですけど、まだまだ難しい氷雪壁を敢えて登ろうという時代じゃなかったですね。ヨーロッパではありましたけど、日本の登山においては、まだそこまでは成熟してなかったですね。

技術はもちろん必要なんですけど、突拍子もない技術が要求された時代ではなかったですね。基本的な技術ができていて、基本的な体力があって、基本的に動けるということが重要視された時代だったんです。

そういう意味では、当時はやっぱり小野さんなんかは、技術と知識をすごく持っていたんです。ですから、先頭にいる立場だったんです。それでも、当時の小野さんの技術は、いま置き換えれば決して特別な技術ではないでしょう。それぐらい道具と技術と指向性が変化してしまってます。

登ること自体の意味が違ったんですね。

そういう意味では、当時、技術が特別優れているかどうかなんていうのは、あまり重要視されなかったんです。

いまの山登りは、結局、頭の中で自分はこういう山をこういうふうに登りたいという想像力の範囲が昔とは大きく変わって、それを実現するためのテクニックと道具の開発が追いついて、その時点のトップにいる人は自分の想像した登り方をするんじゃないですかね。

想像力の競争をしているのだろうなと思います。日本では、そのスピードは明らかに遅かったですけれども、ヨーロッパなんかでは、そこを登るために、登りたいからこういう道具が欲しいと考えたのだと思うんです。

それで必要から、シャフトが曲がってきたり、クランポン（アイゼン）も爪先が出てきたりしたわけですよ。ところが日本では、もちろん芽はあったと思うんですけど、そのような工夫のスピードはやはり遅かったんですね。そうではなくて、こうやった組織で一歩ずつでもいいからとにかく頂上を征服するという方法が基礎になっていたんです。

そのときに、いまの私がやっているようなアルパインスタイルの登山を想像する人はまだいなかった……まあ、いたと思うんですけど、そういう人たちはこういうところには来てなかった。

もちろんね、当時、このマカルーの登山でさえも、時代遅れだという人がいっぱいいたわけですよ。長谷川恒男さんなんかからみれば、このような登山は、あっけに取られたことでしょうね。長谷川さんが登るような山とこういうふうにして登る山とか全然種目が違ったわけです。ですから、長谷川さんがマカルーの東稜に単身乗り込んできても登れなかったでしょうね。まあ、それ以前に登らなかったと思いますけど。

いまマカルーに入るとしても、忠実に末端から東稜を登るとしたら、これはちょっと大げさですけど、アルパインスタイルでは間違いなく登れないです。

基本的には、極地法になるわけです。

無酸素では十分登れると思うんですけれども、アルパインスタイルでは登れないでしょうね、組織を組んだ極地法になるでしょうね、どうしても。

極地法か、アルパインスタイルか

アルパインスタイルと極地法は登る方法が違うだけで、頂上に立つという目的は一緒です。本来は、ルートの性質によって使い分けるものだと思います。

例えば、本当に極端な話で、落石やら雪崩やらのリスクを全部無視しての話ですけど、テクニカルで、頂上まで距離が短い直線的なルートに極地法を展開するならば、誰かが登って後はロープを張ってしまえばいいんです。

先頭を行く人は空身になってルートだけ延ばしておいて、後から行く人が、そのロープをユマーリング（登高器を使って登る）して、荷物をどんどん荷揚げしていけばルートは延びます。登るには技術が必要ですが、それを全員で分担することができる。

ところが、長い尾根のルートというのは、距離がありますから、メンバー全員がその距離を登れるだけの体力がなければならないですね。

実際は、テクニカルなルートほど、落石や雪崩のリスクが高まりますから、そこを極地法で何度も行き来するのは危険なのです。だから、そういうルートにはアルパインスタイルの方がいいのかもしれないわけです。

マカルー東稜という未踏の尾根のような場合は、下から上まで全員が同じように登らないと登れないんです。

　あのルートは、やはり集団でやっていく作戦をとるしかないです。今後、最終的に残っていくのは長い尾根や縦走だろうというような事は言われていますが、まさにそうだと思います。

　長い尾根というのはそれだけ時間がかかりますから、アルパインスタイルで使う装備を担いで持って行くということは不可能かもしれません。

自分で背負える量で行ける範囲でしかアルパインスタイルはできないです。

　誤解している方が多いんですが、アルパインスタイルというものが絶対に優れたものでは全然ないんですよ。なぜか、世の中ではアルパインスタイルというのが、いわゆる究極の進化形であるように捉えられるんですけど、アルパインスタイルというのは、実はアルパインスタイルができる所でやっているだけの話なんです。

　これってすごく大事なことなんです。

　例えば、陸上競技で走る競技には、いろいろな種目があります。42・195キロを走るマラソンや100メートルの短距離走。なかには、わざわざ走りにくくしてハードルを越える競技もありますよね。登山も同じ登るという行為のなかに、そこを極地法で登るか、アルパインスタイルで登るかは、種目でありルールの問題です。

　重要なのは、どちらかではなくて、どちらにするかで、アルパインスタイルで登るべきルートを極地法で登るというのはあまりにも意味がないと思うんです。それをどう見極めるかという試行錯誤をすることが登山の面白味のはずなんです。

ところが、なぜかこのマカルー以前の日本隊というのは、本来アルパインスタイルで登るべきルートにも極地法を持ち込んだり、そういうことで、いわゆるジャパニーズスタイルといわれ、揶揄《やゆ》されたわけです。

まあ、日本軍式だったわけなんです。

例えば、氷河の上も、クレバスに落っこちる可能性があるので、二人なり三人で行くなら、お互いをロープで繋いで行くわけですよ。それで、ロープをピーンと張っていれば、最初の人がボーンとおっこったって、「びっくりした!」ですむんです。ロープがありますから、落ちても上がってくればいいんです。ヨーロッパの人たちはそういうふうに発想するわけです。

ところが日本人的な発想をすると、ベースキャンプから頂上までロープを全部繋げていくわけです、平らな所もすべて。それでカラビナを掛けて、手摺りにして行くわけです。ベースキャンプの自分のテントから頂上まではロープ一本で繋がるわけですよ。そうすると、どんなことがあったって、それにつかまってれば帰ってこれるだろうっていう発想をするわけです。クレバスも全部掘り出して、ロープを渡して、カラビナを掛けて、それを跨ぎなさいというふうに。

最低限のリスクを取って可能性を探るのではなく、とにかくリスクをゼロにするということを考える。

そうは言っても、結局、その日本隊のロープをアテにしてくるチームもあったりして、つまりは、日本と欧米の差というより、クライマー個人の山への取り組み方によるとしか言いようが無いですがね……。

まあ、いろいろなことが、よくいわれるんですけど、私が、ラルフたちと一緒に登山をしててわかってきたことは、多くの日本人にとって、自分の家から山（ヒマラヤ）までがいろいろな意味で遠いということにあると思うんです。

いまの私の登山は、登れなければ、また来るだけの話なんですけど、日本の登山隊の登山では、クレバスが一つ通れなかったからって帰るわけにはいかなかったわけですよ。それなら用心のために梯子《はしご》を持って行こうという話になっちゃうんです。失敗が許されないわけです。次はもういつになるかわからないわけです。

いろいろな寄付をもらってしまったり、みんな仕事を辞めて参加していたわけですよ。後がないんです。また来るとかって引き返すのは無理なんですよ。

絶対失敗しないための方法だから、余計お金もかかるし、だから逆に失敗も許されなくなってくるという。絶対けが人も出せないし、死人も出せない。別に私たちもいまやっている登山でも、死んでもいいとか、けがしてもいいとか思っているわけではないんですけど、もうそれらの優先順位が違ってきちゃうんです。

個人の持っている責任能力が違うんです。例えば、マカルーで誰かが死んだら、そのメンバーの山岳部のＯＢ会が出てくるわけですよ。

みんな、良くも悪くもしがらみがくっついているんですよ。

K2のときなんていうのは、十大学から集まってきているわけですよ。そうすると、うちの後輩を登らせてくれというプレッシャーだって出てくるでしょう。何でうちの奴は登らせなかったんだとかね。そんな話が出てきちゃう……。もし、死亡事故でも起きたら、OBから家族から巻き込んで大騒動になるでしょう。本人の問題、責任で収まらない。私が死んだらどうか知りませんけど……。こうなるともうメンバーは個人ではなくなってしまうわけです。

それは、大学山岳部特有の体質ではなく、社会人の山岳会も同じことで、やはり組織があれば、個人で引き受けられる責任は、どんどん少なくなり、だれか責任者というものを作らざるを得ない。そうすると責任者は自分の責任を少なくするための方法を選ばざるを得ない。その結果、成功も失敗も誰の成果でも責任でもなくなってしまうのです。それは登山隊のものだから、登る責任も登らない責任も自分で負うことができないのです。

まあ、すごく日本的と思えるかもしれませんね。日本人の気質や組織に極地法が非常に馴染みやすかったということが言えると思います。もちろん、組織が悪いわけではないんですよ。

私にとっても組織の中でシシャパンマに行ったのがステップとなり、マカルーに繋がっていますから、ラルフたちが私の過去の登山で最も評価してくれたのがマカルーです。それは、組織で極地法で登ったことを含めてのことです。それは、あのマカルーの東稜はそうして登るべきルートだったからです。

私自身も組織の一構成員になることに、抵抗は全然なかったんですよ。マカルーに参加して、良かったこともあるし、悪かったこともありますけども、それらが、何かで打ち消されて、結局嫌だったという思いは全然ないんですね。

楽しいことだっていっぱいありましたしね。よく、何か一つの欠点や不満を挙げて、だからつまらなかったという人がいるけど、じゃあ、最初から最後まで、全然楽しくなかったのかというと、そんなことはないんだろうなあと思うんですよ。組織登山か、私がしているような個人登山か、極地法かアルパインスタイルか、と限定することは、自分の登山の可能性やチャンスを狭めることになるんだと思います。

とにかく私は、どんな組織であれ方法であれ、登る状況に自分を置きたいと思っています。

第五章　エベレスト、K２継続登山

（この章取材　２００８年４月29日）

※エベレスト（標高＝８８４８メートル）所在地＝ネパール・中国
インド大三角測量局長官であったイギリス人のジョージ・エベレストの名から英名・エベレストがつけられた。チョモランマはチベット語で「大地の母」、ネパール名のサガルマータはサンスクリット語で「世界の頂上」の意味
◆初登頂＝１９５３年、イギリス隊　エドモンド・ヒラリーとテンジン・ノルゲイ
◆竹内洋岳の登頂＝１９９６年５月17日、ノースコル経由、北稜

※K２（標高＝８６１１メートル）所在地＝パキスタン・中国
インドの測量局が１８５６年からカラコルムの測量をはじめた際に、無名の山にカラコルムのKをとって順にK１、K２、K３、K４、K５と測量番号を付けた。K２以外の山については名前がつけられたり、現地の名前が採用されたりしたが、K２だけは測量番号がそのまま山名に残った
◆初登頂＝１９５４年、イタリア隊　アッキレ・コンパニオーニとリーノ・ラチェデリ
◆竹内洋岳の登頂＝１９９６年８月14日、日本山岳会青年部隊　南南東リブ（ジェイソンルート）

エベレスト挑戦

日本山岳会青年部のマカルー登山のときに、翌年1996年に立正大学がエベレスト（登山隊は中国側からの登頂を目指したのでチョモランマと呼んでいた）に挑む計画は進んでいましたし、同じ年にK2登山があるということも知ってはいたんです。マカルーに参加した人たちは、私を除くとそれまでにどこかの山で一緒に登山をしているベテランたちでしたから。1988年のエベレストとか、その後の、1992年のナムチャバルワとかで、お互いをみんな知っているわけです。マカルーの登山中に、山本篤さんと谷川太郎さんが「来年K2があるけど一緒に行かないか」って誘ってくれました。私は、「行きます、行きます」って即答でした。

みなさん、私の様子を見て、あいつ使えそうだなと思ってくれたんでしょう。宇田川さんからの推薦もあったのかもしれませんけど、そこで初めてK2の話が出たんです。エベレストは結構、早く決まってました。大学の山岳部でエベレストを登ろうと。それはマカルーより前に話だけは出てました。マカルーの話とエベレストは別々に並行して話は出てたんですよ。

この時代、今ほどエベレストがポピュラーじゃなかったです。

私は、結果的に、1995年、1996年の二年間で8000メートルの山を三つ、マカルー、エベレスト、K2を登るんですが、これは、本当に偶然です。

運良く行けたのは、祖父がお金を出してくれたとか、身分が大学生だったというのもあったし、二十代だったというのもあります。本当にいい巡り合わせだったと思います。

山本篤さんは、マカルー、Ｋ２とは連続して考えていたらしいんです。マカルーで良いメンバーが集まっているから、その流れでＫ２に行きたいと。

なぜかというと、マカルーをやって三年空いた、四年空いたとなっちゃうと、また人を選んで組まなくちゃならないから、Ｋ２とセットでと。結構早い時点から考えていたそうです。そこにうちの大学のエベレスト登山がたまたま重なったんです。

マカルーを終えたときはたいしたことをしたという感じは正直言ってなかったです。計画に則《のっと》って登っただけという感じが強くて。あの山は登れると思ってましたから。ちょっと微妙ですが、私が登頂できるかどうかというよりは、そのまま進んで行けば、ある日頂上に到達するんだろうなと思ってました。

マカルーの後に、自分に足りない物がなにかとか考えたりしなかったと思います。熱を出したことは反省する内容ではないです。あれはたまたま過労だったか、川に落ちて風邪を引いたかでしたけど、よくあることの一つでした。先発隊でいろいろなことがありましたから、それぐらい別にどうということはないんです。日常的にさまざまなことが起きているんで、多少のことにみんな驚かないというか。性格的に私はあんまり驚かないほうなのかもしれませんね。

登山が終わると、みんな意外と早く帰りたいとか、日本食が食べたいとか言い出すんですけど、私はあまりそういうことを感じたことはないんです。

海外旅行中に、みんな日本食が食いたいなんて言いますよね、なんでわざわざこんな外国にきて美味しくもない日本食を食べるのかなと疑問なんですよ。空気も違うし、全然そんなものが似合うとも思わないし、梅干しを持ってきている人なんてみると、すごく不思議に思います。私は日本食とか梅干しとか、そんなものまったく持って行ったことはないです。

マカルーから帰ってきて、次のエベレストに行くことが決まっていましたが、改めて訓練するとか、道具を買い換えるとか、そういうこともなかったですね。ほとんどマカルーの装備のまま行きました。

山から下りてくると、疲れを取るのに休憩って今の私にはとても大切ですけども、当時は、やはり若かったというか、そんなことは考えてなかったですね。

エベレストの準備

1991年にシシャパンマが成功しているのだから、次はやはりエベレストを登ろうと、大学OB会の上のほうが決めていたと思います。

お金集めや何かはOBたちがやってました。

行ったメンバーは、現役二人、OB四人……割と少人数でしたね。現役は私と後輩。前と同じメンバーは、私が一年生のときに四年生だった大滝さんが一緒です。

エベレストは、最初から何人という隊のメンバーを構想してなかったんじゃないかな。隊長は山崎さんという方でした。

自分はそのときはエベレストは絶対に登るつもりでいました。他のメンバーが全部ダメになっても自分一人でも登る。それはもう明らかにそう思ってました。

それは、多少なりとも自信がついたということもあると思いますね。

それからわがままも言うぞと思っていました。

まあ、OBたちは仕事もしているし、地方の人たちもいるし、一週間に一度とか、二週間に一、二度しか出てこないわけです。準備は、そんなんじゃ終わらないわけですよ。だから、私と工藤君という後輩とで、物を集めるのからパッキングからリスト作りからほとんど二人でやったわけです。OBたちはときどき手伝いには来ますけれども、それは私たちに何したらいいって聞いてやっているだけなんです。

中国との交渉事とかなんとかというのは、OBたちがやっていましたけど、そんなのは別の話で、もっと実務的なことが大量にあるわけです。

荷物はこのときは、マカルーに比べれば相当に少なかったですね。団体装備が1トン。あと個人装備と、現地で買った食料とかがあったんで、ベースキャンプでは、1・5トンぐらいじゃないですか。シェルパは三人、コックが二人。

今度は自分の計画書に従って、食料や装備も私が計算して用意しました。余分なものは持たないように。マカルーのときなんかは、塩とか砂糖とかトイレットペーパーまで日本から持って行ったんですよ。そんなのは中国でいくらでも手に入ります。そういうものは持って行く必要はないし、マカルー隊のデポを使うというのもありましたから、全部計算して、できるだけ物は持たないようにしました。

梱包は、大学の駐車場を借りてそこで。そこから業者のトラックに乗せ、ジャスト1トンにしたんです。

この時は、個人負担金は一人百二十万円でしたね。あと、企業からの協賛とかOBからの寄付とか大学からの助成金とか、そういうもので間に合わせたんです。総予算はいくらなんですかね。そうたいしたものではなかったですよ。小さな登山隊でしたから。

ただ、登山をする前年に、私も含めてなんですけど、北京に行って調印式とかやったんですよ。そんなものはしなくたっていいんですけど、やはり大学がどうだとか、日中友好がどうだとか言い出す人がいるもんでね。そういうお金も個人が出して行きました。

北京の調印式には三人行きました。マカルーでお付き合いが出来た、CMA（中国登山協会）とTMA（チベット登山協会）などがありましたから、前年、マカルーに行った私がいたので、話はスムーズなわけです。

そのときの受け口になった中国の方は、シシャパンマのときに立正大のオーガナイザーみたいな立場の方で、エベレストのときも担当だったんですけど、中国式のどんぶり勘定なんですよ。

私たちはお金がないから一円でも削りたいわけです。彼が出してきたリストをチェックして、同じのが二重請求されてますよとか、こんなに良いホテルに泊まらなくていいですから、安いホテルに泊めてくださいとかって、全部削ったんです。もうしつっこいぐらいにやったんですよ。そうしたら、その人怒っちゃって、私のお父さんだかお祖父さんは戦争で日本人に殺されて、なんたらかんたらで、日本というのは、いま中国の犠牲があって発展してるから、そういうことも思い出してください、あなたの大学の留学生も中国が受け入れてとか、今回は最初で最後ではなくて、まだまだ続く話だからとかなんとかと、そういう話をされました。

要するに、そういう細かいことをいわないでくれと、別にこっちは特別ぼったくろうとしているわけじゃないんで、良いホテルに泊まってもらおうと思ったからだよとかって。もうなんか延々と話が食い違ってました。だけど、こっちは全然予算がないもんだから、かなりしつこくいったんですよ。

それでも結構予算から足が出ました。

足が出た分はＯＢたちが埋め合わせしました。ＯＢにはちょっとした会社を経営されている方もいましたし、また、１９９１年のシシャパンマにも一緒に行っている山岸先生というお医者さんは日大の医学部の山岳部のＯＢで、なぜか、うちの山岳部とはお付き合いがあって、いつもドクター兼メンバーみたいな感じで参加してくれていました。外科の先生です。結局、いつもお金が足りないということになると、この人がずいぶん負担されていたんじゃないかなと思いますね。

報告書には協賛企業名が出てますでしょ。これはアイウエオ順です。アルファー食品は農家のOBが米を寄付してくれたので、それをアルファ米にしてもらったとか。大塚製薬だったらカロリーメイトをもらったとか、多くは食べ物ですよ。食品を一箱とか二箱ずつくださいとかって。

あと、大学の就職課の紹介で卒業生が勤めている会社へ行ってお願いして、協賛金のような形で十万とか二十万円とか、そんな単位で出していただきました。ほかに個人の方々は一万円、二万円と寄付をくださったりとか、父兄会とか同窓会からご支援いただいたり。ありがたかったですね。

いまの私のような個人の登山では、こんなことはしないですね。

それはね、個人が、一人ひとりにお金を一万円ずつなり頂戴しちゃったら、一人ひとりにお礼をしなきゃいけないわけです。応援してくださるのは本当にありがたいことなんですけど、一人ひとりに私個人がお礼としてお返しすることは出来ないんですね。組織だからできる話で、いまでも組織からそういう話があれば、みなさん、餞別だといって一万円とか二万円とかというのはお出しになるんじゃないですか。

一友達が山に行くとか、友達が登山隊を作ってどこかに行くというときには、じゃあ、一万円とか二万円とかって、お餞別を出すんです。そうすると、こういうふうに報告書に名前が載っちゃうわけです。だから、ここに載っているのがスポンサーというわけじゃないですね。

まあ、そんなんで実動隊の私たち学生はこのエベレストの時も準備に追われましたね。

エベレスト登頂

隊が組まれて、１９９６年に中国へ渡って、ラサへ行って、置いておいた荷物の一部を使って登りました。

このときは酸素を使ってのノーマルルートです。やはり一応、建前は全員登頂です。実際に登頂したのは隊長の山崎さんと私の二人。他にシェルパが二人。

他の隊員たちは登れなかったですね。体力的に難しかったですね。下の方で明らかに調子が悪かった人は諦めもつくでしょうが、大滝先輩なんかは思ったように体が動かなくて悔しかったと思います。

たぶん、私が強すぎちゃって、ルートが早く延び過ぎちゃったんですね。それで、私の順化するスピードと、みんなが順化するスピードのバランスが取れなくなったんですね。

それは、マカルーで８０００メートルを体験しているからじゃないかと思います。順化というのはそんなに持続しませんが、そういう高度を体験していると、高度に慣れていく時間は早くなります。

例えば、現在、私たちは最近は一シーズンに二つぐらいの山を継続します。継続の間に二週間程度でも空くと、順応はだいぶ落ちちゃっているんですね。もちろんゼロじゃないですし、順応させるまでのスピードが最初よりは確かに早いんです。ゼロからなら二週間くらいかかるところが、一週間ぐらいで順化して行くような。むしろエベレストでは、精神的な自信が大きかったと思います。前年に来てますから、デポしてあるものも知っているし、立場的にも気楽さがありますよね。あそこにはあれが入っているってわかるだけで、もう違います。そういうことで負担が減ります。決して、私のスピードも他の人たちを顧みずにやっているというのではないんです。私たちにお構いなしにシェルパは動きますし、他の登山隊もいて動いていますから、どんどんルートは延びていっちゃうわけですよ。

そのルートの進捗に追いついていけるかどうかになってくるわけです。そうすると、他のメンバーたちは残念ながらそれに追いついていくだけのスピードがなかったんですね。

そんななかで、私は順調に登頂したんですけど、山崎さんの登頂は事件でしたね。

私が登頂してノースコル（標高７０２０メートル）まで戻ってきたら、山崎さんが上がってきたんですが、その時点では、山崎さんは「自分は順応が足らないからＣ４まで行って帰る」ぐらいのことをいってたんです。ところが、そのまま、頂上に行っちゃったんです。

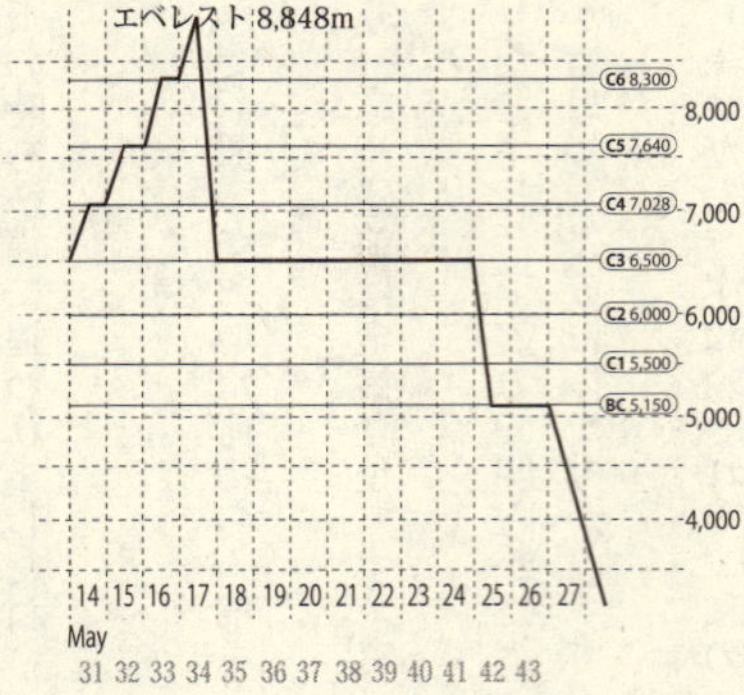

それで、行方不明になっちゃって、みんなもう死んじゃったと思ったんですよ。

　トランシーバーの連絡も取れなくなりましたし、頂上に行く道具も行って帰ってくるだけの酸素も準備されてなかったんです。

　大滝先輩も一緒に上がって行ったんですが、途中で「帰りましょう」って山崎さんにいったそうですが、山崎さんは「もうちょっと行ったら帰るから」って、大滝先輩の制止を振り切って行っちゃったらしいんです。

　で、そのまま、トランシーバーも通じないし、帰ってこなくて、三日ぐらい行方不明でした。我々は心配しましたけど、それ以上に、「何やってんだ！　隊長なのに、勝手に行って、死にやがって！　こういう状況になったら自分が止める立場だろ！」って、本当に腹が立ちました。

　で、もう死んじゃったと思って、頂上に向かうドイツ隊に、たぶん、うちのリーダーがルートのどこかで

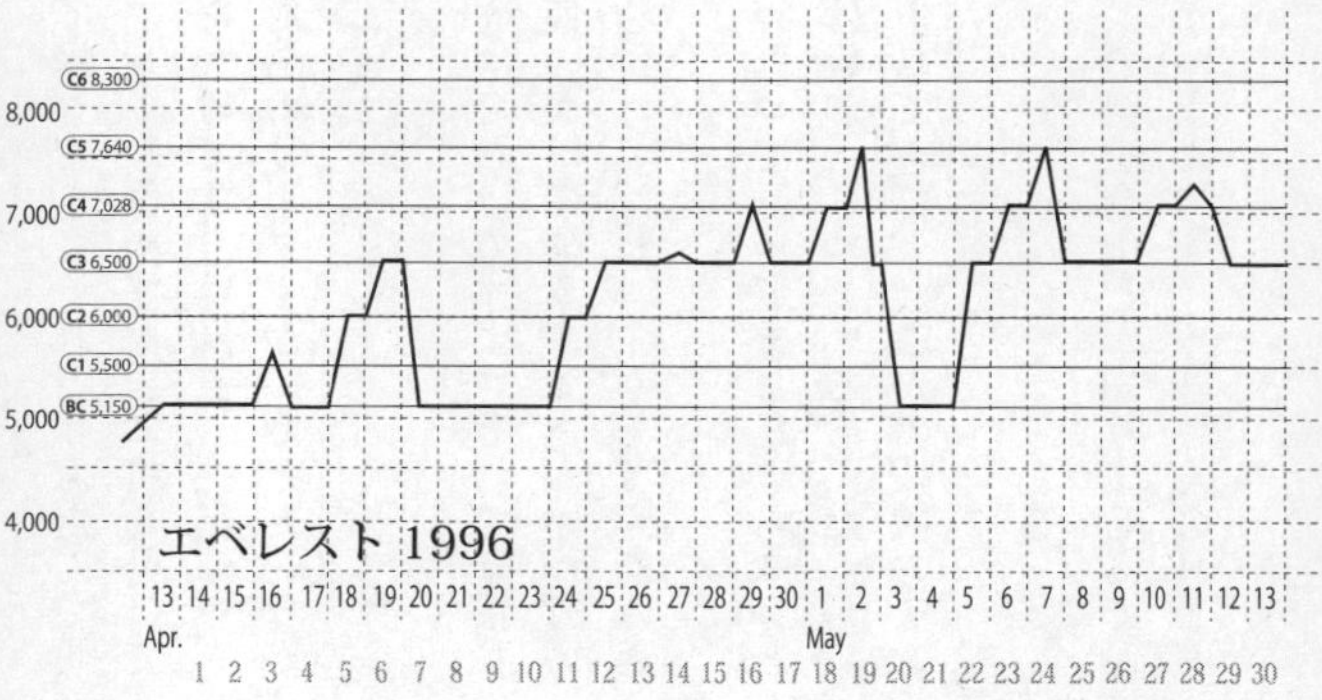

死んでいるから、家族のために時計かなんか遺品で持って帰ってきてくれと頼んだんです。それで、こっちはケルンを積んで、お皿でメモリアルプレート作って、岩に打ち付けて、シェルパにお経上げてもらって、お線香も焚いて供養したわけです。

そうしたら、ドイツ隊から無線が入ってきて、おまえたちのリーダーがいたぞというから、遺体があったんだと思って、「時計か何か持って帰ってきてくれ」といったら、「いや、生きてるよ」と。

結局、山崎さんはそのまま頂上まで突っ込んで行っちゃったわけですよ。それで登頂したんです。何で生きていたかというと、ルート上には、使いかけの酸素ボンベがいっぱい落っこっているんです。それを拾って、レギュレーターを付けて、ビバークして、なんとかして下りてきたんだそうです。

ビバークは大変だったみたいですよ。幻覚や幻聴があったって言ってました。ちょっと指が凍傷になったりなんかしてましたけど、酸素がいっぱいおっこっているもんだから、残りを吸って持ちこたえたわけです。そして、少しずつ下りてきて、どこかの残置のテントにいたのをドイツ隊が発見したわけです。

まあ、生きていたということです。

私はその時点では、マカルーのあのがっちりした重廣式の組織登山しか知りませんでしたから、隊長が何をやってるんだという考えが非常に強かったんです。重廣さんのリーダーとしての厳しさを見てましたからね。

いまとなっては、事前にちゃんと説明してくれればよかったのにとは思いますよ。

勝手に行っちゃうのはちょっと困りますけど、その準備をして、あらかじめ「行きます」といって行くなら、一人で行くとかは問題ではないと思いますけどね。確かに山崎さんの世代は、私たちより気合いが入っていたんですよ。とりあえず突っ込む、みたいな。山崎さんだけでなくて、そういう世代だったというか、私たちより数倍、頂上への執念がある人たちだったんですよ。

まあ、いろいろなラッキーが重なって、行けたんだと思いますが、普通は死んじゃいますよ。

１９９６年のエベレストは、ジョン・クラカワーの『Ｉｎｔｏ Ｔｈｉｎ Ａｉｒ』の題材になった大量遭難があった年です。公募隊の登山客もそこそこいましたね。難波さんが亡くなった南側では十一人が死んだ大量遭難の年でしたし、北側でもインド隊とかが何人も死んだし……事故が多かったですね。

とにかく寒かったんです。それで天気が悪かったんです。

私たちが成功した理由は日にちの選び方だったと思うんです。

南側で事故があった一週間後に私たちが登頂しました。南側で事故があった日はすごい天気が悪かったんです。

北側で事故が起きたインド隊も、すごく天気の悪い日に頂上に向かっていきました。おそらく、他の登山隊は天気でなくて、決めたスケジュールで動いちゃったんでしょうね。

南側の隊は登頂して帰りに嵐が始まって完全に捕まっちゃったんですね。サウスコルから下りられなくなったんです。

この当時の天気予報は、それほど精度は高くなかったと思います。

小型の衛星電話が普及してきたのが2000年ぐらいからです。私たちがマカルーで使用した40キロもある衛星電話はありましたけど、ごく一部の登山隊しか持てないようなものでした。まだ、世の中でもメールのやり取りをする時代ではありませんでしたし、当時は現地で正確な予報の入手は難しかったと思いますね。

1995年の時点で、まだメールランナーが走ってました。

1996年のK2でもそうですよ。

マカルーのときは衛星電話はありましたけど、通常の報告などはメールランナーに手紙を渡して、近くの村の郵便局まで持って行って知らせるのが普通でした。ほかに知らせる方法がないんです。

当時の衛星電話は、前に話しましたが重さ40キロでほかに発電機がなければ動かないようなものでしたから。いまみたいに一人一台衛星電話持っているとか、インターネットで気象予測会社からデータをもらうとかというのは2000年ぐらいからですね。欧米のチームでも1999年ぐらいからじゃないですか。

ほんの数年の違いで、ものすごい進歩なんです。いまはヒマラヤ専門の天気予報をする気象会社もあるし、気象情報をインターネットやメールで送ってくれたり、気象画像も見れるわけです。

ある意味で、１９９６年のエベレストはそういうことに頼らずにやった登山の最後なのかとも思います。

このときは、インド隊が持っていた電話を借りて、登頂の連絡をしました。私たちのいた北側で電話を持っていたのがインド隊とイタリア隊だけじゃなかったかな。日本の留守本部に「竹内が登りました」と。

みんなは私が登るだろうとは思っていなかったかもしれません。でも、実際には登りだしたら、天気さえ良ければ、自分は登れると思いましたね。

あの時は継続登山を計画してましたから、ここで順化して、日本に帰らないでそのままＫ２に行くことになっていました。

このときは14座みたいなことは全然考えてなかったですよ。まず、目の前にチャンスが来たから、まずその山を登るというだけでした。

酸素ボンベの話

ボンベを拾い拾いして登る話ですが、以前からそういう話はあったんですよ。エベレストの放置酸素ボンベが問題になりつつある頃だったんです。ゴミ問題として。

当時、酸素ボンベは使ったら捨てるのが当たり前の話だったんですね。まだ登る人数も今ほど多くなく、ボンベから有毒物質がでるわけでもないから残置する感覚だったのです。

ボンベはゼロまで使うことはまずなくて、予備を持っていて適当なところで交換して、半分ぐらい残っているのを放置してたんです。それが目立つほどになってたんです。

現在、エベレストなどで使用されている酸素ボンベは、ほとんどロシア製なんです。ポイスクやズベズダなどの酸素ボンベです。1990年代半ばから後半ぐらいには、ロシア製とイギリス製とかフランス製とかアメリカ製とかの酸素ボンベが入り乱れている時代で、各隊が勝手にいろいろな酸素ボンベを使っていました。

噂の範囲を過ぎないんですけど、ある登山者が各メーカーのレギュレーターだけ用意して行って、酸素ボンベを拾い集めながら登頂したという、伝説みたいな話もあったんですよ。

私たちも「最悪はそれだね」ぐらいの笑い話はしてたわけですよ。確かに酸素ボンベはゴロゴロ、ゴロゴロおっこってて、レギュレーターがあれば吸えるだろうということは、みんな思ってはいたんです。

山崎さんもそれは頭の中にあったと思うんです。酸素が切れちゃったからといって、もうお終いだということではないと思っていたでしょうね。実際そうしたんでしょう。レギュレーターとボンベを取り付けるのはネジ式です。

当時使用したズベズダのボンベは、容量4リットルで300気圧なので、1200リットルです。通常、毎分1・5から2リットルぐらい吸うと思いますから、まあ、余裕をもって七、八時間ですよね。

多少の順化があるならば、途中で切れてもいいでしょうけれど、順応してない状態で切れちゃうと、呼吸困難を起こす可能性はあります。まあ、すぐ死ぬとは思いませんけど、体温が下がるので凍傷になったりします。

ですから、本当に良く生きて帰ってきました。

遭難騒動

このときはもめましたね。登山隊の中だけでもめただけでなくて、登山隊と外部がもめましたから。

外野のＯＢたちが、余計なことをしたわけですよ。

隊長が行方不明になっちゃって帰ってきませんっていう連絡が日本の留守本部に伝わったわけですよ。そうすると、日本のＯＢたちはワーッと盛り上がっちゃって、まだ、現地だってなんだかわからないのに、報道関係者に言って回ったんです。話が独り歩きしてそれを修正するのが大変だったんです。

こっちもこっちで、隊長の山崎さんが行方不明ですから大騒ぎでしょ。結局、登頂を果たしていたんですが、私たちは、どっかルート上かテントの中で死んだと思ってましたから。高度順化もしてないし、準備もなしで、エベレスト山頂へ行くのは無理ですよ。

私は、隊長の山崎さんが勝手に突っ込んでいっちゃったことに腹が立つし、日本は日本で断片的な情報で勝手に騒いでることに腹が立つし。

私は、山崎さんが謝ってくれれば良いことだと思っていました。謝っても、なかったことにはなりませんが、凍傷になって痛い目を見てるのは自分だし、結果的に生きて帰ってきたんだし、誰かが損害をかぶるわけでもない。それだけのことだと思ってたんです。でも、本人は自己責任で行ったんだから謝る筋合いはないみたいな態度だったので、またまた腹が立っていたんです。

ところが、今度日本のＯＢたちがカトマンズまで押しかけてきて、我々に対して、騒ぎを起こしたんだから謝れと迫ってきたんです。

騒ぎにしたのは自分たちだろうと。

今度は、私がそんなの謝る筋合いはねえ！　って、思うもんですから、複雑さが増したんです。

報告書ではあの時の遭難騒ぎの経緯をいろいろと書いてありましたが、実際には、山崎さんはもうちょっと上がってくる……としか言ってませんでしたけどね。まあ、ちょっと上がってくるというのは、どこまでが、ちょっとなのかというのは非常に個人的なものですから……そのちょっとが頂上だったってことなんです。結果的には。

まあ、このときと、いまとでは、どう思っているか違いがあるのかないのか知りませんけど。

大滝先輩は、山形県旗をエベレスト山頂に立てられなかったことを悔しがってましたね。あの時代は、いまのエベレストとは、ちょっと意味が違ったんですよ。

大滝先輩は山形で盛大に見送られてきたわけですよ。新聞で扱われたりね。それで、まだ東北でエベレストに登った人は何人かしかいないとか。

当時、大滝先輩は就職してまもなくで、会社を休むんだって、大変だったと思うんです。そうすると、登れませんでしたではすまないなという思いが強かったんでしょう。

六年後の報告書には、いろいろな事が書いてありますが、実際には、あのときは、もはや会話が成り立ってませんでした。

山崎さんに「シェルパを迎えに行かせるから」って言ったら、「シェルパはいらねえ」とかってやりとりもあったんですけど、出したんです。

初めは、私が迎えに行って上の見えない所で、ぶん殴ってやろうと思ってました。だけど、その前日にテントの中でガスカートリッジが爆発して足をけがして、シェルパを出すことにしたんですが、シェルパは、もう一度上になんか行きたくないって話になって、それなりのお金を払ったんじゃなかったかなあ……。

メンバーの園田さんという方がマネージメントの能力に非常に長けた方で、英語も堪能でしたし、いろいろな所と交渉もして、後片付けをしてくれたんです。園田さんがいたから良かったけど、私だったら、結構もっと感情的なことになったかもしれませんね。きっと園田さんが私を上に行かせなかったんだと思います。

まあ、山崎さんは、最後には「悪かったよ」って言ってましたから、別に、その後にもめ事になったとかはなかったですよ。どちらかと言えば、日本のＯＢに腹が立ってましたね。

報告書が出たのは登山の六年後です。でも、六年後だろうが何だろうが、その時点でもまだシラっとしてましたから、出てもたいして読みませんでしたよ。

それ以来、開くこともなかったんですけど、このお話をするんで、何を書いたっけかなあと思って、改めて開いてみると、こんなことを書いたんですかねえ。

この文章は、書き直せっていわれたんだけど、断ったんです。そのことを思い出しました。いま読んでも当たり前だと思うんですけどね。

「登山は一体何のためにするか」とか「何の生産もしない」とか「環境保全のときに何をやっているんだ」って。たかが二十五歳で生意気ですね。組織に対してもなんか言ってますね。「先輩だからとか後輩だからというのは甘い思い上がりだ」って……。

それは不満じゃなくて、次に、またやることを前提にして書いたんです。1996年だけじゃなく、1997年、1998年なりに、次の登山隊を自分が隊長じゃなくても、中心メンバーでやりたいという思いがあったんです。

やれるという自信もあったんです。それに向けてあの報告書の文を書いたんです。

そのときは、登山というものにもう少しはっきりとした意味づけをして山に登りたいと思ってたんですね。次はこうするべきだというようなことを書きたかったんですよ。

ま、そんな騒ぎがありましたが、私は、この後に、みんなと別れてK2に行っちゃったんです。

日本山岳会青年部K２登山隊・編成前後

K２は「日本山岳会青年部K２登山隊」という形でした。登山隊を組織していたのは山本篤さんですね。山本篤さんや松原さんが中心で、マカルーのときの中枢メンバーですね。私はマカルーのときもエベレストのときも、登山よりは準備が大変だというのを痛感してたんで、最初に山本篤さんに誘われたときに、行くといったんですが、よく考えたら、準備に参加できないから嫌ですっていったんです。

マカルーのときもそうでしたけど、準備に参加できない人がいっぱいいるわけですよ。みなさん仕事をしていますから。そのときは、準備があまりに膨大だったので、仕事を理由に準備に参加できない人のことを私はあまり快くは思ってなかったんです。

それで、自分がその準備に参加しないで登るだけというのは、抵抗があったので、ちょっと気がのらないという話をしたんです。準備で苦労した人たちから見れば、準備に参加せずに山だけいくのはどうかと思うんです。でも、そんなことは気にしなくていいといってくださったので参加することにしました。

K２のときは、メンバーが何が何だかわからないぐらい、いっぱいいたんですよ。十九人でした。一人はマネージャーさんで来たんですよね。この方は、当時、五十五歳でしたけど。あとはＯＢも含めて全部大学山岳部関連の若いメンバーなんです。日本山岳会に青年部があったのです。

この登山は日本山岳会からもお金が出ていたと思います。前年に、マカルーを事業としてやってますので、翌年にもう一度事業としてはできないんで、日本山岳会青年部の計画ということになったのかな? 便宜上そうしたのかもしれませんね。事業計画としたときと、寄付金の集め方の手続きとかが違うんですよ。一応、社団法人なので、そのへんは厳密にあるようです。

K2は個人負担が百万円ぐらいじゃなかったですかね。

ただ、このときはちょっと気になったことがありました。

隊長の山本篤さんは、当時、日本のヒマラヤ登山の先頭にいた人で、さらに明大山岳部の看板のような人なんです。それで、大学山岳部というものをすごく重要視してて、今回のK2登山を斜陽化している大学山岳部を復活させる起爆剤にしたいという思いがすごく強かったんです。なので、大学山岳部というものを前面に押し出して、大学山岳部同士の競争を煽ったんです。

結局、それは、うまくいきませんでした。

何でそんなことをしなきゃなんないのみたいな話になって。それは、私みたいなマイナー大学山岳部には、別にどうでもよかったんですが、どうしても嫌だったのは、登山隊が大学山岳部というのを前面に出すことで、大学山岳部のOB会から協賛金を求めたことです。

例えば、明治からは三人来るなら、一人何十万円かける三人分を明大山岳部のOB会が用意すると。早稲田は早稲田、法政は法政で収めるということをしたわけですよ。

他の大学は大きな山岳部だし、組織がありますからさっと準備するわけですよ。ところが、うちの山岳部は小さいですし、ＯＢだってたいしていないもんだから、そんなわけにはいかないんです。そもそも、私がＯＢ会とはあまり仲良くなかったですから、このＫ２に行くこともＯＢ会に何もいってなかったんです。ＯＢには、関係ないですからね。さまざまありましたし。

実は、私はその協賛金のことを知らなかったんです。

ところが、登山隊のほうでＯＢ会に協賛金のことで連絡したもんですから、「これは一体何だ、おまえ、エベレストとＫ２をやるのか」「大学山岳部のエベレストだけでいいんだ」みたいなことになったわけです。

「私は別にお金を出してくれなんて誰にも頼んでませんよ、そのお金は自分で出しますよ」っていったんですよ。そうしたら、「ああ、上等だ」みたいな話になったんですけど、結局、あるＯＢが、面子が保てねえとかなんとかっていって、お金を集めたわけです。

きっと、そのお金を出してくれたそれぞれの方々は、私が行くならと喜んで用意してくれた方々もたくさんいたと思うんですけど、それを集めてたＯＢが、俺が集めてやったぞみたいにイヤミ言われて、私とＯＢ会との軋轢《あつれき》はそこで決定的になるわけです。

それで、私は山本さんに、個人として参加したいとはいいましたけど、大学山岳部のメンバーで参加したいとは、いってませんよっていったんですけど、結局、他がみんなそうやっているからって。

もう本当にあれは痛恨でしたね。結局、私はこれを機会にもうOB会とは全然付き合わなくなってしまいました。当時は、K2の報告書のメンバー紹介に立正大学山岳部って書かれてるのさえ嫌でしたから。

K2ベースキャンプで

エベレストを登って、チベットから峠を越えて陸路でネパールに入って、それで立正隊と別れて、パキスタンへは飛行機です。

向こうにはもうチームが着いていたんです。私は彼らとベースキャンプで合流しました。エベレストで何か事故があったりトラブルがあればおいていってくれみたいなことでした。

K2のベースキャンプへの入り口になる町はスカルドです。

スカルド、アスコーレ、それでバルトロ氷河です。

パキスタンは私にとっては初めてだったですね。

この頃には、あの国は政治的にも一番安定していたときじゃないかな。以前はポーターたちがストライキをしたりなんだかんだあって、バルトロの登山って大変だっていわれていたんですよ。

ところが、1995年ぐらいからストライキもなくなって、ポーター頭のナイケというのがすごく優秀で、そういうトラブルもなくなって、一番良かったときなんじゃないかな。

エベレストに登ったのは5月です。3月27日に日本を出て4月13日にベースキャンプ入り、登頂が5月17日でした。ベースキャンプの撤収が5月27日ですね。

それでK２のベースキャンプに入ったのが6月16日。

登頂したのが8月14日です。

K２では順調じゃなかったですね。さまざまありましたね。

天気が悪かったです。ラストステージ前には、二週間も停滞してました。若くて血気盛んな十何人でしょう。二週間停滞中には喧嘩になったりとか。

ことの発端は、笑っちゃいますけど食べ物です。大学山岳部同士の軋轢もあるし、やり方の違いもあるし、みんないらいらいらいらしてくるわけですよ。そうすると、もうフラストレーションが溜まって……それが、堰を切ったのは食べ物のことでした。

この食事に厭きた、他に何か食わせろみたいな感じでした。誰かの「またこれかよ」みたいな一言がきっかけだったんじゃなかったかな。

コックさんはいるんですよ。いまは私たちはそんなことはしませんけど、当時はコックさんに、今日は、これを作ってくれって、アレンジをするのは食料係の担当だったんです。

壁に献立表とかは、貼ってないですが、一応食料係は食料計画というものを持っているんです。それは別に、献立に則った計画があるわけじゃなくて、食材に何があるかということで、これとこれできょうはこれと、コックさんに渡してたんです。

パキスタンでは、基本的な食事はローカルフードのパキスタン食なんです。ご飯とパキスタンのカレーですね。

カレーの中に日本から持ってきた何かを入れるかとか、缶詰は何を出すかとか、レトルトを出すかとか、あれば漬け物が出たり、そんなもんでした。

パキスタンは食事が単調なんです。ネパールはコックさんがいろいろ趣向を凝らすんで意外と厭きないんですけど、パキスタンは町から遠いから補給がないので、限られた食材ですから単調なんですよ。それと、お菓子もなくなってくるとかあって、みんないらいらしてたんです。私も一度勝手に食べてこっぴどく怒られました。

アルコールはパキスタンは面倒くさかったです。イスラムですから。でも、少しは持って行ってて、一応はあるんだけど、勝手に飲めるわけじゃないんですね。ちゃんと隊長に飲んでもよろしいでしょうかと。今日は記念日ですとかって。でも、それもなかなかないんですね。

エベレストのときは持って行きませんでした。私がお酒を飲まないから組み込まなかったんです。ただ、途中の街でビールを買ったりなんかはしてますけど、日本から日本酒を持って行ったりとかなんとかというのはしてないですね。

大学山岳部は、みんな飲むんじゃないかというイメージを持たれるんですけど、もちろん飲む人もいますけど、そんなに多くはないんですよ。私はまったく飲みません。

マカルーのときはみんな呑兵衛《のんべえ》でした。ですから酒だの、つまみだの、すごくいっぱいあって、スルメだけの荷物とかありましたからね。何でそんな物を持って行かなきゃなんないのかなと思いました。

ペミカンの話

学生のとき、日本の冬山ではペミカンはときどき作りましたけど、こういう遠征の登山ではペミカンは使わないですね。

昔のヨーロッパの本を読んでいると、ペミカンの缶詰があると書いてあるけど、日本にはないですね。欧米のペミカンというのと、私たちが作ったペミカンはずいぶん違うようです。

日本の場合はラードで固めたものですけど、あっちはペミカンって料理です。缶詰を開けてそのまま一つの料理です。言葉の使い方が違うんです。

私はペミカンを使ったのは学生のときの数回だけです。

昔の探検隊で、わざわざああいうものを作ったのは、ジフィーズとか、インスタント食品がなかったからなんです。いまでも、一部の大学山岳部では、ペミカンを作ってるようです。ただ、それも日本の登山だけです。

ペミカンって、とても合理的なんですよ。

作り方は、まず、肉と野菜を適当に刻んで炒めるんです。肉は何でもいいんです。炒めて、塩こしょうで味を調えて、それだけで食べても美味しいぐらいにするんですよ。そこにラードをビャーッと入れます。熱いですからラードは溶けます。そのラードの中に、野菜とかが泳いでいるような状態になっちゃうんです。それをビニール袋か小さな器、タッパーとかに流し入れるわけです。そうすると、冷えて固まるんです。それを切り分けてブロックにするわけです。山でそのブロック二個とカレーのルー一個でカレーライスとか、ブロック三つとシチューのもとでシチューとかというふうにするわけです。

加工済みですから、温めさえすれば食べられる状態になるんです。だからペミカンだけ食べるということはあまりなくて、カレーやシチューにしたり、ご飯を入れてチャーハン風にするとか、すぐできる材料の一つです。

要するに、調理済みの野菜が傷まないで長期間持つし……運べる。ただ、ラードは暑いと溶けちゃうから、基本的には、これは冬山の食料なんです。

野菜は、ニンジン、タマネギ、キャベツ、まあ、何でもいいんですけど。それはその大学によってもやり方が違うだろうし、人によってもやり方が違います。

私も一、二回作りましたけど、あんまり特別な作り方はなかったですね。うちはもう面倒くさいから、適当に炒めたものにラードをビャーッとやって、ビニール袋にダーッとでっかい塊にして、それで料理するときは、スプーンかなんかですくってました。重いですけど、以外と便利なものですよ。

食料事情

1996年当時は、みんな既製品というか買って間に合うものでした。

植村さんが、体が温まるから生肉を食うのがいいみたいなことを書いたりしてましたが、生肉に限らず、お肉は体が温まるんですね。

でも、肉というのは、消化するのにすごい酸素を使うんですよ。なので、高所でお肉を食べると調子が悪くなるんです。私はだめです。消化をするのにすごい時間がかかるのと、胃とか腸とかが働くのに酸素の消費量が多いんです。

確かに、嗜好品として生ハムとかソーセージとかは上へ持って行くことがあったんです。生ハムなんか美味しいから結構食べるんです。そうすると、脈が明らかに上がるんですよ。なので、私たちはいまでは、上ではあまり肉を食べたりしないです。

サラミなんかを山に持って行くようなったのは保存食だからじゃないですか。私たちは持って行ったことはないですね。たぶん酒のつまみにもなるし、保存もできるしということだと思うんです。

その当時は、隊を組むときには、嗜好を聞くとかそんなのはないですね。多くは提供してもらうわけですから。報告書にスポンサーの表がありますが、井村屋からは羊羹でしょうね。ハウス食品はきっとレトルトでしょうね。まあ、要するに、もらったもので食料計画を組むわけです。この中で足りないもので、どうしても必要なものだけ買うわけです。そこに個人の好き嫌いというのは反映する余地はないんです。

基本的には、朝ご飯と晩ご飯で、昼間は調理しないでも食べられる行動食です。でも、そんなことをやっていたのは、このときのK2まででした。

いま私たちの登山では、今日から四日間ラストステージというときには、四日分を用意するんじゃなくて、四日で必要であろう、持てる分だけのものをビニール袋に詰めるわけです。どれが朝ご飯とか晩ご飯とかってなくて、そのときに、中を見てこれを食うかって出して食べるわけです。その中に、ナッツがあったりドライフルーツがあったりチョコレートがあったりして、それを食べるというだけで、朝昼晩の区別は何もないんです。

家で食べるのと同じように山でも朝昼晩を食べるのは登山の楽しみの一つとして十分あるものだと思うんですよ。ただ、私たちの場合は、レジャーじゃなくて、とにかく少しでも軽くしたいとか、少しでも合理的にという話になりますから、朝ご飯、昼ご飯、晩ご飯を分ける必要なんか何もないんです。

食わなくたって我慢できればそれでもいいんですが、体温が下がったりすると、凍傷になったりしますからね。だから、計画的にカロリーは取らないといけないんです。

一応計算してあるんです。ジェル状のエネルギー補給食であったりとかいろいろあるんですけど、美味しいものを食べようとか、嗜好がどうのとかっていうのは、完全に排除されますね。

私なんかは、他の人よりは上でずいぶん食べる方なんですよ。だけど、やっぱりできるだけ持ちたくないですね。持って行っても必ず残るんですよ。

でも、K2の頃はまだそういうんじゃなかったですから、もらったもので計画を立てて、ちゃんと食べるというふうでした。

衝突

K２のとき、山本篤さんが隊長だったんですけど、三十三歳なんですね。メンバーは全員それ以下で、学生とか、いわゆる山の職人みたいなので、登山の世界では錚々たるメンバーがいたんです。もう既に８０００メートルをいくつも若くして登っているような実力のある若い山岳部ＯＢが参加していたんです。

十の大学から集まってたんです。明治、法政、農大、同志社、千葉大、早稲田、他にも参加してましたが、どこも自分の学校の山岳部だけで十分遠征が出せる学校なんです。そこから実力のあるメンバーを山本篤さんが選んで、つくったチームでした。

それぞれ山岳部にすごくしっかりしたＯＢ会もあって、一人ひとりをバックアップしているんです。

法政とか明治とか早稲田とか大学によって水の作り方からして違うんです。うちのやり方はこうだみたいなことはみんな持って来てるわけです。

みんな自分は経験があると思っているし、すごく実績もあると思っている人もいるし、クラブに帰れば自分が隊長レベルで登山するような人たちが来ているわけですよ。

そういう集まりですから、最初は個人と個人ですが、次第に派閥になって、大学対抗みたいになっちゃったわけです。

山本篤さんは明治のＯＢなんですけど、明治というのがそもそもそういう体質があって、しかも、山本篤さんというのは競争させるのが好きな人なんで、大学同士で競争的なことをさせたわけですよ。誰が一番早いとか、強いとか言い出したわけです。

それは明治でよくある話でしょうけど、他の大学の人たちが聞けば面白くないわけです。要するに、明治ではこうだみたいなことがどうしても出てくる。そうすると、農大ではこうだとか、早稲田ではこうだとかになってね。

同じ学校から何人も来ているところもありましたからね。勢力が出てきます。立正からは同期のワンゲルの奴が一人来てたんです。彼は社会人の山岳会に入っていて、山野井さんと一緒に登ったりなんかしてましたね。立正は私と彼でしたが、山岳部とワンゲルでそれまで一緒に登ったこともないしそんな勢力にはなり得ません。

しかし、他では鍔《つば》迫り合いが起きてたんですね。個人同士は別に何の問題もないわけです。そのうち、山本篤さん対メンバーというか、明治方式対他大学方

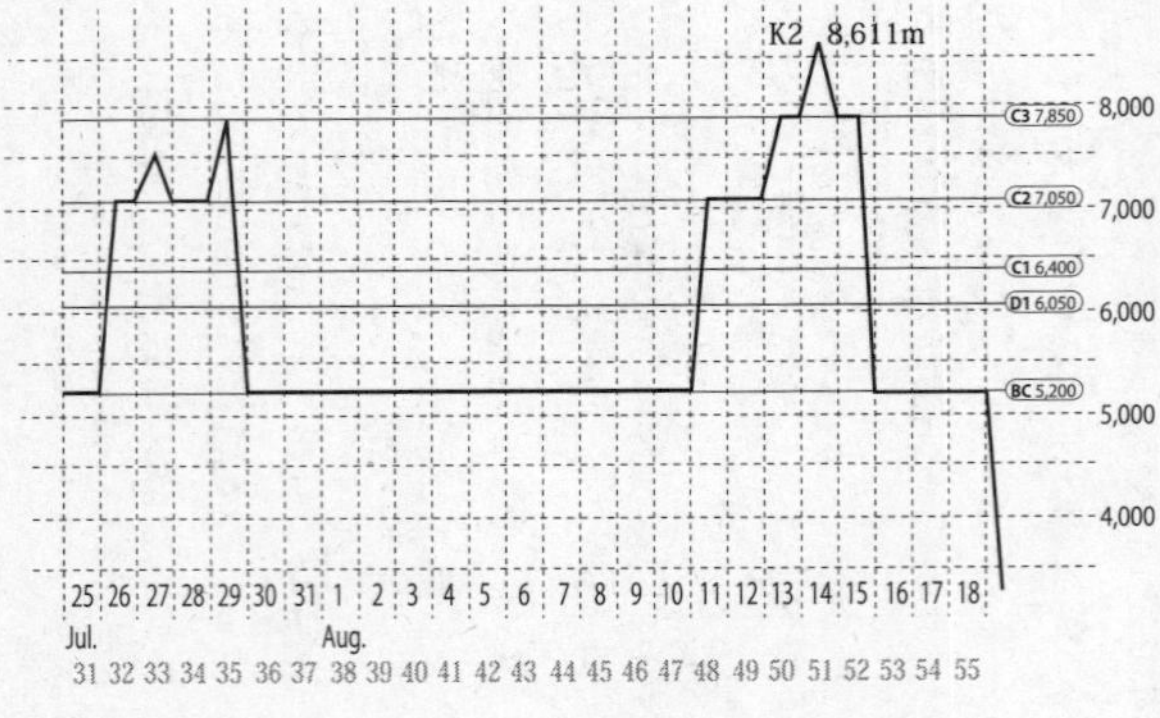

式みたいな感じで対立構図が出来てきちゃったんです。一度、こじれると、くだらないことも一つひとつみんなの癇《かん》に障って気に入らなくなってきて。それで山本篤さんに対してリーダーはもっとしっかりしてくれよという感じになってくるんですね。

天気が悪くて二週間ずっとベースにいるもんだから、フラストレーションが溜まってるところに、食料がだんだん乏しくなってきて、毎日同じような飯になっちゃったんです。若いからお腹が空いてるのに、なんかお腹いっぱい食べられないし、いつも同じようなものばっかりで。

山本篤さんもイライラし出してきて、それで、なんか……詳しく覚えてないんですけど、誰だかが食べ物に対して文句をいったんじゃなかったかな。そうしたら、食料係をやっていたメンバーが怒っちゃって。それを引き金に他のメンバーもワーッとなってね。

もちろん、それは、決して食べ物のことだけでケンカになったわけではないんですよ。他にもいろいろあ

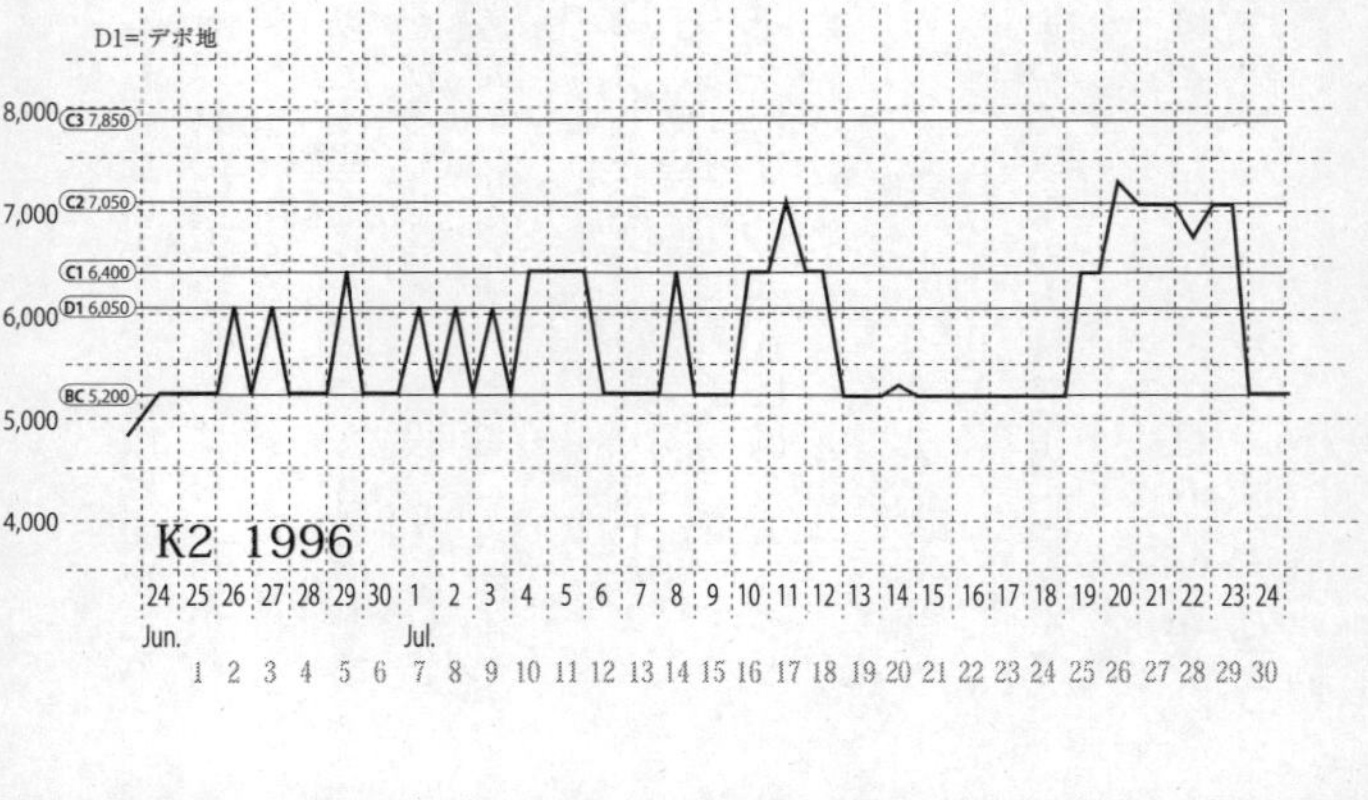

ったんですけどね。

ついには、山本篤さんがこんなんでは事故が起きるかもしれないから、登山は中止だみたいになって、こっちは山登りに来ているのにね。山登り以外のことで喧嘩になったからやめるなんていわれてもね。

だけど、山本篤さんとしては、自分が隊長で来ている以上、些細《ささい》なことでももめ事があって、それで事故が起きたら責任を取りきれないし悔いが残るでしょう。現役学生もいましたし。しかし、こんなところでやめてもらわれちゃ困るみたいになって、さらにもめましたね。

結局、登山は再開されるんですけど、ちょっとシラーッとした感じにはなりましたよ。幸いなことに、そのもめ事が起きてしばらくしたら、天気が良くなって、よし行くぞ、となったら、やっぱりそこは山男の集団ですよね、登れそうになったときには、ころっと忘れたように登山が再開されるんです。

十二人登頂

それでK2には十二人登りました。それはK2史上始まって以来の大量登頂だったんですよ。だから、登山としては大成功だったわけです。

ただ、山本篤さんは報告書の最後に書いておられますけど、自分にとっては大失敗な登山であったと。要するに、リーダーとして隊を統率できなかったというのは、自分の力不足というふうに書いてあります。

マカルーでは重廣さんが隊長だったんですけど、重廣さんというのは、本当に強固なトップダウン方式のリーダーシップで隊を率いたわけですよ。メンバーの意見なんていうのはまったく無視。まさに軍隊式。圧倒的なリーダーシップで登山を進めてきたんです。K２登山隊の上層部にいたメンバーもその重廣さんのもとで登山をしてきているわけなんですね。

私も重廣さんを見てましたから、リーダーというのはメンバーに文句をいわれようが何しようがやるのがリーダーだというようなイメージがあったわけです。

山本篤さんも重廣さんのもとで登山をしてきて、すごく尊敬をされていて、影響を受けてきたはずです。自分もそのようなリーダーになりたいとあの人は思っていたと思うんです。ところが、自分はそれができなかったことを、すごく悔やんでいました。で、私たちも重廣さんのリーダーシップたるものがリーダーだと思ってましたから、組織登山というのはそういうもんだと思ったわけですよ。

欧米ではアルパインスタイルだなんだと、既に行われていたけれどもね。

十二人も登頂したんですから、登山は大成功だったんですが、山本篤さんは失敗だったと思ったわけです。

まあ、他の人はどう思うか知りませんけど、いま私は三十七歳なんですが、篤さんはそのとき三十三歳だったんですね。で、私があの年齢で、あの登山隊を率いることができたかなと思うと、絶対に無理ですね。そういう意味では、途中でああはなりましたけど、山本篤さんってすごかったなと思いますよ。

二十歳ぐらいのメンバーもいましたし、私を含めて、言うことを聞かないようなのがいっぱいいたわけですよ。もし、私が隊長であのときのメンバーを束ねて、ラストステージまで持ち込めたかというと、持ち込めなかったでしょうね。

というか、早々に諦めちゃったと思いますよ。もう、俺、帰るよなんてね。

そう考えると、あのときの山本篤さんはちゃんと登頂して、全員無事に帰ってきたというのは、本当にたいしたもんだなと思います。

いろいろな大学のOB会、山岳部から代表者を預かってきたようなチームだったわけですよ。そのプレッシャーたるや相当だと思うんですね。

十九人行って十九人はみんな自分の力を信じているだろうし、誰もが自分が登頂できると思っていくわけです。十二人が登りましたが、最初の時点では、全員が登れるタクティクスではなかったんですよ。最大でもおそらく十人とかぐらいしか登れないタクティクスでした。酸素ボンベもそれぐらいしか用意してなかった。だから、山本さんの考えとしては、互いにしのぎを削って、自分たちで登頂メンバーの中に入れということだったんでしょうね。

ところが、みんな頑張っちゃったから条件に適ったのは十三、四人いたんです。だから、もし、彼らも登らせるようなタクティクスを組んで、酸素も用意していたならば、もっと登れたと思うんですね。だから、そのへんも少し焦りはあったと思いますね。

私は、あのK２を見ていて、全員が登頂しないタクティクスを組んでいる登山の限界というのは感じたんです。

もめたK２報告書

山本篤さんの災難はそれからもあって、そのK２の登山隊の報告書が元で裁判になったんです。

謂われのある報告書なんですけど、「総括」に、山本篤さんによる「きわめて残念なことを記しておかなければならない。……」という文があります。

K２のときは、山本篤さんは当時三十三歳だったんですが、日本山岳会の古い体質から脱却したいという思いがとても強かったので、当時、日本山岳会の上層部にいた人たちとは対立をしてたわけです。

しかし、相手も黙っていなくて、いろいろな手を使って妨害をしたんです。本当にそれはそれは凄まじいもんでした。もう本当に笑っちゃうようですが、いい大人がいろいろな嫌がらせをしたわけです。

それで、登山が終わるまでは我慢していた山本さんも、最後にはぶっちぎれて、そこに名指しで書いたんですよ。

それが名誉毀損だということで、出版差し止めと損害賠償で、その人は裁判を起こしたんですよ。で、山本篤さんは頭に来てるし、しかも若かったから、弁護士を立てないで一人で闘ったんです。もちろん、私たちも応援をしました。裁判にも傍聴にいきましたよ。そうしたらね、なんと、名誉毀損では異例の10対0で勝ったんですよ。弁護士さんがいないのにですよ。相手は不服として控訴しました。さすがに控訴審では山本さんも弁護士さんをお願いしてましたが、結局そこでも山本さんの主張が認められました。

でも、山本さんは本当に心底疲れ切ってました。かわいそうなくらい。それを見て、同じ山岳会で嫌がらせやら、裁判やらをして、腹が立つより、本当に呆れてしまいましたよ。その嫌がらせが後を引くんですよ。

第六章　波瀾の期間

（この章取材　2008年4月29日から三日間）

二度目のエベレスト

私、1997年にもう一回エベレストへ行くんですよ。なんの記録も残ってないですが。ノエビアの社長さんの登山にガイドとして同行しました。現在、世界的には珍しいことではなくなりましたが、当時としては画期的な登山でした。大きな会社の社長が登山隊を組織したわけです。

1997年、私は雇われて行ったわけです。私、まだ大学を卒業してないんですよ。1996年がエベレスト、K2で、1997年がノエビアです。

ノエビアの社長を隊長に、山本篤さんが登攀隊長になってメンバーを集めたんです。社長から山本さんに話が来たんです。それで、山本さんが、それだったら竹内を連れて行きたいということになったわけですね。ありがたかったですね。もう一回登れるなら行きます、喜んで行きますと。

K2が終わったのは1996年の8月ですから、その翌年の4月、帰ってきて間もなくですね。このとき社長は六十歳じゃなかったですかね。

ジェット機を持っているんです。

元航空自衛隊の戦闘機のパイロットですから自分で操縦できるんです。エベレストの上空へ飛んだり、マッキンリーの上を飛んで写真を撮ったりするんです。そのときも社長は自分で飛行機を操縦して、日本からカトマンズまで行って、そこから登山をしたんです。

私たちは現地集合です。

シェルパたちの用意は私たちがしました。山本さんと私と高橋和弘くんという明治のOBの三人が登山チームのメンバーで、そこに日本人スタッフも。お医者さんとか、通信の専門家とか、カメラマンとか秘書の方とか、看護師さんとか、なんかいろいろ。私たちは先に行ってベースの準備やなんかをしてというようなことでした。

ベースキャンプの内容もすごいですよ。

社長の要望で、でっかいパラボラアンテナを分解して持ち上げて、二十四時間BBCが見れるようにとか。あと、インターネットもできなきゃ困ると。

エベレストのベースキャンプなら、いまとなってはそんなのは当たり前なんですよ。でも、当時は相当、先見性があったというか、発想が早かったですね。当時は、超最新の登山だったわけですよ。

私はすっごい勉強になりました。いずれこういうふうにやるべきだと。やるだろうなと。

欧米のチームでも一部分やっているようなところはあったんですけど、ここまですごいのはまだなかったですね。やっぱり先見の明がある人なんですね。未来像が描けているんですよ。

高度順応も、消耗を抑えるためにヘリコプターを使いました。カトマンズからヘリコプターでベースキャンプまで飛んできて、一晩寝て、ヘリコプターでカトマンズのホテルに帰るんです。そこで何日か休養して、またヘリコプターで入ってきて、今度は二日ぐらいいて、またヘリコプターで帰る。別に歩いて慣らさなくたって、標高の高い所へ行けば慣らせるんだから、ヘリを積極的に使おうということを提案したら、実際にそれを採用したんです。

当時は、その最新、豪勢なベースキャンプやらが外国隊から、バッシングされましたね。金にものいわせてと。ところが、いまは、エベレストの公募隊などでは、これが当たり前になっています。

その遠征隊は一カ月半ぐらいでした。

社長が一カ月半も会社から連絡が取れないのは無理なので、通信機器をみんな持って行ったんです。衛星電話から、秘書まで連れてきていましたから、秘書の方は辛そうでしたね。

結局、天気が悪かったりとかで登頂は出来ませんでした。

そのときは、Ｃ２ぐらいまで行ったのかな。ベースから二つ上がったぐらいで終わってます。

そのときに集めたシェルパはすごかったんですよ、ネパール中の名の通ったシェルパを全部われわれが押さえたから、各国の登山隊から嫌みをたらたらいわれましたね。

山本さんはシェルパとの付き合いが広かったので、有名なサーダーが三人ぐらいいて、そのサーダーたちが、それぞれ自分たちのグループを引き連れてきて、二十人ぐらいいたんじゃなかったかな。

結局、C2まででしたから、シェルパたちは稼ぎが減っちゃったわけですよ。だから、文句をいってましたね。シェルパは普通は、拘束料と日当とボーナス、成功報酬です。途中で中止になりましたが、日当は全部出したんじゃなかったかな。私は契約社員の身分で、この二カ月間のお給料をもらって行ったんです。

2001年にナンガパルバットに行くんですが、その費用は、このときのお金で賄ったんですよ。

1999年・リャンカンカンリ

1999年にリャンカンカンリ（7535メートル）っていう未踏峰を目指したときが、私が日本の登山隊として極地法で登った最後ですね。

これはまたちょっと特別な登山で、最初、日本山岳会の登山隊として組織されたんです。読売新聞の後援が付いて、前年の1998年に偵察隊まで出したんです。

その時点では、登りに行く山はほんとうはリャンカンリじゃなくて、ガンカープンスム（7570メートル）という山でした。これはブータンと中国の国境上にあって、いまも未踏で残されているブータンの最高峰です。

ブータンと中国の国境にあるんですけど、私たちは中国側から許可を取ったわけです。1998年に偵察隊を出して登路を探って、だいたい目星を付けて、1999年の登山になったわけです。

そうしたら、直前になってブータンがクレームを付けてきたんです。

あの山は国境の山じゃなくて、ブータンの山だと。そして中国が許可を出すべきではないし、われわれは許可しないと。

前年に偵察登山もして新聞にも発表され、当初、そんな反対はまるでなかったんです。

実は、それがK2の報告書で裁判になった騒動の続きだったんです。喧嘩の続きがまだここにあって、われわれの登山が中止に追い込まれたんです。すっごい執念ですよ。

最初、中国もそんなのは無視とかっていっていたんですけど、インドが出てきちゃったんで、話がややこしくなって、結局、外務省から登山の自粛要請みたいなのが出てボツになるわけなんです。

日本山岳会に呼ばれて、行きました。登山隊のミーティングみたいなのがあったんです。日本山岳会の事業報告みたいなことを、理事たちが集まってやってたんです。私はそこに初めて参加したんです。

登山の概要説明が伊丹隊長からされているんですよ。そしたら、最後にブータンのほうから、この登山に対して、許可が出てるんですかと誰かがいったんです。私が何の遠慮もなく、ブータンは何ていってるんですかと言った途端に、ウワーッと恫喝《どうかつ》が始まったんです。

ブータン人の誇りを踏みにじるなとか、登山を中止しろとかってすごいんです。隊長の伊丹さんは、ナンダデヴィの縦走や、チョモランマの北壁などの経験をもつほどの人なのに、ただ、ハイハイといっているだけなんです。ああ、またいってるよってな感じで。もう、サンドバッグ状態でしたから。

私は、びっくりしましたけど、つまり、こんなのが、いつもいつもされていたことだったんですね。その様子を見て、こりゃダメだなと思いましたね。

だって、日本山岳会って山登りの集まりでしょ？　そういう話が出てるけど、じゃあ、どうやってブータンを説得するかって話をするならわかりますよ。

ブータンは結局、何をいい出したかというと、「あれは神の山だから」と、あと、自国の最高峰だからと。でも、ガンカープンスムって、実はブータンから何回かトライされているんです。頂上まで行ってないですけど。日本ヒマラヤ協会もブータン側から許可を取って登っているんです。登れなかったですけどね。

写真を見ても確かに難しいんですよ。

未踏峰の山って、まだけっこうあるんですが、ガンカープンスムは、難しくて登られてない未踏峰のひとつでもあるんです。

まあ、そんなこともあって、外務省まででてきちゃったんで、「わかりました、その登山はやめます」と。

そして、私たちの登山隊は日本山岳会から抜けたんです。日本山岳会からの助成金を全部返して、私たち個人でお金を集めて行ったわけです。

中国の連絡官も、その騒動のことを知っているんで、もうこうなったら意地だから登山だけは中止にしねえぞという感じになって、ガンカープンスムにも最初は登っちまえとかいってたんです。間違えて登りましたとかっていって行ってしまえとかって。でも、さすがにそれは無茶なので、ガンカープンスムの頂上に立たなければいいんじゃないかという話になって、将来、登るときが来たときのために、登路を探るみたいな話にしようということになったわけです。

ガンカープンスムに続く手前に、一つ山がポコッとあるから、これを登りに行こうということで一致したんです。それも未踏峰だったんです。それがリャンカンカンリっていう山だったんです。

それは中国側にあるんです。7500メートルぐらいじゃなかったですかね。

それで、結局、日本山岳会でなく「日本リャンカンカンリ登山隊」という適当な名前にして、完全な個人の登山隊として行ったんです。

その時の隊は九人かな……小さい世帯です。シェルパもいません。中国人のコックさんだけ連れて行きました。馬でベースキャンプまで行って。楽しい登山でしたよ。

正直いうと、難しい所はこれといってない山でした。

しかし、地球ができて以来、初めて人が立つ未踏峰という意味では、本当に面白かったですね。隊長以外の登攀メンバーは全員登りました。いま未踏峰で7000メートル台の山はそんなに多くないんです。

このリャンカンカンリのとき集まったメンバーというのは、本来ガンカープンスムを登るつもりでしたから、かなり登れるメンバーでした。クライミング技術の高いメンバーを集めていたんです。

山本篤さん、角谷道弘さん、鈴木清彦さん、中村進さん、高橋純一さん、高橋和弘君、加藤慶信君もいました。強いだけじゃなくて本当に登れる人たちで、この人たちは、その後もいい登山を続けていましたね。また、その後、写真家になる小林尚礼さんや、中国語が堪能な佐藤大輔さんもいて、登山自体は、ちょっともの足りなかったかもしれませんが、それでも、本当に楽しかったですね。

外国人がいままで入ったことのない地域だったので、そこの村の様子もすごく興味深かったですね。

この前年の1998年には私は八年間をかけて大学を卒業してます。1998年に卒業したんです。

八年で大学卒業

１９９８年に八年いた大学を卒業しました。どこかに就職して社会人になろうと思って、以前から時計が好きだったのである大手時計会社に手紙を出したんです。祖父からもらった時計が私にとって、とても大切な思い出で、子どものときからそれを見ていました、それは、御社の時計ですってなことを書いたんです。それで、おたくの会社に入りたいと。

で、自分は山登りもして、こんな人物ですと。

そしたら、担当者から、今年はもう採用が決まっちゃっているから無理ですと返事が来たんですが、こんな手紙は、見たことがないとおっしゃって、ぜひ来て欲しいですけど、来年、ちゃんと入社試験を受けて入ってくださいって話だったんです。それはそうですよね。

それは１９９８年の3月、卒業間近の話です。このときは卒業資格の単位は揃ってました。

１９９７年の時点では、とても卒業できるような状態じゃなかったんです。大学の担当者がびっくりするぐらい単位が足りなかったんです。最後に勉強しましたね。大変でしたよ。とにかく単位を全部取らなければいけなかったんですから。

私はすべてラッキーというか恵まれたことで、ここまでやってきていると思うんですけど。すでにお話しした、私の登山の後見人をしてくださっている宇田川さんは、立正大学に勤められてたんですね。そして、私が六年生だか七年生のときに、私の学部の事務長になったんです。それで、私を引き連れて、担当教授から全教授に紹介して回ってくれたんです。

こういう奴だから、何とか卒業させてくださいと。

学部長から理事長からなにやらかにやら、学校の偉い人全部に紹介してくれたんです。そのときちゃんとした格好をして来いというので、長髪やめて、だいぶ普通になってたと思いますね。

いろいろな書類を書きましたね。何とか猶予願とか、何とか願とか、いろいろな書類に判子を押させられて、履修制限の免除をしてもらったんです。

本来は一年間で取れる単位って決まっているんですよ。それがだんだんたまっていっちゃうと、最後の年で、決められた範囲しか取れないもんだから、卒業できないわけです。私は八年目で次がないから、枠を外してもらって一気に取れるようにしてくれたんです。授業は、朝九時半からスタートして、一部の授業が三時ぐらいまでで、二部の授業も取るんです。月曜日から土曜日まで、朝の九時から夜の十時ぐらいまで授業なんです。面白くはなかったですけど……やりましたよ。

宇田川さんがおっしゃるに、「いいか、とにかく、全員の先生におまえを紹介したんだから、失礼がないようにしろ」というんで、私は、毎日、前の席に座って、授業を受けたんですよ。

それで、来週までにレポートを書いてきなさいといわれたら、その日の午後には提出していました。ラップトップを持っていたんで、休み時間に図書館へ行って、内容はともかく、もうワーッて打ってプリントアウトして午後に出したりしてました。

それで全単位を取りました。ほとんど「優」で。

卒業論文の口頭試問というのとかありましたよね。あのときに、普通の学生はその時間が三十分ぐらいらしいんです。私は一時間半ぐらい山の話をしました。そのときは一応、仏教学部ですから、山も宗教ですからねとか、まあ、そのようなことを話してました。

本当にこの年までの八年間はたっぷり遊んだんですよ。山に何週間も籠もったり岩登りしたり、初の8000メートル、海外遠征、エベレスト、K2、マカルー、二度目のエベレストとか、この間に私の基本の山登りを創り上げることになったのは間違いないですね。全部が全部、山登りしたわけではないですからね。くだらない遊びもずっとしてたわけです。

時計好き

時計の話ですが、大学一年のときに、アンティーク時計市みたいなのを見に行ったら、ジャガー・ルクルトのアトモスという置き時計を売ってたんですよ。十万円だったんですね。財布に二万円ぐらいしかなくて、郵便局の口座に八万円だか九万円だかあったんで、それを全部おろして買ったんです。家に帰って見ていたら、うちの母親が「いくらしたの?」っていうから、「うん、十万円」って。そしたら「十万なら安いわね」って。うちの母親って時計には、何も興味も知識もないですよ。だけど、その時計の姿を見て、十万円なら安いわねっていったんですよね。ああ、この人はそういう人なんだなと思いましたね。

良い時計を買うようになったきっかけは祖父からもらったプレゼントでした。それはいまも家にありますけど、大学一年のとき、祖父からお古の時計を二つもらったんです。一つはセイコーのグランドセイコー。もう一つはエニカの時計です。どっちも、昔のおっさんがつけるような時計でデザイン的に美しいと思わなかったんですけど。時計というのは、扱いが悪ければ、ガラスが割れたりとかすぐ壊れてしまうもんですよ。それが、壊れずにちゃんと動いていたのをくれたんです。

時計って実用性がありますよね。それなのに、何十年とか、物によっては百年とか、割れずに壊されずに、人が手をかけて、ときには修理をして使われているものなんだということにすごい興味を持ったんです。そのときから、古い時計に対する見方が変わりましてね。

そういうことが元々好きなのかもしれませんね。

私は幼稚園ぐらいから、懐中時計が大好きだったんです。それはうちにあった古い、S

ＥＩＫＯＳＨＡの懐中時計で夜光塗料が塗ってあったんです。布団の中で光っているのを見るのがとにかく大好きだったんですね。

そのうちに、そのガラスが割れちゃうんです、私が割ったんですね。今度は後ろを開けたりしたから、ぐちゃぐちゃになっちゃったんですけど、ずっと持っていたんです。

それで時計を見る目が変わったときに、アンティークの時計を直してくれるところをたまたま見つけたんで、これを直したんです。

子どもの頃から私はラジオとか片っ端から分解して大変だったらしいんです。親はよくいっていました。ラジオは何台壊されたとか……。分解はするけど元に戻せないですね。

学生には、アンティークの時計は高いものですからね、そう簡単には買えなかったんですけど、自分の手の届く範囲で古い時計を見つければ買ってましたね。

あの頃、古時計の露店が出てたり、古い時計を置いている時計屋さんもあったんです。そんなところをのぞくと、古いけど見てすごく美しい時計たちがいっぱいあるんですよ。ただ、私はまだそのとき勉強不足で、知っていたのはロレックスとオメガ、ロンジンぐらいで、それ以外のブランドは詳しくは知らなかったんですね。だけど、聞いたこともないメーカーの時計でも、気に入ったもので、手の届く範囲のものは買ったりしてましたね。それはいまもありますよ。いまとなっては屑のようなものがありますよ。

時計の世界では、何百万円とか何千万円とかするのが当たり前にあります。私が買っている時計は数万円から数十万円程度の時計ですから、私は時計コレクターでも時計愛好家でもないんですよ。

山以外の楽しみ

こう話していると山ばっかしの学生時代のように見えるかも知れませんけど、麻雀とかはやらなかったですけど、車を乗り回したり、いじくりまわしたりとか、山登りだけに大学の八年間を費やしたという感じでもないんですよ。

祖父は面と向かって金をやるとはいいませんでしたけど、まあ、ちょっとときどき顔を出せば、お小遣いをくれました。必要だといえば、山登りのまとまったお金を出してくれました。

考えてみれば、現金を両親からもらった覚えはないですけど、自分で払った記憶はないし……どうしてたのかな。まあ、どこからか出ていたんでしょう。

車は親父のでしたけど、私がほとんど使ってましたね。クラウンです。そのクラウンも後半は、かなり色々いじくり回してました。友達が買ってきた車を改造したりとか。時計を分解して遊ぶのと同じように、やはりそういう機械をいじるのは好きでしたね。

それでも、あまり突拍子もないことまではしなかったんですね。何かを余分に付けたりとかするのは嫌いだったんです。見た目が変わるのは嫌でしたから。見た目は一緒なんですけど、中身を少しいじくるというのが面白かったんでしょうね。

昔のマニュアルの車と違ってオートマの車ですから、いじったってたかが知れてるわけです。なので、友達と一台、古い車を買ってきて、それは、結構いたずらして遊んでました。面白かったですね。最後は動かなくなりましたけど。その友達の所にガレージがあったんです。その人は山はやらなくて、車をいじるのが趣味だったんですね。

この頃もスキーによく行ってましたね。

祖父とはもう行かなかったです。

海は全然行かなかったですね。好きでないんですね。岩登りに行ったりとか、まあ、スキーに行ったりとか、女の子と一緒に行くとか、なんかそのようなことをよくやってました。日本中旅行して歩くということはなかったですね。車で行ける範囲でした。基本的には、やっぱり山のある方に行くんですよ、どうしても。岩登りしに行くとか、スキーをしに行くとかというような感覚でした。

山登りに限らず、なんか結構いろんなものを買ってましたね。考えてみれば、大学生の頃に古い時計とか、骨董ともいえない、がらくたとかずいぶん買いました。

お金は、まあ……やっぱり多少あったんですよね。祖父からもらったり、ときどきやっていた窓拭きのアルバイト代とか、山の撮影助手のアルバイトとかでためてました。

窓拭きは面白いんですよ。知り合いに紹介されて。その会社の社長もクライマーでした。それをしばらく手伝ったんですよね。みっちり一カ月やれば三、四十万円になるんです。そうすると、その三、四十万のお金というのは、私にとっては、特別生活に必要なお金じゃないわけですから山道具や時計を買っちゃったり、遊ぶお金にまわしてました。そんな感じだったんじゃないかなあ。

そうやって買った時計やなんかは、小平の家に置いてありましたよ。彼女の所にいたり、友達の所へ泊まったりするから、家には二日に一遍とか三日に一遍とか帰ってました。

その頃、妹も同じ大学でしたが、学部が違うから、そうそう会うこともなかったですね。たまに、廊下で会ったりもしましたけど。それで一緒に卒業しました。親は大変だったかもしれませんね。八年間の学費と妹の分、妹は大学院へ行きましたから。

私は別に贅沢をした記憶はないですね。

小遣いというかたちで毎月お金をもらった記憶はないですけど、結局、家にいたから、食費とかは全然かからないし。ときどきやったアルバイト代が、私の場合はまとまったお金だったんですよね。

テレビ朝日の日本の名峰シリーズの撮影にいったこともありましたね。早稲田大学山岳部OBで、K2西稜の初登攀者《とうはんしゃ》でもある、大谷映芳さんというプロデューサーの方の撮影を手伝ったりとか。

そういう小遣いって、結構な額になってましたよ。生活に使いませんでしたから。

着るものは好きですけど、あまり流行には関心はないですね。いまでも学生のときに買った服とか着ます。体型が変わってないし、おそらく学生のときに買ってた服というのがすごくスタンダードだったんですね。

時計はコレクションというほどじゃないですよ。二、三十個ぐらいなものですし、たいした時計じゃないんですよ。普段使って壊れちゃってもいいぐらい、上限が何十万円とかのものしか買わないんですよ。

服に合わせて替えるんですけど、古い時計なんで、金属のベルトの時計はあまりないですね。基本的には、革のベルトをしてもいいような格好をしたときですかね。古いロレックスとかオメガもありますが、ちょっとマイナーなブランドの時計が好きですね。ムーブメントとかデザインとか気に入れば無名のものでもいいですね。昔はパキスタンとかネパールの道ばたの屋台にそういう古い時計がいっぱい並んでいたんですよ。お金持ちが放っちゃったようなものとか、あと、パキスタンなんかだと、イギリス軍が残したブロードアローの入った、古い時計がいっぱい出ていたんですね。そういうものを結構買って帰ってきましたね。

万年筆はモンブランの万年筆を一本買っただけです。モンブランの万年筆では一番太いやつじゃなかったかな。私ね、字がでかいんで、細い万年筆はだめなんですよ。だから、一番太いのを買ったんです。五万円ぐらいじゃなかったかな。

ネパールとかに行って、向こうで絵はがきを送りますね。そのときも万年筆じゃないと書けないので、持って行くんですよ。ボールペンで、私は字を書けないんですよ、なんでかな。万年筆か鉛筆じゃないと書けないんです。

石井スポーツに入社

私が就職先を探しているという話を聞いた方々が心配してくれるんですよ。

宇田川さんには卒業させていただきましたけど、その後の心配もしてくれていたとは思いますよ。

生活に困ってすぐに働かなきゃいけないとは思ってなかったですね。けれども、大学を卒業して、無職になるつもりもなかったですね。当時、山の世界では、そういう人が多かったんですけど、それがカッコイイとは思わなかったんですよ。

でも、まわりの人は、私が社会人になっても山に行きたいと思っていることはみんな知っていたと思います。

石井スポーツの就職のときには、社長に私を雇った方が得ですよっていいました。

それは就職のための言葉じゃなくて、本当にそう思いました。

石井スポーツの社長は横田さんといいましたが、緑山岳会の横田といえば、伝説的な方だとは知ってました。

就職の際は、子どもの頃から野外活動で世話になっていた、国際自然大学校の桜井さんが、石井スポーツの社長だったら紹介するよというので、会いに行ったんです。私はぜひご検討くださいというつもりで行ったんですけど、その時点で雇うということが決まっていたようです。

私の名前はおそらく知っていたと思いますし、当時、雑誌なんかにも多少出てましたし、あと、桜井さんがいろいろ話してくれたと思います。

「ああ、いいよ、いいよ」みたいな話でした。

入社は6月からじゃなかったかな。社長に会ったのが4月の終わりぐらいだったと思うんですよ。卒業したけど、まだ何も決まってなかったんですね。なんか明日から来てもいいといわれたけど、6月からでいいですといったような気がしますね。

私自身は、あまりエベレストに行った、K2にも行った、8000メートルを超える山に幾つか登ったからといって、別に何かいわれたことはなかったですね。たぶん、エベレストとかK2とかを登ったふうに見えなかったと思いますね。おそらくイメージと違ったもんで、そういう話にならなかったでしょうね。

登ったように思わなかった人もいるだろうし、まあ、エベレストの経験って、その程度なのかというふうに思った人もいたんじゃないですか。

原稿を書いたり講演したり、自分がやってきたことをやってない人たちに教えることで、資金を作るというようなこととかは、一回もやらなかったですね。

なぜかというと、それは一つは、自分の登山じゃなかったからですね。

というか、私個人が登ったわけじゃないんですよ、全部。

前にも話しましたけど、マカルーもエベレストもK2もチームで登ってて、私が登ったために登れなかった人もいっぱいいたわけです。

エベレストに登ったＫ２に登ったというのは、事実ではあるんですけども、私がそれをやったという意識は非常に希薄でした。

そういうふうになると、個人の仕事じゃないから、レポートを書いたり原稿を書いたりするのは隊長の仕事ですね。『山と溪谷』とか『岳人』とかの雑誌には、レポートも載ってましたけど、それは隊長がみんな書いていましたし、私が個人的に何か書くことはまずありません。というか、聞かれることもなかったですよ。あと、講演を頼まれたとしても、私の話を聞きたいのではなくて、チームの話をしてくださいというのが一回か二回あっただけです。

Ｋ２の後に講演を頼まれましたけど、それは元々は山本さんが行くはずが行けなくなったからおまえ行けとかっていったとか、そんな程度だったんです。

そのときには自分の話をするんじゃなくて、隊の作戦そのものの話をするわけで、最後に私も登りましたというぐらいです。

そういう意味では、私はあまりそういうのには関心がなかったですね、正直いってね。

石井スポーツに入社するときにはエベレストやマカルー、Ｋ２に登ってますというのを、その時点では最大限利用したと思いますけど、でも、世の中に対してとか、他の人に向けて、それを発信するとかという発想は全然なかったですね。

石井スポーツを選んだのは、自分の得意分野で仕事をするというのはあったと思います。大学に八年もいましたから、サラじゃないわけですよ。普通会社は、おそらく学生にはサラのものを求める。真っサラな新人を。

ところが八年も大学に行っていると真っサラもへったくれもないわけで、もう何でもやりますじゃなくて、私はこれでは負けませんみたいなことをいわざるを得ないというのがすごくありましたね。

子供の頃から、祖父から「何か一つ人に負けないものがあれば食っていけるんだ」みたいなことをいわれたことが頭には残っていて、それをやったんですね。

結局は、人に負けない事があっても食っていけないということがだんだんわかってくるわけなんですけど、負けない部分を売り込むしかないみたいな環境になってきちゃったんです。そうすると一番勝負ができるところは、山関係ですから。

ヒマラヤに関しては、その時点で同年齢の人よりは知っているという思いがありましたから、それを前面に出すしかないと。

そのとき石井スポーツは大きい規模でしたよ。

私、未だに社員歴よりもお客さん歴のほうが長いですよ。売るよりも自分が買っているほうが多かったですね。当時の石井スポーツは、正直言うと、まあ、いわゆる、敷居の高い登山道具屋さんでしたね。いまは、そんなことないですけどね。私が石井に入るっていったら、これまで一緒に山登りしてきた友達は、ええー？　って驚いてましたね。でも、私は石井スポーツで買い物するのが好きでしたね。遠征前なんか毎日のように行ってましたよ。

十年前というと、山道具の店は、東京でいうと、石井スポーツ、さかいやスポーツ、カモシカ、ニッピンというのがありました。あとは山幸とか、好日山荘、秀山荘。この中で石井スポーツは一番大きいですよ。いまでもダントツででかいです。

十年前に石井スポーツに入ったときの初任給はいくらだったかな。私は、普通の新卒の給料じゃなくて、もうちょっともらったんですよね。年齢も上だし。転職してきたような感じでお給料をもらったんです。手取りで二十万円とかじゃないですか。

そのときは、まだ小平の家から通っていました。少し家に入れましたね。五万円だか六万円だか。忘れちゃったけど。

そのときは、ちゃんと会社に通い、お店に立つんですが、山に行きたいときには、休職するという約束がありました。契約書があるわけでもなくて、一応、社長室に行ったときに口約束でそうしてもらったんです。でも、それは山に行く間、休職しているだけで、ちゃんとお店に七年間出ていました。２００５年のエベレストの年までです。

それまでは山に行ってない間は基本的にちゃんと店にいました。

第七章　新たな登山

（この章取材　２００８年4月28日から三日間）

自分を変えた登山が始まった

２００1年はラルフがオーガナイザーで、私はクライアントの立場です。２００3年になって、完全にラルフたちとは友達としての登山になるんです。これから私の登山が変わりましたね。

ラルフ・ドゥイモビッツ（Ralf Dujmovits）、１９６1年12月5日ドイツ生まれの国際山岳ガイドで、ＡＭＩＣＡＬ ａｌｐ・ｉｎ社のオーナーでもあるんです。ヒマラヤ、アンデス、アラスカ、アンタルティカ（南極圏）で五十回以上にものぼるエクスペディションを経験してますし、ドイツのテレビ放送でアイガー北壁のクライミングを三十時間にわたって生放送した際のメンバーで、世界的に知られたクライマーです。

今（２００8年）ドイツ人初の14サミッターを目指し、現在８０００メートル峰13座に登頂しています（２００9年達成）。私とは7座に一緒に登頂してます。２００1年時点ではラルフの名前は知ってましたが、その程度でした。

2001年はナンガパルバット国際公募隊に応募したんです。公募で集まった人たちの一人としてお金を出して行きました。

ここから先の私の登山は全部がアルパインスタイルじゃないですね。2003年のカンチェンジュンガは極地法でした。

シェルパも使わず、酸素も使わないですけど、C1、C2を何度か往復していくような登山だったんです。アルパインスタイルというのは、ベースから一方通行で頂上に行くわけです。途中で天気が悪くなって、BCに一回下りちゃったら、それはアルパインスタイルにならないわけです。下りちゃったからって、登山をやめるわけではないですよ。また、登っていって登頂するわけですけど、これはもうアルパインスタイルとは言いません。極地法、アルパインスタイルというのは、一種のルールの話です。

2001年に初めて公募隊に参加したナンガパルバットも極地法なんですよ。何度か往復して順応してルートを延ばして登頂しました。このときは登れる人は全員登頂しました。アルパインスタイルで登るかどうかというのは、私にとってはあまり意味がないです。

純粋にアルパインスタイルで、私が登ったのは、今現在（2008年4月）アンナプルナとシシャパンマの南西壁、他はアルパインスタイルを試みましたが、失敗したり、アルパインスタイルにならなかったり、初めからアルパインスタイルでやるつもりはなかったり、そういうのはいっぱいあるわけです。

だから、私の登山が2001年で変わるというのは、極地法からアルパインスタイルに変わったのではなくて、いわゆる日本の大規模登山から離陸した。そういう感じなんです。私にとっては、２００１年に大きな変化があって、２００３年がさらに大きなステップでした。それはラルフに会えたことが大きな理由です。

初めての国際公募隊

２００１年のナンガパルバットのときは、大久保由美子さんに誘われたのがきっかけです。その人は女性登山家でいまも山登りをしてます。お子さんが二人おられて、いまはどちらかというと、登山というよりは、子どもを連れて山に行こうって、そんな感じの活動をされています。三つぐらい私より年上ですね。

大久保さんは大学院で、心理学か何かを勉強されていたのかな。そのフィールドワークで私にインタビューしに来たことがあったんです。

そのとき、もし、次に山へ行くとしたらどこへ行きたいですかみたいなことを聞かれて、ナンガパルバットへ行きたいですねなんて話をしたんです。

そうしたら、しばらくして、大久保さんが「ナンガパルバットへ行くけど、行く？」っていうので、一緒に行くことにしたんですね。それが国際公募隊でした。私は初めてです。英語も他の外国語も話せませんでした。

このときは石井スポーツを休職して、準備したんですが、出発の直前に突然、彼女が病気で行けないといってきたわけです。その人の英語力を当てにしてたので、彼女が行かかないとなったら大変でした。

ナンガパルバットは、８１２６メートル。難しい部類に入りますね。最近は結構登頂率は高いんですけども、以前はやっぱりキラーマウンテンと言われてました。ドイツのヘルマン・ブールが初登頂した山です。

アルバート・フレデリック・ママリーが遭難して行方不明になったのがナンガパルバットですね。ママリーはいわゆるママリズムとも言われる、アルピニズムの元ともなったイギリスのクライマーです。彼は、ヨーロッパの山々を登り、その後、コーカサスから、ヒマラヤに目を向け、ナンガパルバットに向かいます。そしてナンガパルバットで行方不明になってしまうわけです。

その後、ヘルリヒ・コッファーによるドイツ隊は、結構何度も何度も頑張るんですけどね。なかなか登れなくて、最後はヘルマン・ブールが単独で突っ込んで初登頂します。それが『八〇〇〇メートルの上と下』という本になってます。あの本は良い本です。

初登頂までには、いっぱい、いっぱい犠牲者を出して登頂するのでドイツ人の山とも呼ばれます。そのヘルマン・ブールが登ったルートというのは、ナンガパルバットの東側にあるんですね。そこが初登ルートなんですが、それはそれは長大でそう簡単に登れるようなルートじゃないんですよ。そのときのドイツ隊も、バタバタと人が倒れていく中、最後にヘルマン・ブールが単独で登るんです。最後は、覚醒剤を打ちながら登るんですが、もはや戦争です。まさに、ドイツが多大な犠牲の上に登った山です。

その後も、ナンガパルバットは、いろいろなルートから登られるんですけれども、一番、象徴的なのはメスナーですね。

ラインホルト・メスナーが、１９７０年にルパール壁から弟と二人で登るんですが、登頂後、弟は死んでしまって、メスナーは一人で下りてくるんですけども、弟を見捨てたとか、登頂が疑問視されてしまうんです。彼はそこで登山界と決別し、八年後に、メスナールートという南側の真っ正面の新ルートを単独で登って、頂上に立ちました。頂上に何時間もいて、写真を何十枚とか撮って、しかも頂上の石に、登頂を証明するサインした手紙を金属の管に入れてハーケンで打ち付けて来るんです。これで文句ないだろと。

過去メスナーは登山隊に参加しているんですが、そこでやっぱり喧嘩して、裁判沙汰になったり、どんどん単独化に進んでいくんですね。ナンガパルバットは彼のそういう単独化の決定的な要因になった山です。

メスナーが登山界からは異端というか、嫌われたのは、当時はやはりチーム登山が主だったわけですね。そこに彼は個人を持ち込んだんですよね。ただ、ヨーロッパの人たちの話によると、話はそんなに簡単じゃないようですね。彼はチロルの出身なんですよ。チロルの人っていうのは人のいうことを聞かないとか、すごい頑固なんですって。そういうのもあるのかもしれませんね。

大久保さんに誘われる前から公募隊というのがあって、世界の人たちはそういうやり方で登っているというのは知ってました。

私は、いつかやるかと……そこまでは考えてなかったと思いますね。自分にそういうチャンスがくるとか……自分がそこに申し込むということは、おそらくないなと思ってました。言葉もしゃべれませんでしたし。

私は英語はしゃべれないです、いまでも。

ただ英語に関していえば、登山においては、目的が非常にしっかりしていますから、山の話をするのは当たり前なんです。だから、その場でまったく関係ないジョークを聞くのとは違うので、まあ、意味はわかるわけです。このときはドイツ隊でしたので、英語はお互いに第二外国語なので、遠慮して喋っているんでわかり易かったんです。

いま、私が多くの登山を一緒にやっているのはラルフとガリンダです。ラルフはドイツ人、ガリンダはオーストリア人。一応ドイツ語圏といわれていますけども、ドイツ語とオーストリア語は全然違うみたいですね。彼らがいうには、スイス人同士が喋っているのはドイツ人はまったくわからないし、オーストリア人同士が喋っているのもまったくわからないらしいです。

私自身も、旅行での会話とか日常的な会話というのは、なんとなく大丈夫ですけど、山に入ればなおさら山の話、こっちかそっちかというだけですから。そういう意味では、別にそんなに言葉が不自由でも問題は起きないんですよ。

向こうは理解しようとしてくれてますから。こっちも知ってもらおうと思うし、わかり

2009年ローツェ　左から、デービッド、ガリンダ、ラルフ、竹内　©Self-timer

ますよ。なんかみんなゆっくり喋ろうよと。そういうときもありました。

大久保さんが行かないとなったときにはすごく焦りました、本当にやめようかと思いました。でも、行ってみたら、苦労といえば苦労なんでしょうけど、いとわない苦労だったわけです。結果的にいえば、一人で行って良かったなと思います。もし、これで大久保さんと行けば、頼ってしまいますから、そこまで彼らと親密なコミュニケーションを取らなかったと思うんですよね。

このときのメンバーは、ラルフとドイツ人が四人ぐらい、スペイン人三人ぐらい、リトアニア人とかオーストリア人とかいっぱいいましたよ。大勢のグループなんです。公募隊ですからね。

これが、私にとってはとても新鮮でしたし、この登山がいまの私の登山の礎《いしずえ》にもなるわけです。公募隊というのは、何とか係なんてないんです。というか、組織がないんですよ。ただ隊員がいるだけなんですよ。

自分の道具を持って集まってきなさい、一緒に同じ方向へ登りますよというだけなんです。ラルフがオーガナイザーで、司会進行なだけで、彼が必ずしも隊長というわけでも何でもないんです。

でも、彼は主宰者だから、様々な事務手続きはみんな彼の会社がやってくれているし、私たちが煩雑な事務的な手続きをやるということは一切ないんです。

一人で参加してしまった公募隊では、自分が思っていたほど相手との距離は感じませんでしたね。あれが、全員がドイツ人とか、全員がフランス人とかというのだったら、また違ったのかもしれないですけど、いろいろな国の人がいたんですね。リトアニア人なんて初めて見ました。その中に日本人が一人いてもあまり違和感はなかったんです。目的が山登りで、非常に明確な山に登る、登頂するというターゲットがあるので。

あのとき、私は三十歳です。

スペイン人は女の人が三人いました。一人は、おばちゃんで、どちらかというと世話役というか、トレッキングでベースキャンプまで来て、ベースにずっといたんです。このおばちゃんが典型的スペイン人で、明るくて楽しくて、年がら年中踊っているような。彼女に私と同い年の息子がいたせいか、私のことを、ずいぶんかわいがってくれました。お互い英語も共通の言葉も話せないのに。

ラルフがリーダーとして行くチームは、基本的には彼が知っている人たちがメンバーなんですね。面接とか書類選考をして参加者を決めるらしくて、変な人は来てないんですよ。「私は？」っていったら、メールのやりとりで大丈夫だと思ったし、過去の登山歴とか見ても大丈夫だとわかるからというようなことをいってました。

おそらくそこにいたメンバーというのが相当、篩《ふるい》にかけられたメンバーでもあったんですよ。

酸素ボンベを使わない意味

ナンガパルバットのときは、無酸素での試みでした。私は初めてでした。ただ、私もその時点では十分わかっていたことなんですけど、無酸素の意味というのはそれほどのことではないんです。なぜかというと、ナンガパルバットの初登頂のヘルマン・ブールも無酸素ですから。

酸素を使わないで登る山と、使って登る山の差は、もうその時点で既にいわれてました。マカルー（８４６３メートル）以上といわれてましたね。

既に、いまから五十年以上前に、ナンガパルバットだって、アンナプルナだって、無酸素で登られているんです。エベレストでさえも、１９２０年代のマロリーが挑んでいた時代に、すでに酸素ボンベを使うことに反対する人はいたんですよ。

応募のときは特に何も書いてなかったんですね。いつの頃からかはわかりませんでしたけど、ナンガパルバットは酸素を吸わないと登れないという発想はなかったんです。

でも、私のこれ以前の8000メートル級の登山は全部酸素を使いながら登っています。登山隊のタクティクスになっちゃっていますから、自分だけいらないというわけにはいかなかったわけですね。でも、私はK2（8611メートル）が終わった時点で、これは酸素ボンベがないほうがよっぽど楽だなと思いました。だって、重たくて、邪魔なんです。エベレストの後だからなおさら、順化してましたからね。

高度順化さえ進めば8000をちょっと超えたって無酸素で行けると、それはわかってました。K2のショルダーが、約7900メートルなんです。そこまでは、酸素を吸わないで上がっていきますし、エベレストやK2で会った他の国の人たちの中には、酸素を使わずに登っている人たちもいましたから。

ナンガパルバット登山

※ナンガパルバット（8126メートル）所在地＝パキスタン・中国

カシミール語で「裸の山」を意味する。初登頂までに多くの遭難者を出したことから「魔の山」と恐れられていた

◆初登頂＝1953年、ドイツ・オーストリ

ア隊　ヘルマン・ブール
◆竹内洋岳の登頂＝2001年6月30日、ナンガパルバット国際公募隊。キンスホッファールート　無酸素

私が参加した公募隊は基本的に、ベースキャンプまで一緒に行って、登るというだけなんです。登るのは個人です。ですから、体調の悪い奴はやめたといって、ベースキャンプに一人で戻るのはいくらでもあるんですよ。

朝出て行くときだって、みんなまとまってなんて出て行かないですよ。勝手にパラパラパラパラ出ていっちゃうんです。それも一時間、二時間の差とかではなくて、二十四時間の差が出てきたりもするわけです。きのう出ていった奴もいるし今日行くのもいる。

例えば、明日までにC２に入ろうとなったときに、俺はもう一気にベースからC２に入るとか言い出す人も出てくるわけです。俺は明日出ていくとか言う人も

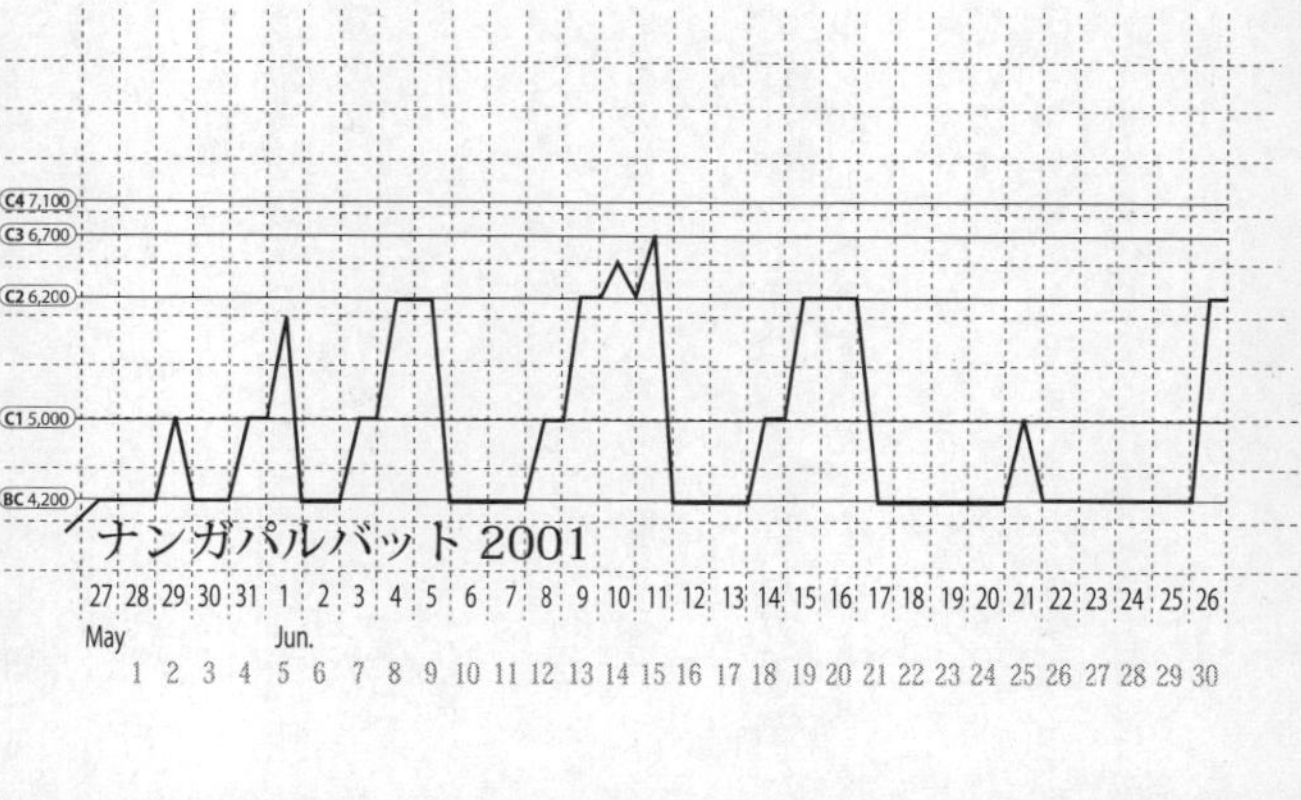

いるわけです。C2のテントは自分たちで持って行くんですよ。そこに設置して、一回下りてきて、もう一回上に上がるなんていうときには、そういうこともいくらでもあるわけですよ。

最終のサミットプッシュ（頂上を目指す）は何日ぐらいを目途にというぐらいは一応は決まっているんですけど、ただ、天気次第なので、それはあまり意味のないことなんです。このときは全員ではないですけど、動けたメンバーはみんな登頂しているんじゃないかな、八人だか九人だか登頂したと思います。

みんな同じ日に登りました。

基本的にはサミットプッシュは全員一緒に動いているんですよ。ただ、それ以前の行程で、きょうは行きたくないとか、きょうは下りるとかというのは、その人たちの勝手なわけです。

責任はすべて自分で負うわけで、体調が悪くてはついて行けないですね。それは自分で判断するんです。きょう俺は調子が悪いから帰ると、ラルフがいったりするんです。そうすると、私たちだけで上に向かって行ったりしました。

みんな互いの力量は歩いているうちに見極めていくと思います。

結局、頂上に行くときは、私は彼らを見切って勝手に行っちゃったんですね、みんなが遅いので。雪が降れば、ラッセルしなくちゃなりません。先頭を交代してくれるなら、そうして欲しいんですが、後から来る人が追いついてこない限り、ラッセルは代われないわけでしょ。だからといって、そこに立ち止まっていては、ルートが延びないんです。私だけではなくて、みんなそうなんですよ。要するに、誰かに頼っていては、頂上に行けないんです。

よく弱い人に合わせるとかいいますけど、弱い人に合わせたら、みんな弱くなっちゃうからだめなんです。できる人が常にルートを延ばしていかなければ、ルートって延びないんですよ。

私は自分が登るためにやっているわけですから、私が登るために私が動くのは当たり前ということです。強い奴がやれることをやるのは、当たり前なわけです。

これは性格によるんでね、一概にはいえませんけど。でも、おそらくね、体力を温存しておいてとかっていうのは、あまりやってられないと思うんです。

精一杯のことを日々刻々やらないと登れませんね。

だから、後から来る人も必死で登ってこなければ追いつかないわけですよ。どんなにさぼってたって、先にどんどん行っちゃうだけで、自分は置いていかれるだけなわけです。

ヒマラヤ……まあ、山全部がそうなのかもしれませんけど、行動時間が長ければ長いほど疲れるんですよ。早く行った方が楽なんです。ゆっくりのんびり時間をかければ明らかに疲れるわけです。これはね、山をやっている人たちはみんなわかっていることです。

ナンガパルバットというのは、誰もが登れる山じゃないです。

それなりに覚悟を持った人じゃないと登れない難しい山です。だから、そういう所に集まってきていること自体がある意味でフィルターを通っていました。

今のエベレストとかは、なんだかよく分からない人がいっぱいいるんですよ。だけど、やっぱり、ナンガパルバットとかカンチェンジュンガとか、本当にちゃんとした人しか登れないような所というのは、ある意味、ちゃんとした人しか来ないんです。

公募隊ではそのことで面白い経験をしました。

私たちがC2でとんでもない吹雪に巻き込まれて、もう燃料も食料もなくなっちゃって、二日間粘ったんですけど、もうだめだから下りるかという話になったんです。全員がC2のすごい狭いところに集まって、ディスカッションしたんですね。それで、下りるべきか、粘るべきかみたいな話になって、ああでもないこうでもないって、「ヒロはどう思うか」と聞かれました。すごく困りましたね。

こっちは、英語が話せないから、聞いてるしかないわけです。そして、もう、意見が出尽くした後に、まあ、気を遣ってくれてるんだとは思うんですけど、私に聞いてくるわけです。それで、私は非常に断片的な英語で、ほとんどの意見が出尽くしているから、別の意見としては……と前おきして、日本人だとよくこういうことをするんだけどって話したんです。

チームを二つに分けて、一つは下りて食料や燃料を持ってくる、それで、もう一つのチームは一晩粘って、明日、もしよかったら上に行ってロープを一本でも二本でも延ばしてはどうかと。

そうしたら、みんなの目がすっげえ厳しくなって、「下りる奴は誰だ」って、われわれは全員同じお金を払って集まってきているのに、チャンスに差を付けるということは絶対にないというんです。そこまでしておまえは頂上に行きたいのかなんていうんですよ。

本来は、食料や燃料がないなら下りるんですよ。だけど、チームを二つに分ければもう少し粘れるとかそんな考え方もあるんじゃないかなと思ったんですけど。

これはやはり日本人的な考えなんですかね。もちろん、私は、彼らの様子、チームの様子を見ていたし、一緒にやっていましたから、その考えがそこにそぐわないことはよくわかるわけですよ。ただ、意見がないかというからいったのに、ワーッて怒られて、びっくり。いやいや、そうじゃなくて、そういう方法もあるっていうだけなんだとかいったんです。でも、要は、そういう集まりなんです。

結果的には、翌日とんでもない吹雪なんで全員で下りたんです。

それで改めてやり直しました。別にそれはたいした問題にはならないわけですけど、考え方というのは、結局、そもそもがそういう約束事で集まっているチームなんだよという話なんです。

必要なロープや装備というのは全部ラルフが用意してあるんです。そのロープはみんなで分担して持つんです。登っていくときは。ただ、ベースキャンプに持ち込むまでは、みんな主宰者側が持ってきてくれる。費用に全部含まれています。

互いに最初に出会ったときには、装備だとか見ましたね。日本で準備できる装備って、ちゃんとしてます。優れていますよ。何を持ってこいなんていう指示は何もないです。

自分が登れる、必要なものを持ってこいと。食料なんか何も持って行かないですよ。向こうが用意したものを食べて登る。それだけでした。

ラルフの姿を見て、どうだとかこうだとか、初めてのときはそこまでは考えてなかったですね。あのときは、まだラルフと私の関係は、オーガナイザーとクライアントの関係でした。ただ、登山をしている間に、実際、私が登っているときについてくるのはラルフだけでしたから。ラッセルでも、ラルフはちゃんと私を追い越していきました。追い越して、また私が追い越してというふうに、同じ状況で動いていたのは、ラルフともう一人ハイヨーという、ラルフの会社に所属するガイドだけだった。この三人でルートを作ったんです。

彼らは有名なクライマーですから、そう簡単に彼らと一緒にはできませんでしたけど、きっと彼らから見れば、そこそこ自分たちと同じように動けるんだと認めてくれたというか、わかったというか……ロープをポイと渡しても、それを何もいわなくてもどうするかというのを見れば、お互いにわかるんです。

ラルフがオーガナイザーだったですけど、私は何をしたらいいかと聞くことはなかったですね。目的がしっかりしているから聞いたり無駄な確認をする必要がなかったんです。

自分で決めたらやる……というか、やるために決めるわけですから、決めてやるというのはごく当たり前です。

たまたまこのときは、大久保さんが来れなくなって日本語を話せない状況でしたし、くだらないおしゃべりもしない……冗談も言えないし、もうしゃべるときは全神経を集中してしゃべっていたのだから、そういう意味では、非常に的確なことしかいわなかったというのはあるかもしれませんね。

終わって登頂して写真を撮ったりなんなりして帰ってくると、お別れパーティーみたいなのありましたよ。ベースキャンプでもやりましたし、イスラマバードに帰ってきてからもやりました。

その後、メールのやりとりが始まるわけです。

2001年のときは楽しかったなあ。登山が終わるのがこんなに残念だなと思ったのは初めてでしたね。

それまでも、終わって帰るのは嫌でしたけど、やはりどっかには、ああ終わった、やれやれという気持ちもあります。でも、あのときは終わってしまうのがとても寂しく感じましたね。

何なんだろう、その楽しさというのは。

やっぱり何か新しい世界へ踏み込んだ感じかな。たぶん、新しい面白さを知ったんでしょうね。

山岳部や登山隊には、しがらみがあることは十分理解していたし、しがらみがいいとも思ってませんでしたけど、別にそれが嫌で嫌でしょうがないとは、感じてなかったですね。

2001年が終わってすごく楽しい思いをして、そのときはもう既に、また次の機会があればこういうふうにして登ろうとは思っていましたね。ただ、そのときに、またラルフが誘ってくれるみたいなことは思ってなかったですね。

その後、彼がメールでコンタクトを取ってきてくれて、２００３年のカンチェンジュンガ登山の話が出てきてました。

翌年の２００２年だけはどこにも行かなかったんですが、私にとっては大きな出来事がありましたよ。結婚しました。

２００２年は結婚するとか決めていたのかな……そうだ、ナンガパルバットへ行く時点で、２００２年に結婚するという話になってたんだ。

結婚は２００２年の６月９日ですね。

登頂報告の義務

ナンガパルバットを無酸素で登頂しましたが、帰ってきて、登頂に成功しましたとかって誰かに報告することはなかったですね。勝手に応募して、勝手に行って登っただけですから。昔は報告しなければいけなかったんですよ、日本ヒマラヤ協会とかに。しなきゃいけなかったって変な話ですけど、するのが慣例になっていたんです。

何月に行って何日から何日の間の登山で、Ｃ１は何メートルぐらいでとか、何日登頂して、どういう装備とか……一応報告書みたいな、紙一枚ですけど提出していたんです。以前は私も日本ヒマラヤ協会の会員になっていたんです。

日本ヒマラヤ協会は過去の日本人のヒマラヤでの登山記録を完全網羅してたんです。何月何日、誰がどこどこに行ってその人の誕生日がいつで、血液型はB型だみたいな。で、まあ、面白いといえば面白いし、意味があるかといえばあるのか、ないのかですけど、個人獲得標高ランキングというのがあって、8000メートル以上とか7000メートル以上の登った山の標高を足すわけですね。それで、誰が一番とかね。

あの頃は、まだ山田昇さんじゃないかなあ、いまはわかりませんけど。

山田昇さんは、すでに亡くなっていますが、それでも彼が一番でしたね。8000メートルの山、9座なんですけど。私の名前もそこに入っているんですよ。何番目かな、まあ、会員になったときは会報が届いていましたが、今は何番目だか全然わかりません。

そんなんで、以前は登ったら、報告書を書いて送ってたんです。

ナンガパルバットのときは送らなかったですね。山森さんというヒマラヤ専門家が情報収集して、全部網羅してたんですが、私がナンガパルバットを登って来た後、日本ヒマラヤ協会がそれを書いて出しなさいといってきたんだけど、書けないんですよ。

表に派遣母体とか記入する欄があるんですが……私はないんです。派遣母体は書けない、所属団体は書けない、隊長もいないし、食料係もいないし、全然書けないんですよ。で、山森さんに、書けないですよといったら、書けるとこだけでもいいから書いてくれといわれたんですけど、なんだか、それっきりになっちゃいましたね。ほったらかしになって。

しばらくして、日本ヒマラヤ協会をやめちゃいましたし。

会社（石井スポーツ）には登りましたよといいました。社長の横田さんはとにかく山登りが大好きでしたからね。大変喜んでくれましたけど、それだけの話です。

私個人がナンガパルバットへ登ったとかエベレストへ登ったということでしかなかったんですよ。

結婚

前から、この人と結婚すると……概ねそんな雰囲気にはなってたんです。付き合って結構長いんですよ、途中別れたりしてましたけど。

妻は山登りも何もしないです。彼女は短大を出てすぐ就職をして看護師になっていましたから。

野外活動で知り合ったんです。就職をして結婚するとは思ってました。

2002年は結婚をして、大きい山登りをしなかったですね。あの年は忙しかったですね。結婚して瘦せましたからね。

でも、翌年のカンチェの準備が進んでいました。

これはラルフのところからの誘いで。メールのやりとりの中で次に行くぞと。山行きの資金はウッチャンナンチャンの番組の仕事（『ウッチャンナンチャンのウリナリ!!』）で貯めてありましたし、それなりに蓄えはありましたね。バラエティ番組で登山指導をしていたんです。

結婚のためにお金を貯めました。お互いに実家に住んでいましたから、家具を買うとかさまざま必要だったんです。妻は病院の近くに一人暮らしで、ワンルームマンションにいましたが、結婚する一年前ぐらいから実家に帰ったんです。

私は家から出たことがなかったから、カーテンから全部買うということになってました。結婚式の費用も必要でしたし。だから、2002年に結婚するって決めて、二人で毎月貯金を始めたんですよ。

結婚する年をこの年にした理由は何だったかな。

ナンガパルバットがあるから、その年はだめだとか。なんかそういう話はあったと思います。じゃあ、二年後に結婚しようとか、それで、毎月二人で五万円ずつ決めた口座に貯金しようという話をして、結婚式までに何百万貯めてとかというような話をしたんだ、確か。二年も経てば二百万円ぐらいになる、なんかそんな感じでしたよ。さらに、自分たちでお金を合わせていくらだかにして、結婚式にいくら使って、家具を買うのにいくらとかやったような記憶があります。

そのときには、九段下に住むことも決めてありました。九段下のマンションの部屋はうちの叔母の持ち物でしたから。そこを叔母から借りたいという話を私からいったんです。若干安い金額でね。

結婚の日が決まっちゃってからはもう早かったです。家具を買いに行ったりとか引っ越しとか。私は家具の好みはうるさかったでしょうね、結構ね、あまり妥協はなかったですよね。互いに似た趣味だなと思うんですけどね。まあ、食器棚とかベッドとかカーテンとかというのは、妻が選んでましたね。

理想の結婚生活が頭にあったと思いますよ。結構いろいろ考えてやってましたよ。一ツ橋の学士会館で結婚式をやったんです。私ね、子どもの頃から、あの辺りにある博報堂の古い建物とか、学士会館の建物がとても好きでしたから。だから、学士会館で結婚式をして、結婚式が終わった後、二次会とかは一切やらずに、学士会館から二人で新しい部屋に歩いて帰ったんです。近いですからね。途中に千代田区役所があるので、そこで婚姻届を出したんです。新婚旅行はタイでした。そのへんはすべて予定通りというか、計画をしていたことなんですね。

2003年にカンチェンジュンガで集合したときに、「ヒロ、すげえ痩せたな、何があったんだ」ってラルフに聞かれて「結婚したんだよ」といったら「なるほど」っていってましたね。

私の仕事が忙しいのもあったし、妻の仕事もやはり忙しかったんですよね。帰りが遅かったり夜勤があったりとかで、そうすると、私は食べなくなっちゃうので。ご飯が出てこないと食べないので。石井スポーツに勤めてるときは痩せてましたよ。今と同じようなもんですね。この間の背骨の手術の直後は58キロになりました。身長は180センチです。結婚の前後もやはり60キロを切りましたね。幸せ太りどころじゃねえって感じでしたね。

私の身長で60キロを切っちゃうと、電車のなかで人と触れただけで痛くて。クッションがなくなっちゃうからですね。

優秀な店員？

この年（2002年）は忙しかったですね。まあ、結婚云々じゃなくて、仕事も忙しかったです。

このときは石井スポーツの店員なんです。新宿西口店にいて、『ウリナリ!!』はもう終わってひと段落したけど、店はめちゃくちゃ忙しかったです。お客さんが多くて。テレビ企画はその時点ではなかったですけど、お客さんに道具を買ってもらうために、ツアーを企画したら、えらい評判が良くて、人が増え過ぎちゃって。

行くのは、東京近郊の山です。ちょっとあまり知られてないような山に入ってました。対象は中高年のおばさんたちです。

そういうときには出張で行ってましたけど、下見に行って、本番をやってという感じで忙しいんです。保険から何からみんな自分でやってましたよ。案内状とかも出して。

当時、いかに会社に利益をもたらすか、売り上げを上げるかということに、強い関心がありましたね。それは、会社が私を山に快く送り出してくれてたからというのもあります。

会社は私にとってのバックグラウンドでしたから、お店がしっかりしてもらわないとお願いもできない、山に入ってる場合じゃなくなってしまうんですよ。本来、店員が何カ月も一人抜けたら、迷惑な話ですが、このときの杉本店長さんやお店のスタッフは、本当に快く私を送り出してくれて応援してくださったんです。

ですから、いろいろなことして、お客を呼んで、買ってもらうために企画したり、頑張りましたよ。

私は別にそれは苦じゃないです。ご覧のように物怖じもしませんし、人見知りもしませんからね。だからこそ、ヨーロッパの人たちと一緒に登山もできるのだろうと思うしね。それは子どもの頃からよくいわれていたし、性格だと思います。

企画をすることで、お客さんに参加してもらうことで私にはお金は落ちませんでしたけど、あのときは、売り上げは、どんどん伸びました。面白かったですね。

実はね、私が配属された新宿西口店というのは、当時、あまり、ぱっとしないお店だったんです。

あの当時は、世の中、物を買わなくなっていた時期だったんです。

さらに、石井スポーツの中でも、新大久保の本店とか、神保町のお店の方が品揃えも良かったんです。新宿の店は物が少なかったんですよ。実際、私が客だった頃、新宿西口店にも行きましたが、物も揃ってなくて、まったく魅力がない店でした。

だけど、私が新宿西口店に入ったのと同時に、市川さんという女性と岡本さんという年齢の近いスタッフが配属されてきました。市川さんは石井での経験が長いベテランで、私が学生で買い物をしていた頃から知っているスタッフです。岡本さんは、日本のスノーボードの草分けのような人です。この三人で、専門性の高い物やクライミング用品を一気に増やしてしまいました。そして、私が東京近郊の大学山岳部とかの学生を手当たり次第、お店に連れてきたんです。

文部省（現・文部科学省）の登山研修所（文登研＝現・国立登山研修所）で講師をやっていましたから、その研修会に来た学生たちや、これまで一緒に登山をしてきた大学山岳部ＯＢたちが、後輩の学生をお店に連れてきてくれました。それで、学生たちには、基本的には後払い可で装備を売ったわけです。お金がなくても装備を買えるようにして、掛け売り伝票を作ったんですよ。これは会社の中ではやってはいけないことなんで、内緒でやったわけです。

本店には、昔ながらの手形がありましたが、いろいろ手続きが面倒なので、私の手元で、ツケ払いをしたんです。その学生の先輩たちはみんな知り合いですから別に保証人だ判子だなんていう必要はなかったんです。そういう活気のあるお店には、人が集まるんですね。どんどんお客さんが来てくれました。

店員は、新宿西口店だけで当時で二十人ぐらいかな。大学山岳部を卒業したヤツとかを、アルバイトに誘ったりしてました。自分が、石井で働いていて楽しかったですからね。一緒に働こうって誘った感じです。みんな、山岳部を出た後も、良い登山を続けていた人たちばかりでしたから、新宿西口店は商品だけでなく、スタッフも一気に専門店になっちゃって、それはそれはすごい面白い店になったんです。お客さんもどんどん増えていきました。ただ、私には他の意味もあったんです。

ちゃんと山のことが分かるスタッフがいないと私は山に行けないわけですよ。会社がいいよというのと、現場がいいよというのでは話が違うわけです。

そういう意味では、会社のためだけではなくて、現場のためにならないと……要するに、「竹内さんいますか?」というお客さんがいっぱい来てくれれば、あの人は普段いないけども、いるときにはちゃんと売っているんだなと思ってもらわないと困るかなって。だって、私はここからお金をもらっているわけですから、お店がだめになっちゃうと困っちゃうんです。山へ行くのに、辞めていくつもりはないですから、気持ちよく出て行かないと帰ってくるのも困るわけですよ。だから、それはもうごく当たり前のことだと思います。

文部省の講師というのは、以前はボランティアみたいなもんだったんです。登山研修所は富山に、登山の安全性を高めようということで設立されたんです。その後はだんだん変化をして、大学山岳部の学生に対する技術指導というのがメインで、一時期はすごく多くの学生が参加していたんです。ところが、だんだん山岳部の部員が減ってしまって、ワンゲルも来てください、探検部も来てくださいと、いろいろな学生を広く集めるようになったわけですね。そうしたら、学生はそこそこ集まるんだけど、技術はどんどん下がっていかざるを得ないわけです。

班によっては、まずロープの結び方からスタートしなきゃいけない。私は大学の六年生だか七年生のときに、初めて講師で行ったんですよ。K2から帰ってきた後ぐらいの頃です。

一応、そこそこ……経験があるからということですね。そのとき、登山研修所の専門職員で、実質的にオーガナイザー役をやっていた人がマカルーで一緒だった渡辺雄二さんだったんです。文部省の管轄なんで、教職とか公務員とか、全国の教育機関の人で、山岳の知識のある方がそこに派遣されていくんです。

渡辺さんの次は、マカルーで一緒だった山本宗彦さん、この人は中学の先生なんです。渡辺さんは高校の先生で、ときには特別に民間から登用とかというようなことをやりながら行われているわけです。

渡辺さんが専門職員になるときに、私に、おまえ、講師をやれといって引っ張ってくれたわけです。最初は、ボランティア色が強くて、交通費だけで、全国から集まってきた学生に技術指導をしていたんです。

今は少しはお給料が出ますね。私のときも、後になったら出るようになりました。石井に入っても行きましたよ。

それは私から行かせてくださいとお願いしたんです。そんなのやら、なんやらで山にも行くし、お店の企画でツアーもして、かつ……お店にもいなければいけないですからね。忙しかったですよ。

でも、一日でも多くお店にいたかったですね。お客さん……学生だけでなく、ほんとに多くのお客さんが訪ねてきてくれましたから。

その当時の山岳部の学生たちというのは、ぱっと道具を買い揃えるのは難しかったと思いますね。掛け売りしてやらないといけないぐらいだったですから。

私が彼らにいったのは、絶対に道具が足らないまま山へ行くなと。お金がないから買わないとかということは絶対にやめろと。掛け売りでもいいし、最悪は俺が金を貸してやるから、とにかく必要な物はちゃんと揃えて行ってくれという話をしたわけです。

私が担当していたのは、ガチャ物といわれるクライミング用品です。これらに関しては、私は自分が使って良いと思った物しか置かなかったんです。

ただ、彼らにはいうんですけど、こういうのに良い・悪いというのは本来ないんですよって。安いからってカラビナの強度が低いとか、そういうことはあり得ないのです。安い・高いの差は、研磨の工程が多いとか少ないとかだけど、それで凍り付きにくいとか、そういう差があるわけです。スリングも太いか細いかなんです。強度は同じなんです。ただ、太いよりは細いほうが使いやすい、強度は別に変わらないけどねという話になります。

だから、選び方の問題で、細いのは高いから、全部細いのにする必要はないけども、五本買うのだったら二本は太いので、三本は細いのにするとかという考え方をしたらと。全部、太いのだとやっぱり使いにくい。ハーネスだって、体に合うかどうかの方が大前提ですが、構造的に、我々がするクライミングに適さない形とかあるんですね。そういう物は置かなかったです。私が、アルパインを中心にかなり偏った登山をしていましたから、かなり偏った商品構成だったと思いますが、自分が使ってみて良かった物しか置かなかったんです。相当、わがままだったですが、そのかわり自信をもって売っていました。それに、登山研修所で学生のことをみていましたから、彼らの合宿で使いやすい道具が、必ずしも流行の道具でないことも知ることができましたしね。まあ、クライミング用品に関しては、それでいいんですが、ウエアとかになると、今度は好きな色とかありますので難しいと思いますけどね。

でも、クライミング用品が核となっていて、そこからいろいろな物が展開できるようになったと思います。

まあ、一応、良い店員だったんではないですかね？

痩せた理由はそんな忙しさのせいもありました。

第八章　豊かな友人たちとの山行き

（この章取材　２００８年４月28日から三日間）

２００３年・カンチェンジュンガ敗退

カンチェンジュンガは２００３年に一度挑戦して、敗退してるんです。

２００３年は、結婚のすぐ後ですが、妻は山に行くことに関しては何も言わなかったですよ。妻には、確か、結婚する時点でもう既に来年行くという話をしていたんだと思います。毎年、出かけていくから、うちの妻にしてみれば、そういう人だと思っているんでしょうね。そのへんのことをうちの家内に聞いても明確な答えは出てこないと思いますよ。たぶんね、私が行っている山が地球上のどこにあるかも正確には知らないかもしれません。

もしかしたら事故を起こすとか、死ぬかもしれないということも、分かってはいても、現実に起こるとは、この間の事故まで考えてなかったと思います。

この間の事故では、驚いただろうし、心配……したとは思いますが、どれほど、緊迫してたのかはよくわからなかったと思いますね。私が生きていることがわかってましたから。

現地の情報は刻々と妻に入るわけじゃなかったですし。雪崩にあったけど、大丈夫だからという情報が先だったと思います。彼女は長いこと医療の現場にいましたから、冷静を保つことが出来る人だと思います。

そういうことは、事務局の人たちが慣れていますからね。事務局のウエック・トレックは、三人の方がメインでやっておられるんですけど、古野さん、貫田さん、もう一人稲村さんという女性で、古野さん、貫田さんは、二人ともエベレストの登頂者なんです。いろいろな登山登山の本質をご存じの方たちです。もちろんエベレストだけではなくていろいろな登山をしてきた人で、登山のリスクというものをちゃんと理解して、長いこと登山にかかわってきているから、これまでにも事故の対応を経験されてきているんです。そういうのもあって、事務局が的確な事故対応をしてくれたので、あの雪崩のときは、妻もそう慌てたりパニックになったりはなかったんじゃないですか。

古野さんが、情報を逐一、日本の関係者や医者の先生たちに流したり、いろいろな所への交渉を徹夜で続けてくれました。古野さんがやってくれなければ、私は帰って来れなかったと思いますよ。

この年のカンチェンジュンガが失敗だったのは天気がむちゃくちゃ悪かったんです。

待機時間が長くて食料がなくなって、もう時間切れという感じでした。期間は二カ月です。C3、7400メートルぐらいまで行ったんですが……それで断念して帰ってきまし

2003年カンチェンジュンガ　北面　アイスビルディングにて　竹内　©ラルフ

た。その終わった時点で、来年はシシャパンマの南西壁とアンナプルナという話が出てました。

あと細かいやりとりはメールですればよかったんです。

で、翌年の4月にまた出かけられるように、帰国すれば、会社に戻って働きます。

2003年のカンチェンジュンガは、登れませんでしたけど、私にとってはすごく意義深いものでした。ラルフ、ガリンダと行ったプライベートでの登山の第一回目なんです。今はラルフ夫人です。ガリンダ・カールセンブラウナーは1970年12月13日オーストリア生まれで、ヨーロッパで最も有名な女性クライマーの一人ですね。（2011年達成）

トル峰11座に登頂してます。十三歳から登山を始め、1994年のブロードピークから、8000メートル峰11座に登頂してます。そのうち5座は私と一緒です（登頂記録は2008年当時）。女性初の14サミッターに最も近いクライマーで、ヨーロッパで最も有名な女性クライマーの一人ですね。（2011年達成）

ここから私の登山スタイルが変わってきました。ラルフが私をお客さんじゃなくて、パートナーとして、友達として登山に誘ってくれたというのが大きな境目ですね。ラルフ達が私を友達として山を登るのに楽しいと思って選んでくれたんだと思います。考えてみれば、ラルフだってすごい決断だったと思いますよ。私みたいな日本人を誘うというのは。

気心は知れたとはいっても、それだってね、やっぱりカンチェンジュンガというあれだけ難しい登山に、私を呼ぶというのは。英語だって上手じゃない。その辺がやっぱりラルフも私のことを、よく見てくれてたんですね。

アンナプルナ

※アンナプルナ（8091メートル）所在地＝ネパール
人類が初めて登頂に成功した8000メートル峰
◆初登頂＝1950年、フランス隊　モーリス・エルゾーグ、ルイ・ラシュナル
◆竹内洋岳の登頂＝2004年5月28日、北面　フランスルート（一部オリジナル）　アルパインスタイル　無酸素

2004年はシシャパンマの南西壁へ行って敗退して、アンナプルナへ登ってます。この頃は二つ三つ登れるチャンスがあるなら行きたいということで、最初から継続して登る計画を立てていました。

最初、シーフェン・ピークという7200メートルの山へ登って、順化をして、シシャパンマの南西壁を狙ったんです。南西壁が一番のメインだったんですけど、壁の途中でラルフが落石に当たってしまったので登山を終了してカトマンズへ一回帰って、アンナプルナに登ったんです。

それで、アンナプルナが終わった時点で、ラルフが、この後、ガッシャブルムへ行くんだけどヒロも行かないかって誘われて、行きたかったんです。

それで、石井スポーツにもう二カ月休みますと電話をしようかと思ったんですけど、や

っぱり一回帰って、直接ちゃんといったほうがいいなと思って、帰ってお願いをして、またパキスタンに戻ったんです。

会社も困ったでしょうね、四カ月もいないんですから。

２００４年は、四カ月半ぐらいの間にシーフエン・ピークに登って、シシャパンマの南西壁へ登って、アンナプルナへ登って、ガッシャブルムのＩ峰を登って、Ⅱ峰を登って、あわよくばＫ２まで行くつもりでいたんです。

結局、登れたのは、シーフェンとアンナプルナとガッシャブルムのＩ峰だったんです。でも、予定としては、Ｋ２まで行ってもいいぐらいのことを考えていたんです。

このときのメンバーはラルフとガリンダと私と、スイス人のロバート・ボッシュというプロカメラマンですね。この四人でシーフェンへ行ってシシャパンマの南西壁に行って、敗退して、

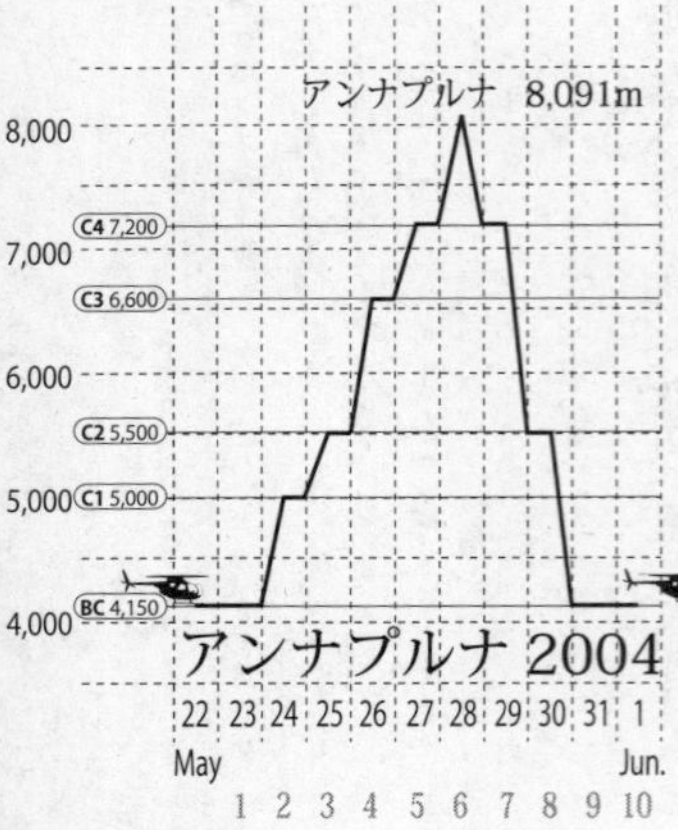

ロバートは帰っちゃった。彼は最初からそういう予定だったんです。

その後、私とラルフとガリンダでアンナプルナに入って、アンナプルナで先に登山を始めてたイタリアのシモーネ・モロとカザフスタンのデニス・ウルブコと、ロシアのボリス・コルシュノフと一緒に登山をしたんです。一緒に行っても、まあ、みんなバラバラで、結局、頂上に行ったのはラルフとガリンダと私の三人で、私たちが登った翌日にシモーネとデニスが登頂したんです。

いままでで最悪の登山はアンナプルナですね。いやぁ、恐かった、恐かった……。

この登山が始まる前に、ベースキャンプでみんな食中毒になったんです。そういうこともあるんです。それで、私だけなかなか治らなくて、あのときはもう本当にあんなに吐いたのは初めてでした。胃痙攣《けいれん》になりました。それでも登りましたけどね。絶対、どこかで治るだろうとは思ってました。上の方へ行って治りましたよ。なんとなく治っていくんです。食中毒は、みんななったんですが、私だけ回復のスピードが遅かったんです。ベースキャンプで中毒になるというのも十分考えられます。原因は卵だったんじゃないですかね。一人を除いて全員が倒れましたから。

シシャパンマからエベレスト・脳血栓

※シシャパンマ（8027メートル）所在地＝中国
チベット側の呼び名「シシャパンマ」は「牛も羊も死に絶えて、麦も枯れる地方」。長い間、ネパール語で「聖者の住居」を意味する「ゴサインタン」と呼ばれていた。中国が外国登山隊を排除していたため、初登頂が遅れた
◆初登頂＝1964年、中国隊　許競ら十人
◆竹内洋岳の登頂＝2005年5月7日、アルパインスタイルで南西壁から登頂。北面への初トラバースに成功　無酸素

2005年がシシャパンマとエベレストです。シシャパンマからエベレストに継続したのですが、私がエベレストで死にそうになって、敗退しました。

エベレストで倒れたのは、脳血栓だったらしいんですね。疲労からきているのではないかなと思いますね。

あのとき、ガリンダが私に打ってくれたデキサメタゾンというのは、ステロイド剤ですね。救急医療の現場では何にでも使うらしいですよ。意識を失った、呼吸困難になった、痛みが酷いとかというときには、とりあえずあれを打つんです。

だから、デキサメタゾンで助かったというよりは、デキサメタゾンを打たれたことで、

ちょっと生きながらえた。その間に血栓が溶けて動いて、また意識が戻ってきたんだと思うんです。

ラルフもガリンダももうだめだと思ったらしいですね。抱えられるようにしてですが、なんとか自力で降りたんです。あそこでは自力で歩く以外にないんです。7500メートルを超えてましたから。記憶は、途切れ途切れですが、ラルフに俺を眠らせるなとか言ったらしいですね。

それでもあれは応えました。

次の文章は私が後になってそのときの事を書いたものです。

2005年5月28日（土）

インドチームのテント群を過ぎ、二日前までノルウェーチームがテントを張っていた7700メートル地点が我われのテントサイトだ。見上げるとガリンダがまさにその場所に着いたところだった。ヒロー!! ここ! ここ! ガリンダが叫びながら手を振っている。OK!! ガリンダに向かって手を振りかえした……その時……頭の後ろの奥のほうで、ジジジッッッとラジオに入る雑音のような痛みを感じたのだろうか……手を振っているガリンダの姿は一瞬、白黒になりノイズが入ったようにぼやけピントが合わなくなった。

あれっ? おかしい!

そして、自分の体が息をしていないことに気がつく……心臓の鼓動がいやに大きく聞こえる。溺れたように激しく息をあえぐ……。岩に寄りかかり、肺に酸素を送り込もうと無理やり息をするが続かない。ヒザが折れようとするのをこらえているのが、ツライ……。あぁ、どうしたんだ？　どうしたんだ………。

遠くから声がする……。ヒロ！　どうした?!?!　ラルフだ。腕を支えられているのだろうか？……。

「わからない……」

ラルフが叫んでいる……。ガリンダー!!　降りてきてくれ!!　ヒロがおかしい!!!

「わからない……」

今度はガリンダの声が遠くから聞こえる……。

ヒロ！　バックパックを下ろして！　私が持つから！

「ノー!!……」

まるでシャッターが落ちるように記憶は途絶える。

気がついたときはあの見えたテントサイトに私のバックパックに入っていたはずのテントが建ち、ラルフが私を中に引きずり込もうとし、ガリンダが私の靴を脱がしているところだった……。

3人分のスリーピングバッグに包まれた私にラルフがテルモスのお茶を飲まそうとしていた。そのお茶を二口……三口……飲んだ、その途端、胃の中でミキサーが回ったようにそれは熱くこみ上げてくる！

転げるようにテントの外に顔を突き出し、吐き出す！　飲んだお茶をそのまま吐き出す、その次はすっぱい茶色い液体を吐き出す、そして、どす黒い血を吐き出す。そして、もう一度……。

突っ伏したままの私をラルフとガリンダが引きずりいれる。頭が割れるように痛い！　痛さで意識が遠のくほどに痛い！　ガリンダからアセタゾラミド（ダイアモックス）と痛み止めを渡され、それをお茶で飲みこむが、すかさず吐き出す。チクショウ！　こんなゴミ溜のようなところで死ぬのか！　クソ！　クソ！　クソ！

なぜ⁈　なんで⁈　たかが7700メートル、なぜ⁈⁈　頭痛と溺れたような激しい呼吸に何度も意識が遠のく。

ラルフ……写真を撮れ……ビデオをまわせ……早く……記録に残すんだ……いいから……（ここからは本人の意識と記憶が途切れ途切れなので後に得たラルフ、ガリンダからの情報を含めお伝えします）。

さらにラルフがアセタゾラミドを砕いてお茶に混ぜて飲まそうとするがこれも吐き出す。意識は途切れ途切れとなり、脈拍は7700メートルにいながら50を割り込むまでに落ち、体はどんどん冷たくなり、硬く動かなくなっていく。

ガリンダが衛星電話でオーストリアの知り合いの循環器のドクターに電話をして状態を話し、指示によりデキサメタゾンを注射する。ラルフ（元薬剤師）が私の腕をまくりガリンダ（元看護師）が静脈にデキサメタゾンをゆっくり注射していく。

液剤が血管に流れ込んでいくのがわかる……それが波紋のように体に伝わり、それが頭に達したとき、吐くような頭痛となって体全体を縛り上げるように押し寄せてくる。あまりの痛さと、遠のいていく意識……息が出来ない……うぅ……息が出来ない……。吸い込まれた息が吐き出せない！　胸をかきむしるように手が痙攣し、視界は薄れていき、そのまま、呼吸停止！

竹内洋岳、ここに死す！　享年三十四歳。

ヒロ!!　息をしろ!!　息をしろー!!　ラルフが私を抱え起こし頬を叩く！

ぶはー!!　吐くように息を吹き出し、むせ返して、溺れたような荒い息を吹き返す。

再び、ガリンダがドクターに電話し指示によりカプセルに切れ目を入れたアダラートを舌の下に押し込む。甘苦い味だけがわずかに記憶に残る。

どれほど時間がたったのだろうか……目は見えているのか？　視野に入る様子は見えているのか、見ているのか？　それとも夢なのか？　体はまるで浮いているように実体感がなく、体の感覚が無い……。

遠くから声が聞こえる……ヒロ！　ヒロ！

霧のかかったような視界の中に自分の手が見える……それは誰かがしっかり握っているが、握られている感覚は無い。

ヒロ！　ヒロ！　ガリンダよ、見える？　その手の向こうにガリンダの泣いている顔が見える……。

「Yes……」

なんか喋って。

「I'm sorry……」

謝らないで……。

ヒロ！　謝るなよ。去年、謝るなって言ったのはヒロだろ……もう片方の手を握る先にはラルフの顔が見える。

「I hate me……」

そんなこと言うなよ……みんな、ヒロのことが好きだよ……大丈夫だよ、きっと薬が効いてくる……。

体は、まるで冷凍肉の塊のように動かない。できるのなら自分の体を脱いでしまいたい。全ての感覚がまるで他人の体を借りているかのようだ。ラルフの声は遠くから聞こえ、視野は霧がかかったようで、見ているのか、見えているのか、それでもそれは記憶の一部なのか区別がつかない。視野に映るのは無意味な写真のようで、それを漠然と眺めているようだ。

「ラルフ……、たぶん……たぶん……、下りられない……」

ああ、今日は下りられない。明日の朝になれば下りられるよ。一緒に下りよう。大丈夫だよ……ラルフが笑ってみせる。

起きているのだろうか？　眠っているのだろうか？　頭の中はまるで放送の終わったテレビ画面のノイズのようで、まるで砂嵐と電磁嵐が吹き荒れているようだ。

意識は遠のいたり、近づいたりで、遠のいていくときは、もうこのまま戻らないのかなとも思う。

「ラルフ……もし、目を閉じてしまったら必ず起こしてくれる？……今、目を閉じてしまうと、もう二度と目を開けられないような気がするんだ……」

大丈夫だよ……大丈夫だよ……そばにいるから……。

まるで夢と現実の区別がつかないままに時間が過ぎていったようだ。起きているのか、寝ているのか、テントの生地を通して見える黄色い光は明るくなったり、暗くなったりを繰り返していたようでいつ夜になり、朝になったのかはわからない。テントは強風で時おり半分までにひしゃげ、雪が生地を叩く音がする。

2人に抱え起こされ、お茶を手渡される。お茶はなんとか胃に収まる。

ヒロ、どうだい？

相変わらず頭痛がするが意識はしっかりとしている。

「ははっ……、ゾンビみたいだろ……」

よかった……やっと、少し笑ったね……下りられるよ。さあ、行こう。

「独りで、独りで下りられる……。もし可能性があるのなら、二人であがってくれよ。頼むよ」

アンタ！　ナニ言ってんの⁇　昨日一度死んだのよ‼‼　ガリンダに怒られる。

スミマセン……。

この天気では無酸素で8300メートルのラストキャンプにだって入れないよ。下りよう。今回、我われにチャンスはないよ。

ラルフの言葉にただうなずくしかなかった。

固まってしまった体を無理やり動かそうとすると、さらに息が荒ぶり、そして頭が爆発しそうになる。痛み止めを二倍分飲んでゆっくり、ゆっくりテントを這い出す。外の風は結構強く、時おり雪つぶてに顔を背ける。

そして、私を真ん中にして三人はゆっくり、ゆっくり下り始めた。あの陽の当たるノースコルを目指して。あそこまで行けば太陽が体を溶かしてくれるだろう。

その日になんとかABC（アドバンス・ベース・キャンプ）まで下り、翌日には北壁側の自分たちのBCにもどることが出来た。標高が下がれば下がるほどに体は回復し、頭痛は消え、呼吸も楽になっていき、記憶からもそれが忘れ去られていくようだ。しかし体の疲労度はひどい。わずかな登り返しに目の前が真っ白になる……。

BCに着いたとき、全てを、力、気力の全てを吐き出すように、ため息が出たかと思うと体の力が抜けたようにひざをついた。そしてとたんに寒くもないのに体がガタガタと震え始めた……。

死んだ……。あれは間違いなく死んだ。そして、ラルフとガリンダと一緒でいなかったら、間違いなく今、ここにはいない。間違いなく……。

超多忙な日々

その頃は、山から帰ってきたら、すぐお店へ戻っていました。そのときも、具合が悪いといいながらも日本に帰ってきて、一週間ぐらいで店に戻ったんです。

お店には、私が誘ってきた、法政大の山岳部出で、ずっと私の元でやっていた相原くんがいて、留守中は基本的には彼に任せていたんですよ。私は出ちゃうことが多かったから、彼に仕事をシフトしていったので、彼は私がやっていた仕事を全部やっていたわけです。そして、私はどちらかというと、もうちょっとおおまかな事を受け持っていたんです。ところが、私が戻ってきたということで、彼が別の店舗に引き抜かれて移動しちゃったんです。

そうしたら、私が、彼の仕事から自分の仕事まで全部やらなきゃいけないことになっちゃったんです。すでに、学生やらお客さんは増えていましたし、調子の悪いのに、二人でやっていた仕事を急に一人でこなさなければならない状態になっちゃって、本当に過労死するかと思いました。

はたから見れば大して忙しくないんでしょうが、明らかに体の変調が出てくるわけですよ。口内炎は五つも六つもできるし、汚い話ですけど、なんだか、白色に濁った見たことのないような、小便がでるんですよ。

それで、どんどん痩せていっちゃうし、これはヤバイと思って、9月ぐらいに、「大変申し訳ないですけど、辞めさせてください、体がおかしいので。もし、辞めて迷惑がかかるならアルバイトにさせていただけないですか」って話を会社にしたんです。

そうしたら、会社で契約を変えてくれたわけです。もうお店には立たなくていいと。それに合わせて、相原くんを、新宿西口店に戻してくれたわけです。

それで、まずは体を治しなさい、そして登山に専念しなさいと、そういう契約にしてくれたんです。すでに、横田さんは、会長になって現場から退いていましたが、社長の松山さんが、私のことを引き受けてくれたんですね。本当にありがたかったです。

ここまでは、休職をして山に行っていました。休職中はお給料は出ないですよ。ただ、会社は非常に好意的で、休んでいる間の社会保険とかは立て替えておいてくれてたんですね。帰ってきてから、働いて出たお給料からその分を引いてくれてたんですね。それぐらい好意的にやってくれました。

1998年から勤めて、1999年にリャンカンカンリへ行くので二カ月休んでます。2000年はカナダのアルバータ峰（3619メートル）へ行くのでやっぱり一カ月ぐらい休職して、2001年はナンガパルバットで二カ月休職してます。ずっとそうです。

普通の会社は、休職もできないんです。そんなら辞めて行けというだけの話です。だけど、休職扱いにしてもらっていましたから、それだけでもありがたかったんです。

出発する前々日ぐらいまでお店にいて、休んで山へ行って、帰ってきて二日ぐらいしたらすぐにお店に出てきてというのを毎年繰り返していたんです。

お店の定休日はないので、一カ月単位で、みんなで休みのシフトを組むんです。だから、休みをためるために一カ月休まずに働いたこともありました。

ほかにも近所の山には適当に行ってましたよ。

2005年まではやっぱり忙しかったんです。まあ、山へも行きながら、仕事はできるだけ休まないで働いて、さらに、テレビの仕事も受けてましたから。

山に関わるテレビ番組の手伝いです。私のまわりの人がそういうのを紹介してくださるわけです。

テレビ局で、今度こういう番組で山を撮りたいと思うんだけど、どこがいいでしょうかとか何とかという話があると、私がアドバイスをして、道具を揃えてもらうんです。いろいろなのをやりましたけど、一番大きかったのは、日本テレビでやっていたバラエティ番組で、『ウリナリ!!』という番組があったんです。あそこにマッターホルン登頂部というコーナーがあったんです。嫌がるタレントさんを山でしごいて最終的にはマッターホルンに登らせるという。あの人気のダンス企画のあとのプログラムです。これを二年間やったんですよ。私はそこにリャンカンカンリで一緒だった、国際ガイドの角谷さんと一緒に講師として出演してたんです。

2000年にカナダに一緒に行った熊崎さんが私を推薦してくれたんです。

番組は毎週なんで、それに合わせてロケハンして、本番を撮って。それを、プロデューサーさん、ディレクターさん、角谷さん、熊崎さんとでやっていくんですけど、実務的なことは私が企画段階からアドバイスやら内容的なものやら、あと安全確保のための道具や、タレントさんの装備の手配とかというのを全部やっていたんです。

道具を揃えるのは、すべて石井スポーツで買ってもらったんです。テレビだから、変な物は使えないわけです。中古も使えないし。テレビに映っているのは、タレントさんの四人と角谷さんと私の六人なんですけど、一回のロケ、例えば、八ヶ岳とか北アルプスでロケしたときに、撮影に携わっている人というのは百人ぐらいいるんです。車両さんからスタイリストさんからマネージャーさんからメイクさんとかまでいて、それだけじゃなくて、それぞれのタレントさんをあらゆる角度から撮らなければいけないから十人ぐらいカメラマンが必要なんです。そのカメラマンには、音声さんが付いていて、そのカメラマンさんが落ちたりしないように、安全を確保するガイドさんをお願いして、さらに道具を運ぶボッカさんを雇うわけです。学生をね。その学生が二十人とか三十人とかいるんです。そうすると、トータルで百人以上です。

それが毎週、移動するんです。タレントさんをはじめ、カメラマンさんとかディレクターさんとかだけだって三、四十人ぐらいいるわけですよ。その人たちにも登山靴を履いてもらわないといけない、登山の格好をしてもらわなければいけない。

冬山に行くときは、とにかく全部、頭からつま先まで、防寒具とかピッケルとかアイゼンとかも揃えなければいけない。それはそれはすごいことになってました。

だから、プラスティックブーツだって三十足とか、アイゼン四十台とかピッケル五十本とかって発注書を書くわけですよ。しかも、まあ、テレビってのは、なににしても急なんで、かき集めるのが大変でしたね。これが必要です、必要ですって私が選んでました。すごい量でしたよ。

ウッチャンというのは内村さん。ナンチャンは南原さん。南原さんはこの企画とは別でした。あの番組は内村さんのパーティーと南原さんのパーティーで別れていて、南原さんは来なかったんです。メンバーは内村さんと、ウド鈴木さんと、よゐこの濱口さん。堀部さん、元プロテニスプレーヤーの神尾米さんです。私は、芸能界のことは、そのときまで、全然知らなかったんですよ。

ドーバー海峡横断の次がマッターホルンだった。海をやったから次は山だという話で山の企画になったんです。

そういうわけで、辞めることもなく、店には出なくてもいいと。山登りに専念できるようにしてもらったわけです。そういう意味では、このときからプロの登山家になったわけです。

低酸素との闘い

超高所登山で、一番問題なのは低酸素です。私の場合は、筋力トレーニングをしたり、泳いだり走ったりして、筋肉をつけたりしても、あまり意味がないんです。

私がやっている登山というのが、筋肉はそんなに使いませんから。むしろ、自分の体を重たくしない方がいいんです。そういう意味では、トレーニングよりはコンディションをいかに整えるかが大事なんです。

エベレストで具合が悪くなって以来、やっぱり体の回復力はすごく気になります。

エベレストの後は、本当に半年ぐらい具合が悪かったですね。あれは疲労と低酸素症からきたものだと思います。呼吸も止まってましたし、一回死んだような状態だったと思うんです。まあ、なんとか下山は出来ましたが、あの後は食べても味はしないし。高気圧酸素治療とかもしたんですけども、だるい、集中力がない。これはおかしいぞと思って、精密検査を受けたんです。

そうしたら、白血球数がすごく下がっていて、異常な数値になっていたんですよね。免疫力が低下している状態でした。

そのときは、志賀尚子先生に診てもらいました。マカルーの時のチームドクターで、その後南極越冬隊に参加したお医者さんです。私の血液検査の結果を見て、あまり白血球数が落ちているので、エイズじゃないのと。身に覚えはないですけど、それでも先生に勧められてエイズ検査もしましたよ。もちろんエイズじゃなかったんですけど、それぐらい免疫力が低下している状態だったんです。

なぜ、免疫力が低下してたのか、具合が悪かったのかはちょっとわからないですけどね。低酸素から来るものには違いないでしょうね。低酸素なのか疲労なのか、脳血栓が起きたことで何か体の中のバランスが崩れたのか、それは全然わからないです。でも、とにかく調子が悪かったんです。

エベレストから帰って毎日のように高気圧酸素治療をしました。

エベレストで倒れたのは高山病というか、脳血栓です。

日本に帰ってきてCTを撮ったんですよ、ノエビアの登山で一緒だった、高所医学専門の塩田先生に調べてもらったら、何も痕跡は残ってないんです。血栓は溶けてしまいますからね。だから、詰まって意識を失って倒れて、それが幸いにも溶けてまた動いたのだろうと。そういう症状というのはたまにあるわけです。大きな意味で言うと高山病だと思うんですよね。低酸素であったり水不足であったりとか、脳の中で起きた脳血栓による一過性の脳梗塞。

帰ってきた時点で、脳の中に何の痕跡もないし、後遺障害もないんです。

ただ、先生が言うには、脳に一瞬でも問題が起きると、人間の体というのは、脳を守るために血流を脳優先にするんだそうです。

そうすると、体にはすごいダメージを与えるわけです。人間の体って、とにかく脳を守るためだけに動いているわけです。なので、もし、そういう危機的な状態になると、脳や脊髄を中心として、遠いところから切り捨てていくんです。だから、指先から凍傷なんかになるんだそうです。

高所で一瞬でも脳に異常が起きれば、それによって体は相当なダメージを受けるんです。

その後、治療が効いたのか、白血球の数値は上がってきましたね。いまは普通です。健康診断では血圧が低いぐらいでどこも悪い所はないです。

プロの登山家へ

そんなこともあって、石井スポーツとは新たな契約にしてもらいました。店に出ることなく、登山に専念する環境を作ってもらったんです。プロの登山家という意識がはっきりしたのは、店に立たなくなったことが大きかったですね。

翌年、カンチェンジュンガに登って、ローツェへ登ってという、連続で登山をしたときには、ああ、自分はいま、山だけをやっているんだなという感じはすごくありました。カンチェンジュンガが終わった後、ヘリコプターに乗ってローツェのベースに入っていくとき、ヘリの爆音の中で窓から山々を眺めて、自分は登山に生きているという感覚が強くわきあがってきましたね。

理想的なのは、もう高度に体が慣れているのだから、すぐにでも移動してチャンスをつかみたいということでした。でも様々な理由があって、普通は勤めがあったり、経済的な問題もあってそれはできない。でも、ラルフたちが、そういうふうにやって山から山へ移動していく様子を見て、ああいうやり方もあるんだと知ってしまって考えが変わりましたね。

それ以前も、ラルフといろいろな所から継続登山してましたけれども、そのとき、カンチェンジェンガからローツェに継続したときというのは、ああ、山に生きている、山で生活しているという感じがすごく強かったですね。

お金に関しては、別に山に行くとお給料が増えるわけではないですけど、山にいく分のお金に関しては、基本的にはスポンサーから提供されている金額の中で考えられるようになりました。いろいろなものが2005、6年以降から動き始めてきたわけです。

これはとても大きかったと思います。

山のために、それが必要か不必要かというのが、線引きが意外とはっきりしたというのがあると思うんですよね。

この2005年の契約が境目になって、プロの意識を確立できたと思いますね。契約だけが私にプロとしての意識を与えたかというと、微妙ですけれど、ずっと山登りをしていきたいなという感覚ではなくて、山登りで生きていこうという覚悟をしたのかもしれません。

スポンサーというもの

私は山に行くときには、メーカーから提供してもらう物もありますけど、それ以外の装備は、自分で購入します。まあ、社販ですけど。石井スポーツが、通常に仕入れているものを、石井から提供してもらうことはありません。石井が損してしまいますからね。

石井スポーツから提供してもらってるのは、石井スポーツが代理店をしているヴァランドレとオリジナルのテントです。現在、メインウエアはマムートに提供してもらってます。石井スポーツに入ってから、自分で気に入って買っていたウエアはマムートでした。その様子を見てマムートの担当者さんが、商品提供を申し出てくれたんです。2003年からですから、まだたいした実績もないような私に声をかけてくれて、本当にありがたかったですね。マムートで足らないものは、ヴァランドレなども着てますが、それ以外のウエアを断りなく着ることは絶対にないですよ。スポンサーってやっぱりそういうものなんです。ちゃんと使わなければいけないんです。商品提供と資金提供は、どちらもスポンサーですが、私は分けています。

スポンサーから提供されている資金は登山費用です。そして、石井スポーツからのお給料を、基本的には生活費に当てていて、原稿料とか何とかというのは、やっぱり多少あるんですよね。そういうものが自分で使うお金になっているんですけど、実際には少し曖昧になってくるんですね。

なぜかというと、山登りも日常的な経費がすごくかかるんですよ。通信費とか、資料を作ったりとか意外とお金がかかるんですけど、そういうものは、自分のお金、もしくはスポンサーからのお金の一部を当てています。

スポンサーからいただいたお金を私個人の口座へは入れないようにしているんですよ。私が山に行って事故が起こったときに、初期活動でお金が必要です。集まったお金の半分を登山に使ったら、半分はプールしておくわけですね。翌年のためにというのもありますけど、事故が起きたときの初動で、使いたいお金なわけです。

それを、私の個人の口座に入れておくと、お金がごっちゃになって下ろせなくなってしまうんです。それで、別に口座を作ってあって事務局が管理しているんです。

事務局がそこまでやってくれるシステムになっているんです。

スポンサーがいるということは、公的な部分を持っているということです。そのお金というのは、必ずしも私だけが集めてきたお金じゃなくて、事務局の人たちもいろいろ努力してスポンサーから預かっているお金でもあるんです。

事務局の人たちは、ほぼボランティアで引き受けてくれています。

税金は私が払ってます。

２００７年みたいに事故が起きると、事務局が管理しているお金の中から急遽《きゅうきょ》、救援用に支出できるわけです。そのお金で、初期活動をしました。結果的に、トータルでかかった救援費用は七百万円くらいです。ただ、みなさんボランティアでやってくれて七百万ですから、もっと専門の会社とかにお願いしたらとんでもない金額になるでしょう。まあ、結局、結構な赤字なんです、いま。

今の私の登山は、過去みたいに、５月１日から登山が始まるんで、５月１日までにお金を集めなければならないというわけじゃないです。登っている間に集まってもいいし、終わってから集まってもいいわけです。そうしないと、続けていけないんですよ。私の場合は、単発の登山じゃないので、何年も続けていかなければいけませんから、それなりにそういうことを考えていかないといけないんですね。

ジャパンゴアテックス

スポンサーになっていただいている企業のひとつはジャパンゴアテックス（現・日本ゴア株式会社）ですね。素材も提供してくれて。担当の方々もとても応援してくださっています。

以前、岡山の工場での講演を依頼していただいて行ったんですよ。工場で働いている人たちが、日々、ゴアテックスという素材を作っていながら、自分の作った素材がどこでどんなふうに使われているかということを、まったく知る機会がなかったんです。製品はただのフィルムだから、その先でどうなっているのか想像がつかないわけです。

それで、私にゴアテックスというフィルムがどこでどういうふうに使われているかを話してくださいという依頼がきたんです。

そのとき私が話した内容は、高所登山の話をし、こういう環境の中で使われていて、ゴアテックスの開発と同時に世界の登山の質というのが変わってきているんですと言いました。これは確かなんですね。

ゴアテックスが出てきたことで、装備が革新的に変わって、いままで登れないと言われた所が登れたりもするようになってきたんです。

これは、ヒマラヤ黄金時代、鉄の時代、さらに私はジュラルミンの時代と呼んでいますが、私は一つの分かれ道としてゴアテックスの時代というのがあっていいと思うし、ゴアテックスの進歩と一緒に登山が進歩しているという話をしたんです。

私としては、みなさんがゴアテックスを作ってくれていなければ、もしかしたら、死んじゃっていたかもしれないし、こういう登山もできていないんで、みなさん、毎日、ゴアテックスのフィルムを見たときには、私の登山をちょっと思い出してくださいみたいな話を一時間半ぐらいしたんです。

ゴアテックスが開発されて、防水透湿の問題が大幅に改善され、さらに装備が軽くなったりということは、すごい画期的なことです。ヒマラヤのアルパインスタイルを推し進めた、ダグ・スコットの登山をまとめた『ヒマラヤン・クライマー』のページをめくっていくと、彼のウエアに大きなゴアテックスのロゴワッペンが貼り付けられている写真が出てきます。やっぱりゴアテックスが開発されて世の中に出たときに、彼らをスポンサードしたんですね。

もう既にゴアテックスの評判というのは、すごく良かったんですけど、彼らのような、登山の世界を切り開いていく者をスポンサードするという気風もあったんだと思います。いままで登れないといわれていたところが、いろんな道具が発明されたことで、氷や岩のルートが登られるようになったり、ゴアテックスが発明されたことで、さらに困難な課題に向かっていくことができるようになったんです。

いまのゴアテックスは、どんどん進化しているんです。それは、素材としては非常に面白いですね。鉄は鉄のまんまだし、ジュラルミンもジュラルミンのままなんですけど、ゴアテックスというのは、進化して、世代交代していくんです。あとはそれをどう使うか、使う側が進化しなきゃいけないわけです。だから、私はその講演の中でも話したんですけど、ゴアテックスは人間の体の中にある潜在能力を引き出すという話をしたんですね。

ゴアテックスを身につけることで、本来、生きられないような環境で人間が生きていけるんです。人間の体の中の潜在能力をどう引き出すかということを、私たち登山家は目指しているわけですが、ゴアテックスは一つの答えなんです。最終目標は、たぶん人間の皮膚じゃないでしょうか。実際、ゴアテックスのフィルムというのは、医療現場では、人工血管とか人工心膜シートとか人工硬膜などになっています。ゴアテックスが凄いのは、生体適合性が非常に高くて体内に入れても親和性と安全性が高いんです。人間が作り出したものが人間の体と一体化するんですよ。

ついスポンサーの話に熱中しますね。そうなれるスポンサーですから、うれしいですよ。

日本のプロの登山家

日本で私のように登山だけをする環境で生活しているのは何人もいないんじゃないですか。私は、本当に恵まれていると思います。

思い浮かぶのは、平山ユージさんとか山野井泰史さんとかですかね。平山さんのようなスポーツクライミングには、プロとしてやっている人は結構いるようですね。でも自分で登山家とは言わないだろうな。つまり、登山やクライミングのプレイヤーってことですかね。皆さん、本などもずいぶん出ていますし、ときどき講演会をやっているけど、基本的にはスポンサーからの資金とか原稿料なんかじゃないですか。支えてくれているのは、個人的な結びつきからのスポンサーもあると思いますが、それ以外にも、メーカーであったり、登山業界以外の企業だったりだと思います。平山さんはヨーロッパでも広く知られていますから、ヨーロッパのメーカーが直接スポンサードしているのもあると思いますよ。日本の場合、ヨーロッパの登山用品は、多くが代理店を通してますから、資金提供をするスポンサーにはならないでしょうね。

私も、ジャパンゴアテックスやカシオ計算機株式会社という企業との契約をしているから、まとまったお金を得ることができるのです。

カシオとは、1999年からかな。以前は、商品提供だったんですが、プロトレック（腕時計のブランド）の十周年モデルが発売されたのを機に、次のモデル開発に向けて、私がアドバイスをすることになったわけです。

そこからスポンサー契約にしていただいて、現在は、年間で契約をしていただいています。ありがたいことに、私がアドバイスに参加をして作ったモデルがとても評判が良くて、売れたんです。すごく嬉しかったですね。

私が最初にミーティングに参加したとき、技術者の方々を前に、こうしたほうがいいですよ、ああしたほうがいいですよ、と言っても、みんな逆の反応をするわけです。それはセンサーの都合だとか、基板の都合だとか。やはり、開発者と、ユーザーとの壁があったと思います。だけど、そのなかで、私が、プロトレックのワールドタイムの設定に、カトマンズの時差設定がないのはおかしいですと言ったんです。インドのデリー、パキスタンのカラチはあってもカトマンズが入っていないわけです、ネパールがないわけです。

プロトレックの高度計は1万メートルまで計測できるようになっているんです。つまり、8000メートル峰で使うことが前提になっているはずです。それなのに、8000メートル峰があるネパールの時差設定がないのは、おかしいですよね。だから、8000メートル峰とはこういうとこにあるんですよという話をしました。日本とネパールの時差は、三時間十五分です。多くの国は一時間単位なので十五分ずらすというのも技術的に難しいことなのかなと思ってたんですけど。そしたら、それは、皆さん、忘れてたっていうか、知らなかったというか。そこから、彼らも、私と一緒にもっと真剣に作ろうという話になってきたような感じがします。技術はあるんですから、それが進む方向にルート工作するのが私の役割なのかもしれません。

アイデアと技術が形になる物作りに参加できることは、本当に嬉しいし面白いですよ。

2006年 カンチェンジュンガ再挑戦

※カンチェンジュンガ(8586メートル)所在地=ネパール・インド

ネパール東部とインド国境にあるシッキム・ヒマラヤの中心をなす山群の主峰。山名はチベット語で「偉大な雪の五つの宝庫」を意味する。1954年にエベレストが最高峰とされるまで、世界一高い山とされていた
◆初登頂＝1955年、イギリス隊　ジョージ・バンドとジョー・ブラウン
◆竹内洋岳の登頂＝2006年5月14日、南面　クラシックルート　無酸素

2006年のカンチェンジュンガはラルフと計画しました。

やりとりは基本的にはメールで。英文です。私は英語は得意になりませんね、全然。でも、英作文をしなきゃいけないんで、もう大変でした。辞書を引っ張り出してひいたり、電子辞書とか買いましたよ。

お金に関わることや、難しい内容は知り合いに内容をチェックしてもらったりすることもあります。あとインターネット上の翻訳ツールも使いますが、あれは、油断ならないので注意して使います。

この年のカンチェンジュンガのメンバーは五人でした。私とラルフとガリンダ、そして、ベイカー・グスタフソンと、初めてのメンバーですが、オーストラリアのアンドリュー・ロックです。

その仲間に呼んでくれたというのは、すごい刺激的だったし、みんないい奴らなんですよ。山のパートナーとしてだけでなくて、人としてすっごい面白いんです。ベイカーもア

ンドリューもね。ベイカーは2001年のナンガパルバットと2003年のカンチェンジュンガも一緒でした。

このときもカトマンズ集合で登山が始まって、カトマンズで解散でした。オーガナイザーがいないですから、本当に友達同士として登っていくんですが、ラルフが事務的なこと、費用の計算とかは、やってくれるわけなんですけど、何かそこに商業的なものはないです。

かかった分をみんなで、割り勘で払ったようなもんです。

そのときは登山が長引いちゃって食料がなくなっちゃったんですよ。それで、下の村まで行って何か買ってきてくれと料理係に頼んだときは、お互いポケットから百ドルずつ出しました。そんなだったですね。

無酸素で、登頂しました。楽しい登山だったですね。

14座の意味

これは、取材を受ける度にいうんですけど、まあ、「14」なんていうのは、本来、あまり大した意味はないんですよ。

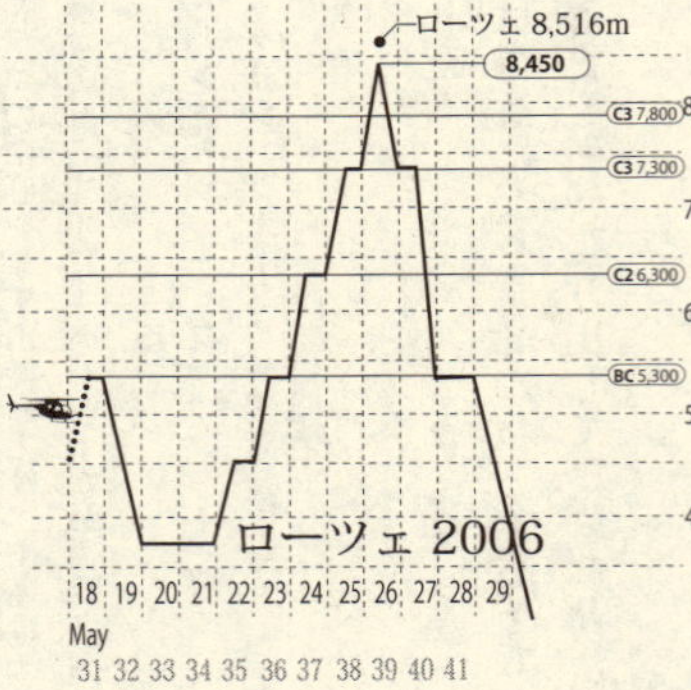

なぜかというと、メートル法の国で言い出したから8000メートル以上が14座の話で、フィートの国ではまた話も違うし、ヤードでも尺でも違ってくるわけです。

そういう意味では、14とか8000とかという数字というのは完全に人間のエゴなんですよ。なので、8000メートル以上の14の山、全てを登るということには、私はそんなに興味はないんです。ただ、この8000メートルの14座というのは、人間が勝手に決めたことなんですけども、山としてすごく魅力があるんですよ。

でかくて、高くて、美しいんですね。

そうすると、そこには人が集まっていきますから、過去の登山史とかドラマとかというのはいろいろなものができます。山は、本来はただの地球の出っぱりだったのが、そこに人が行くことで、地質学的な歴史だけではなくて、全然違った意味の歴史をもって、どんどん魅力を増すんです。

そういう意味では、私は8000メートルとか14座とかはさておいて、その山々に魅力というのはすごく感じ

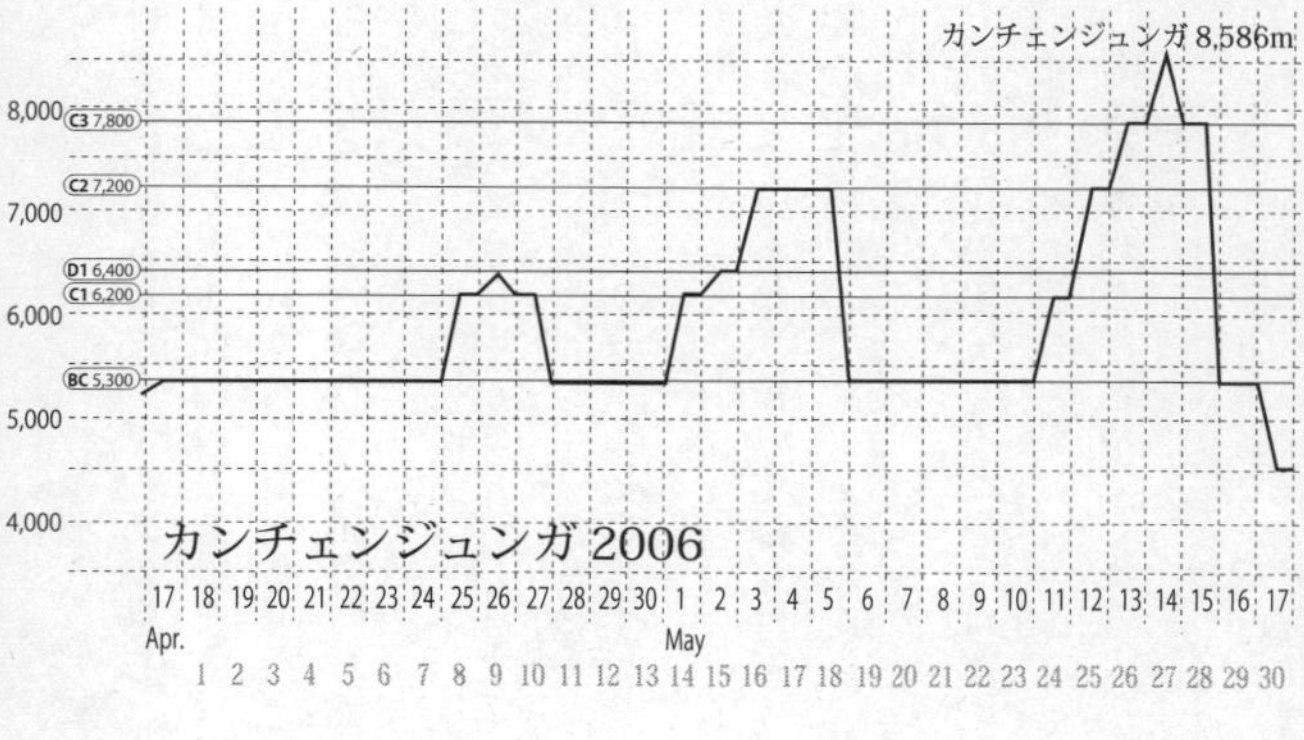

るんですよ。

なにしろ、最低でも14回、まあ、14回では登れませんけど、14回もヒマラヤのあの厳しい環境の中で登山をして、生き延びる。これだけで単純にめちゃくちゃ面白いと思います。やはり14回行ったら、普通だと途中でどうかなっちゃうんです。私も雪崩に遭いましたけど。でも、最後まで死なないで、その目標が達成できるかどうかというのは、面白いんですね。

ただ、もっと低くたって格好良くて面白い山はいっぱいあるんですよ。だから、14座というのは、私の登山のほんの一部です。

山登り自体が私の人生のほんの一部でしかないんです。ただ、ほんの一部なんですけど、すごく大切な一部なんです。

この間、うちの息子が積み木をしているのを見て思ったんですけどね、積み木はどれも一つのパーツだと思うんですよ。でも、それはすごく重要な所にはまっていて、それを一つ抜いちゃうと崩れちゃう。そんな大事な一部が山なんです。

ただ、これからも山登りというものの考え方が、たぶん様々変化が出てくると思うけど、登山は重要で大きくて、ものを考える最大の手段だと思います。

私が目指しているのは、私が14座を登っていく過程で、面白そうだなと思ってくれる人が一人でも二人でも出てきてくれることです。

その過程を、見ていただいて、みんなでその変化も過程も共有できる部分を持っているのが14プロジェクトなんです。

ですから、別に8000メートルに登っているだけじゃなくて、山登りを楽しく、一生懸命やっている様子を私が伝えるいうことが一番重要なんです。

14プロジェクト

私の8000メートル峰の登山の経歴を見ると、難しい山から先に登っているんですけど、別に、それは戦術的にそうしたわけじゃなくて、たまたまチャンスがあってそういう順に登ってきただけなんです。

14座という言葉を出したのはね、スポンサーや、会社へ説明がしやすいというのもありました。それから、応援してくださっている方々に何のために行くのかというとき目標はどうしたって必要なんです。

なぜかというと、別にいままでの登山は、14座を登りますといってやってきたわけじゃないです。ラルフだって、2001年に私と出会ったとき、8000メートルは四つぐらいしか登ってなくて、私も三つぐらいしか登ってなくて、その後一緒に六つ登って、初めてその言葉が出てきたんです。

私もそうですけど、ラルフだって、「14座？　ハア……それなーに」みたいな感じだったんです。たまたま私達が出会って、一緒に6座を登ってきて、知らないうちに、14座に近づいたんです。

2005年のシシャパンマに行くときには、14座なんて、考えてませんでした。私の周りで14座の可能性があるねといってくれた人はいましたけど、考えてなかったですね。私自身が14座という言葉を使ったのは2006年からです。

14プロジェクトを言い出したのも2006年からです。

自分のためだけじゃなくて、どちらかというと、スポンサーや、応援してくださっている皆さんと一緒に盛り上がっていこうみたいな感じでいい出したんです。

目標が、あまり遠すぎても困るし、近すぎてすぐ終わっちゃいそうでも困るんです。だから、2座、3座登った時点で、14座登りますというのも、ありかもしれませんけど、私にはそれはとてもできないです。そんな難しいことは。8座登って、あと6座とかいうなら、14座という感じもしますけど、その山の内容によります。

例えば、登りやすい山を五つ登った時点で14座を登りますというのと、登りにくい所を登っているから14座やりますというのでは全然意味が違いますから。

私の場合は、幸い難しい山から登ってきていて、14座ができる可能性が高いということでした。

大きいグループで登るやり方でないと登れない山を、それも行ってもアタック隊に残れるかどうかわからないわけですから。私はそういう意味では、恵まれたことに良い状況で14座という目標を言葉にしたんですね。年齢的にも可能性があるだろうと。

もう一つ大事なことなんですが、14プロジェクトの本来の意味は、私が14座を登るというだけでは、三割ぐらいの意味しかないんです。

このプロジェクトが発足したそもそもの理由は、私が14座を登ることで、8000メートルとかヒマラヤとかアルパインクライミングとかというものが普及することが大きな目的なんです。

私の登山をきっかけに、山の記事や写真や映像が世に出て、登山をする人、特にヒマラヤや、アルパインクライミングをする人を増やしたいというのが、このプロジェクト発足の大きな理由なんです。

事務局に名を連ねている方々というのは、重廣さんだったり山本篤さんだったり、これまで日本の登山を牽引してきたクライマーの方々です。重廣さんもマカルーで、山本さんもK2で、同じような想いで私を育ててくれたと思います。この人たちの願いというのは、まさにそこにあるわけです。

もし、私が14座に登れなかったら、彼らは、私を見切って別の人材を連れてきて、登山を普及させてもいいと思います。14プロジェクトに竹内という名前を冠してないのは、そういうことなんです。

プレイヤーとして、今は竹内を薦めているんだと。でも、竹内がやらないなら次の人が出てくるよということでいいと思うんです。

プロジェクトにとって、いま一番、効果的なのは、私が14座に向けて登ることなんです。ただ、14座を登り切ったときとか、登れなくなったときには、なんか別にもっと効果的なことを考えなければいけないわけです。

私が最初に14座を登ったら、次の人は全部無酸素で登るとか、全部バリエーションルートでとか、その課題を公開プロジェクト的に投げかけてもいいと思うんです。だから、私が14座に最初に登ったら、次は竹内よりももっと困難な方法で登ってやるという人が出てくれたら、大成功なんです。

そういう良いクライマーが出てきたら、私たちとか事務局がそういう助けを彼等にしたっていいと思うんです。プロの登山家を日本の国がどのくらい抱えていけるかというのは、ある意味、日本の覚悟みたいなもんで、山に対する文化度や理解度の問題が含まれていると思うんです。

第九章　ガッシャブルムⅡ　雪崩

（この章取材　2008年9月22日から三日間）

2007年　ガッシャブルムⅡ　雪崩

ガッシャブルムⅡ峰、ブロードピーク、おかげさまで、背中にシャフトを入れたままで二峰とも登れました。ありがとうございます。

やっぱり、一年前の雪崩を思い出しましたね。

雪崩の時の記憶は、これは事故直後と今とで何の変わりもないんです。

あの時の雪崩は、私が取り付いていた壁のすぐ上から起きたんです。

そのときの状況というのはよく覚えています。事故はドイツで司法的に検証にされましたから、私が提出した状況説明の書類には記憶のまま書きました。

私達の隊は公募隊で、最初は十人くらいいたんですが、天気が悪くて帰国日のスケジュールが迫ってしまって、仕事のある人とか、体調が悪い人とかは帰ってしまって、残っていたのは五人だったですね。

サミットプッシュのとき、五人でしたが、一人は雪が深いし、体調も良くないというので、結構早いうちにC2に戻っちゃったんです。ですから、四人が雪崩に巻き込まれたんです。

私とガイドのディルクと、アーネとアーンツです。アーネはドイツのお巡りさん、アーンツというのがオーストリア人で、なんか政府の偉い人だったようです。それと私。

アーンツが行方不明、アーネは死亡しました。

ディルクは全身打撲状態でしたけど自力で歩けました。

アーネは掘り出された時点ではまだ生きていたんだけど、足が折れていて痙攣をおこしている状態で、十五分ぐらいで亡くなっちゃったそうです。アーンツは行方不明のままですね。

アーネのボディ(遺体)は、C1まで下ろしてきましたが、衛星電話で連絡が取れた家族の希望でクレバスに埋葬されました。家族が登山のリスクというものを十分理解していたそうです。彼が愛した山に埋葬してくれとのことだったそうです。

私が受け取ったメールでは、ドイツで公的な調査があるので、あなたが見た状況を説明してくださいと。英語かドイツ語で書いてくださいとあったので、英語もドイツ語も無理なんで日本語で書くから、そちらで翻訳してくださいといったら、ちゃんと、日本人の公的な通訳の方がいて、その方からメールを頂戴しました。

あなたの証言が必要ですと。

どの順序で歩いていたとか、何時何分だったとか。結構細かいことを書きました。向こうからの質問もずいぶんと細かくありました。何時に出たかとか、出発する時点でどういう会話をしたかとか。

やめようかという会話があったかとか、誰が行くといったのかとか、そういうことを調べたんだと思いますが、実際そんなのはなかったんです。なので、ありませんでしたと書きました。

あの雪崩のことを話しますね。

始まり

雪崩は恐らく11時過ぎ頃だったと思います。雪崩が起きる前、最後に時計を見たのが11時だったんです。それからどれくらいしてから雪崩が起きたのかは正確にはわかりません。そのときの記憶と今の記憶というのは何の違いもないですね。時間が経ったから思い出したこともないですし、時間が経ったので忘れたこともないですね。

雪崩は私の頭上から起きたんですよ。

傾斜が45度から50度ぐらいの所で、私が先頭で登っていて、ディルクが私の左後方20メートルぐらい、アーネとアーンツは、氷のハングの下、右後方にいたんですね。

私が登りながら、アーネとアーンツのことを振り向いて見たし、ディルクにも視線を向けて話をしたんです。声が通じる範囲でした。

そのときは、ちょっとした氷のオーバーハングを越えて、急な斜面に入ったところだったんですね。そこを私とディルクで越えて、荷物を担いでは登れないので、ロープで荷物を引っ張り上げて、私とディルクが同じ斜面に入って、一週間前にスイス隊が設置したフィックスロープを私が掘り出して登っていたんです。

だいたい20センチぐらいの深さに埋まっていたのを掘り出したんです。それでしばらくいったら、スノーピケット（スノーバー）にいきあたったんです、次のロープの支点ですよね。その支点から、また次のロープが出ているので、それを掘り出してアッセンダー（登高器）をかけ直して、またしばらく行ったんです。

そうしたら、そのロープがどんどん雪の下へ潜っていたんです。その上凍っていて引っ張っても出てこなくなったんです。しょうがないので、アックスで掘りながら進んでました。

ところが凍り付いて、掘っても出てこないんです。もうだめだと思って、アッセンダーを外して、しばらくロープなしで行って、もう一回掘れば出てくるからと。そういうこともよくあるんで、それをしようとしたわけです。

だから、ディルクに向かって、掘れないから一回アッセンダーを外して、しばらく上がってから、もう一回ロープを探すからといったんです。

アッセンダーを外して、ゼーハーゼーハーいいながら登っていますから、どれぐらいの時間と距離かというのはちょっと曖昧なんですが、数メートルだと思いますよ。

少し雪が深くなったなと思ったときに、変な音と言うか感触がしたような気がするんです。グッて……。でも、実はね、そういうことって別に珍しいことじゃないんですよ。

そのとき一瞬、なんか音がしたぞ……と。

その斜面は雪が深いと言えばまあ深いんですけど、すぐ下には、もはや山の一部でもあるような氷の締まった雪があって、スノーピケットは、その部分に刺さっていました。そのピケットの上に雪が乗っていましたが、その時点では雪はさほど多くなかったと思いました。まあ、雪崩の危険性がゼロとは思わなかったけれども、大きく雪崩れるという感じではなかったんです。

その上の部分の雪が動けば表層雪崩ですね。それはもちろん巨大な面で落ちてくればすごい量ですけど、私がいる傾斜の一部分が落ちてきたとしても、それがフワーンと落ちてくる小規模なチリ雪崩って感じじゃないかなと。

私のいる部分が、パラパラ、サー……って滑ってたんですが、そういうのはよくあることなんで、その程度じゃないかなと思って進んでいたんですね。

あ、なんか音がしたなと思ったその次の瞬間に、距離にして私から3~5メートルぐらいの所で、両手をひらいた分ぐらいの雪がグスッて動いたんですよ。

その時点で、私は、「あ、やっぱりな」と思ったんです。

それでも、表面が、その両手分だけゴソッと落っこっただけかなと思っていたんですが、次の瞬間にその部分を中心に斜面がブワッと動き始めたんです。

その時点でも、まだ私は楽観視していて、それなりの大きさの部分が落っこってきているなと思ったぐらいでした。しかし、次の瞬間、私が雪に押されて体勢を崩したわけです。ゴロリンみたいな感じになったまでは覚えているんですよ。

でも、その時点でも、まだ私は楽観してて、その斜面の下が3メートルぐらいのハングになっていて、その下が平らで、雪の吹きだまりみたいになっているんです。その下がまた斜面になっているんですね。

この吹きだまりは、まっ平らじゃなく、そこそこの角度がありましたが結構広い所だったんです。私は、そこに、どてっと落っこって、「ワァーッ、びっくりした」って話だと思ったんです。

自分が流された雪の量というのは、見えている範囲は布団五、六枚で、私だけがバランスを崩してゴロリン、ゴロリンと落っこって、ハングの下へ流されるだろうと……。アッセンダーは外してましたからね。吹きだまりに、落っこって、雪に埋まるかもしれないけど、ちょうどアーネとアーンツがいる所だからすぐ掘り出してくれるだろうし、自分でも出てこられるような話だと思ったわけです。

よくあるわけではないですけど、小さい雪崩は珍しくないんですよ。流されるというのはたまにありますね。埋まっちゃったことも何回かあります。そのときは自分で出てこられるぐらいの雪崩でしたからね。

そういう経験があるから、これならどれぐらいだとか、止まってくれると思えるわけです。このときも一瞬そういうふうには思ったんですね。

落ちている時間が長かったですね。でも、本当は数十秒もないと思いますよ。きっと数秒とか……。落ちながら自分の頭の中でシミュレーションした範囲だったんです。

ところが、明らかに、その吹きだまりにおっこったであろうはずなのに、止まらないんですよ。動いているんです、私の体が。

で、これでアッと思ったんですよ。

やられたって。

で、次の瞬間は、もう本当に自分が上を向いているのか下を向いているのかまったくわからなくて、目は開いているんですけど、真っ暗なんです。ちょっとでも雪の外に出れば空が見えるとか光が見えるのに、真っ暗なんですよ。で、流されているのではなくて落ちているという感覚なんですよ。自分の体のどこにも圧力がないわけです。

空中にいるんです。

放り出されている感じです。

で、どこかに時々当たるんですね。それが断続的に続くんですね。

吹きだまりの下は氷の斜面だということがわかっていたので、その斜面に入ったら、まあ、止まらないだろうなというのはわかっていたわけです。

そこで、どこかにぶつけられているんですね、バーン、バーン、バーンって。その度に意識が遠のくんです。だけど、意識を失ったら、もうきっと戻らないだろうと思って、バーンってなったときに、クゥーッと思って、意識を呼び戻すというか、そういうつもりではいたんですが、衝撃を何度か受けても止まらない。意識のあるうちにどこかで引っかかれば、斜面というのは別につるっとしているわけでもなく、どこか緩い所とか引っかかる所があるから、止まれば……何とかなるとは思っていたんですね。だけど、何回も衝撃を受けていく間に意識が遠のいていくんです。それで、もうこれは止まらないなというのは感じたわけです。

そんなに冷静じゃなかったと思いますけど、ああ、これは止まらない。止まらずに、落ちたら1000メートルは落ちる斜面だとは分かっていました。

目の前は真っ暗でした。そのときには、やっぱり家族のことを思い出しましたし、犬のことも思い出して、あ、ここで死ぬなと思ったし、こんな所で死ぬのかとも思ったんですよ。

それは諦めとかではなくて、雪崩を見抜けなかった悔しさでしたね。もっと、自分をすり減らすようなところで落ちたなら良かったのにって。なんの緊張感もなく登っていた、あんな斜面で落ちた自分にがっかりしていたんだと思います。

それで、意識が遠のいて、また戻ってくるようなことを繰り返して。結構長かったですよ。

落ちた距離は、標高差にして300メートルですから、相当時間がかかったと思いますね。空中を落ちたとしても相当の時間ですから。どこで記憶が失われ、どこから戻ってきたのかわかりませんけども、気がついたときには、真っ暗だったんです。

で、そのときには、止まっていると思ったんです。

あっ、止まってる、と。

左手が

目の前はもう真っ暗でした。体を動かそうとしたんですが、どこも動かないんですよ。雪の中に埋まっても、そこそこのところまでは光が届くんです。けど真っ暗だし、体のどこも動かない。これは相当深いところまで埋まっちゃったと思いました。場合によっては、5メートルとか雪の下に入りますから。

どこも体が動かないですし、息ができないんです。口の中に氷がパンパンに入っていて。息もできないんです。

雪崩に埋まっても十五分は生きているといわれているんです。その十五分のうちに助け出せば生存率は80パーセントというわけです。そういう知識はあるんです。口の中の物を吐き出すこともできないんです。十五分というのはどれぐらいの長さなんだろうかって思ったんです。でも、時計を見るわけにはいかない。もうこれは助からない、このまま死ぬのか……と。

そのときクッソーって思ったんですよ。最後にもう一度自分の体の感覚というものを感じようとしたんです。で、体を動かしてみたんです。そうしたら左手が動いたんです。結果的には左手と左足の一部が外に出ていたんです。顔が下を向いた状態で埋まっていたから、目の前が暗かったんです。手が動いたのがわかったんです。で、動いたと思ったんだけど、錯覚なんじゃないかという気がしました。でも、バタバタしてたら、何かに触ったんです、なんか棒みたいな物に。それが何だったか今でもよくわからないですけど、ストックかなんかだと思うんですね。アックスは握っていたんですけど、吹っ飛んでどこかへいっちゃったんです。でも、何かに触ったんです。

で、ああ、これは本当に手が出てるんだと思って、口の所を掘ったんです。でも、届かないんです。それでもう痺《しび》れてきちゃって、手が動かなくなって。もう一回、クーッとやったら、ようやく口の所まで指が届いたんです。でも、掘れば掘るほど、今度は雪が口の中へ入ってくるばっかりで、中の物が取れないんですよ。

そうこうしているうちに、口の中の氷が溶けて、水になったんです。それを飲んだら、少し隙間ができて、息ができるようになったんです。だけどもう、手は届かなくて、それが精一杯なんですね。

手は痺れて、もうほんと動かなくなっちゃって、意識も遠のいて、たぶんバタッと、手がなったんじゃないかな。そこへ誰かが来たんですね。で、私を引っ張り出したんです。

そのとき痛かったです、めちゃくちゃ。

助けに来てくれた人が、「ヒロ！　ここにいると次の雪崩が来るかもしれないから、とにかく歩け」と。でももう全身痙攣しちゃって歩けないんです。で、肩を借りて、結構難しい斜面だったんですけど横切りましたね。

それは覚えています。もうめっちゃくちゃ痛かったんです。

両手のミトンはどこかへ行っちゃいました。薄いインナー手袋だけになってました。

他の人たちがどういう状況かは、全然見えもしなければ、引っ張り出されたときにもわからなかったです。

私は背骨がどうかなんていうのはわからなくて、とにかく全身が痛かったので、全身打撲だろうと思っていました。でも、後で先生が、あの背骨が折れた状態では、医学的には歩けませんっていっていました。でも、歩くものなんですね。

でも、一回横にされちゃったら、もうまったく動けなかったですね。氷の斜面を横切って、ルート上に戻ったところで、寝袋に入れられました。下からどんどん助けが上がってきていて、寝袋のままズルズルズルって引っ張って下ろされたんです。C2まで。もうめちゃくちゃ痛かったです。もう本当に半狂乱の状態でした。

たまたまドイツ人のドクターがいて、私を診たらしいんです。

私は、なんかいっていたみたいですよ。すごい叫び声で……。ディルクが後でいっていました。そのドイツ人のお医者さんというのは、山岳ガイドの資格も持っているお医者さんで、山岳事故の現場経験もずいぶんある、荒っぽい先生だったらしいんですね。

彼が、すぐに対応してくれて、その後の搬送でもずっと付いていてくれたんです。

ディルクも、もうヘロヘロググチャグチャで……全身痛くて息もできないような状態だったらしいんですけど、そこで全部服を脱がされて全身のチェックをされて「ああ、君は大丈夫、おしまい」って言われたって、後で言っていました。

彼も落ちていったんだけど、首は出ていたんです。雪崩は私の真上で起きて、彼はちょっと左にいたので本流からはずれたんですね。

アーネとアーンツの二人は本流の下になっちゃったのか、これがよくわからなくて、発見されたけど亡くなっちゃったアーネは、私に近いところから出てきたらしいんですけどね。

もう一人のアーンツはどこへいっちゃったかわからないんです。

私より上なのかもしれないし、下なのかもしれない。

雪崩自体は、標高差にして1000メートル下まで落ちたんです。発生現場から1000メートル下まで。私たちは300メートル落ちた所で引っかかったんです。私たちがいた所よりかなり上から崩れて、ルートの形が変わってしまうくらいの巨大な雪崩でした。

標高6900メートルあたりで起きた雪崩は、C2を越えてもっと下の斜面までいっちゃったんです。ベースキャンプが5090メートル、C1が5900メートルで、C2が6500メートルでした。C2は斜面の左端の尾根のちょっと窪んだ所にあって、そこから登っていった斜面で雪崩が起きたのです。

私は雪崩の本流からちょっと外れたんですね。もしかすると、アーンツは本流にいたかもしれない。1000メートル下へ落ちたかもしれないですね。

私たちはC2の近くに落ちたんで、C2にいた人たちが助けに来てくれたんです。

救出

みんな自分の登山はストップして、私のレスキューに全員が関わってくれたんです。

その時、片山右京さんはベースにいたのかな。右京さんのところのシェルパが荷揚げでC2に上がってきていたんです。右京さんのパートナーの宇佐美栄一さんは、雪崩の瞬間を目撃したそうです。

私が雪崩に巻き込まれたことは、すぐ右京さんに伝わったようですね。C2にいた右京さんのところのシェルパが、心配そうに、助けられた私の顔をのぞき込んだのを覚えています。そこから、シェルパは駆け下りて私が事故に遭ったということを宇佐美さんや右京さんに伝えたんです。

C2に収容されてから、私は錯乱状態でした。

酸素は一本あったんですけど、アーネに使ってたんです。彼が死んじゃったので、私に回ってきたんです。そのとき私はそんなことは知らなかったんですね、そんなことが起きているのを。

その時点では、まだわからなかったんですけど、私の肺が片方機能してなくて、完全に呼吸困難を起こしてたんです。私はよく覚えてないんですけど、後で聞くと、何度も呼吸が止まっちゃって、酸素マスクを押し当てたり、体を動かしたりしながら呼吸を維持させてたらしいんですよ。呼吸はときどき止まってたそうです。

酸素マスクをさせるんだけど、私は、錯乱状態で外そうとするらしいんです、苦しいからでしょう。それを、そこにいたメンバーたちが一晩中交代で酸素マスクをあてがってくれていたんです。

ところが酸素は使いかけだったんで、一晩もたない。で、その例のドクターが私に、モルヒネを打って私の意識が少しはっきりしたときに「残念だけど、おそらく明日までもたない。君はもうだめだ。いまのうちに家族にメッセージを残せ」といったんです。私は、混乱しちゃっていて、そのセリフは覚えているんだけども、答えにならなかったんです。途中でね、もう酸素が切れるといわれたんです。残りが少ないから、酸素の流量を落とすんですよ。だけど、流量を落とされちゃうと、もうとたんに息ができなくなっちゃって、私は上げてくれと、わめくわけなんです。そのときだけ上げてくれるんだけど、すぐまた流量を落とすわけですね。もう酸素がないんです。彼らは、それを絞りながら少しでももたせようとしてたんですね。

そうしたら、酸素がもうすぐ届くから我慢しろと。それは後でわかったことなんですけど、一人のドイツ人が暗くなった中をC2からC1まで下りていって、新しい酸素を背負い上げてくれたんです。

お礼をいいたいですね。

まだ、彼にはちゃんとお礼が言えてないんです。ちゃんと会ってお礼がいいたいですね。

結果的には私は全身打撲で、肺が潰れ、背骨と肋骨が折れてたんですが、その時は、わかりませんから、とにかく、支えられながら歩いて斜面を横切って、引きずられてC2まで行ったんですが、その時点で、メンバーの他の誰かがけがしているとか何も全然わからなかったんですね。けがをしたのは自分だけだと思ったんです。

酸素ボンベ云々というのも後で聞いた話です。

事故当日、C2に収容され、しばらくするとみんなが、あと十五分でヘリが飛んでくるから頑張れ、そうしたらもうすぐ病院に入れるから我慢しろ、頑張れっていうんです。そこにいたチームのリーダーが衛星電話で自国の大使館を通じて、レスキューの要請を出していたのです。各国の大使館からパキスタン政府に要請が出されたのです。だから、うんうんいいながらも、そのヘリの音は聞こえてきて、ヤッターと思ったんです。これでヘリにさえ乗ればなんとかなると思ったんです。

ところが、結局、C2にヘリは着けられなかったんです。地形が尾根の上で、標高も6500メートルありますから、通常のヘリだとホバリングできないのですよ。まさに限界の話です。

パキスタンの場合は、レスキューレギュレーションというのがあって、ヘリコプターは5000メートル以上には飛ばないというんですね。C2はレギュレーションから外れているわけです。

それでも試みてくれたのは、ムシャラフ大統領がやってくれといったからです。ヘリのパイロットたちもすごい努力はしたんですよ。ホバリングしようとしているんです。でも、ちょっとでもスピードを落とすとすぐに機体のバランスが崩れてしまうので、スピードが落とせないんです。

それは、見てました。

もう明らかにヘリの動きがおかしいんです。結局、標高が高すぎる、空気が薄すぎる、駄目だということになって断念したのです。翌日にもう一度トライしてくれましたが、やはりダメでした。

しかし、ヘリは、折りたたみ式のソリを投下してくれたんです。残念ながら、そのソリはうまくC2に落ちず、斜面を転げ落ちてしまいましたが、C1への途中で回収できたそうです。

C2でヘリでのピックアップが出来ないことがわかり、スイス隊のガイドたちが私をC1まで下ろすことを決断しました。その時点で私はC2からC1の間の氷の壁を下ろせないだろうと思ったわけですよ。なので、私は自分で下りるといったんです、歩いて。だけど、それは無理だから……。

後で聞いたことなんですけど、スイス隊の二人のガイドというのはレスキュー専門のガイドだったんですね。

私を寝袋に入れて、ロープで補助して、それを懸垂下降で、氷壁を下ろして、ソリで引っ張って、下ろしたんです。結果的には彼らのレスキューはパーフェクトだったわけなんです。

90度ぐらいの氷壁を30〜40メートル下ろして、そこからさらにまた、そういうのを繰り返していくわけです。最後は、グチャグチャの氷河の中を下ってようやくC1に下りたんです。途中でヘリが投下したソリに乗せられたので、少しはマシになりましたが、氷と雪のでこぼこが背中を突き上げるたびに私は叫び声を上げてました。

C2からC1に搬送されるとき、テントの外に運び出されたら、目の前に……寝袋が一個あったんです。そこで私は気がついたんです、誰かが死んだって。

それが誰だかわからない。ディルクでないことはわかっています。ディルクは私のところへ来たりとかしてましたから、残りの二人のどっちかが死んでいると思いました。ようやく事の重大さがわかってきたんです。

彼らは私とアーネのボディ（遺体）をC1まで下ろしたわけです。それで、私たちがC1の所まで下りたらヘリが飛んでくるということだったのが、その日は飛んでこなくて、もう一晩泊まったんです。

ここでは右京さんたちが荷揚げしていた酸素もありましたし、右京さんのところのシェルパがドイツ人ドクターの指示で医薬品もどんどん上げてくれていました。ここではもう酸素の心配はなかったんですが、とにかく痛くて、呼吸ができなくて、酸素マスクを外そうとしたらしいんです。その一晩はいろいろなメンバーが、私に付き添って酸素マスクをあてたり抱きしめたりとか、ずっと誰かが手を握ってくれたり。

何か飲み物は飲まされているんですけど、飲めもしないし食べることもできない。

そのときは肋骨が折れて突きだしているのだか何だかわからないんです、痛いだけで。動くのは指だけ。指を動かしても痛いんです。呼吸する度に、なんかパッキン、パッキンとか音がしてて、息もできないし、全身痛いし、だけど、それが具体的に背骨が折れているとか、肋骨が折れているとか、気胸になっているとかっていうのは全然わからなかったですね。

生きられそうだというのも……わかんなかったですね。

もうすぐヘリが飛んでくるからというのが、延々と繰り返されていたわけですね。ヘリにさえ乗ってしまえば、なんとかなると思っていたんです。

翌日、C1までヘリがくるというんだけど、結局、これはね、連絡のミスでヘリは飛んでこなかった。

私は息が苦しいのは、肺が潰れて息が苦しいんじゃなくて、いわゆる打撲や、なにかパニックな状態で息ができないのではないかと想像したんです。

だからもっと下へ下ろしてさえくれたら楽になると。ヘリにさえ乗っちゃえばなんとかなるんじゃないかと思ったんですね。助かるとか助からないとかというところまでは考えていなかったです。

とにかく、ヘリに乗りさえすれば、何とかなるんじゃないかって。

誰かが死んだというのは外の寝袋を見て思ったけど、その後の思考はなくて、誰にも聞いてないです。あっ、違う、聞いたな。ディルクに聞いたんだ。ディルクに誰が死んだんだって聞いたら、いまは聞かなくていいって。

で、翌日、ディルクと私が、ヘリでピックアップされたんです。パキスタンはヘリは一機で飛ばないんですよ。一機がクラッシュしてもいいように。二機で必ず飛ぶんですよ。一機がクラッシュしてもいいように。二機で必ず二機来るんです。それで、一機に私が乗って、もう一機にディルクが乗ったんです。それで二人ともスカルドに搬送されたときに、ディルクが、アーネの家族と話をして、家族の依頼で遺体は国に送らずに埋葬したことを話してくれました。アーンツが見つからないという話も聞いたわけです。そこでだんだん状況がわかってきたんです。

でも、そのときは興奮状態というか、自分の頭の中が整理できないんですよね。ハイなんですよ。

体中が痛いんだけど、スカルドまで下りてきちゃうと呼吸は少し楽になったんです。まだ、起きることもできないし、痛いんだけど、なんとかなるというか、自分の体はさておきみたいな感じになっちゃうんです。

今度はとにかく日本に帰らせろ、帰らせろというような話になったんですね。電話をしたりとか。電話では、へなへなしてましたけど、一応喋ってました。舌は回らないですよ、もう全然。すごく不明瞭なんですけど、喋ってはいるんです。

頭の中は、すっごい回転しちゃうんです。口は動かないんだろうけど、頭の中では「早く帰らせろ、この野郎」みたいに……。体が動かないから頭だけが働くんです。一種の興奮状態というか、パニック状態なんですね。実際に、冷静に物事を考えられたのは、日本に帰って手術した後ですね。

その頃、登山家で石井スポーツで同僚の平出和也くんたちが、登山を終えて駆けつけて来てたんです。それでも、日本へ帰ればなんとかなるよねって、私が、べらべらと言っているわけです。やはりイスラマバードに帰ってきて、14プロジェクトからの依頼で加藤慶信くんが迎えに来てくれたときも、「いやあ、悪いね、悪いね」とかって、結構、元気だったんですすって。

動けないんだけど、口はすごく達者なんです。その時点になると、ようやく手は自由に動きました。

他の人から見れば、あちこち痣だらけなうえに、肋骨なんか飛び出したりしているだろうし、背骨の具合が悪そうだぐらいはわかるでしょうが、自分は、興奮状態なんですよ。

帰国へ向けて

私はかなり興奮状態で、アーネが死んだということも知ってはいましたけど、そのことで泣くとか落ち込むとか、あんまり激しい感情にはならなかったですね。

南極にいる志賀先生や、日本の金田先生、増山先生、そして、すでに入院の受け入れをしてくれていた東京医科歯科大学病院の柳下先生たちと対処のやりとりをしましたが、それは私が事務局に電話して、事務局から先生たちに電話とメールで連絡されていました。パキスタンにいた小林先生が、CTやレントゲンの画像を先生たちにメールで送ってくれました。スカルドとイスラマバードにいたときの様子はパキスタンで入院をテーマにして書いたブログのまんまです。ああいうハイな状態、興奮状態で、とにかくワーワーギャーギャーいってたんですね。

「早く帰せよ」「痛えんだよ」みたいな。

死の恐怖とか、そういうことはわからなかったです。

小林先生と話すまでは自分の背骨の状態がどれほど深刻かというのがよくわからなかったですね。

背骨の話はスカルドで聞きました。たまたまスカルドに下りてきていたディルクの友人のスイス人ドクターも診断してくれましたけど、その時点では、これ以上は悪くならないからみたいな話しかなかったんですね。それがどれほど深刻な状態かっていうのはわからないわけです。

足も動きましたからね。麻痺とかもなかったし、動くところは動きましたから、自分でトイレに行ったりとかしてたぐらいですから。両側から抱えられて便器に座ったんですよ。それを知ったら、金田先生はもう大激怒してましたけど。それぐらい安易な認識だったわけですよ。

そこから先の日本に帰してくれるための手続きは、日本大使館の小島大使や渡辺さんや日・パ旅行社の大住さん、督永さん、督永さんの息子さん、あと事務局とか加藤君とかがやってくれました。

事務局にはC2から、自分で電話しました。

雪崩に巻き込まれましたと、全身打撲ですけど大丈夫ですって。

日本では、家族も、本人がそういっているのだからと、少しは安心したと思いますね。

私の電話以前に右京さんから「竹内が雪崩に巻き込まれた」という連絡はいっていたんですね。しかし、まだ生きてるのかどうか、そこまではあの時点ではわからないですね。

妻には14プロジェクト事務局の古野さんが電話したんです。「なんか、怪我をしたようですよ」っていったらしいですね。

私も、スカルドから妻には電話しましたね。

いやあ……よくわかんないんだけどさって前置きして、事故の話を簡単にして、その時点では、背骨が折れているということはスカルドのレントゲンでわかっていたので、折れてるらしいよと、そのことは話しました。彼女は、脳神経外科の看護師なんで、背骨の損傷のこともわかるんですね。なので、「ランバー3」がどうかなってるらしいよという話はしたんです。

そうしたら、妻が「トイレはどうしているの」って聞いたんです。小は寝たままボトルにしていたのですが、助け出されてから三日目ぐらいになるけど、もう飲まず食わずだったから、大の方は便秘状態なんですね。で、「全然出なかったんだけど、さっきようやく出たよ」っていったわけです。「抱えられてトイレに行ったよ、大変だったよ」っていったら、すごい怒ったわけです。

「背骨が壊れていて、せっかく麻痺が出てないのに動かして麻痺が出たらどうするのよ」っていったんですね。妻を見直しましたね。その後、金田先生も同じことをいったんです。

帰国顛末

イスラマバードに帰ってくるまで、ベニヤ板の上なんです。イスラマバードの病院でようやくベッドに移されました。スカルドの病院はちゃんとした軍の病院でしたけど、ここで治療を拒否したから追い出されて、民間の病院に移ったんです。

クリニックみたいな、そんな大したもんじゃないですけどね。その病院で、ヘリが飛ぶまでの五日間ベニヤ板の上で待っていて、そこからチャーターしたヘリでイスラマバードまで乗せられて、シーファーという病院へ。そこは日本の大学病院となんら変わらないくらい設備の整ったところでした。ただ、向こうのドクターの手術の催促がうるさくて、日本で手術を受けるからと断り続けたら、またまた、追い出されそうになっちゃったんです。JICA（国際協力機構）の小林先生が掛け合ってくれて、ようやく入院させてくれたんですね。

肺の処置はシーファーでやったんです。

それは小林先生の立ち会いの下でやったんです。

左肺が潰れて気胸が起きてたんです。胸膜に穴が開いていたんですね。肺というのは、風船みたいなもので、肋骨の下の胸膜の中に収まっているんですね。胸膜の中では陰圧になることで、肺はプーッと膨らんでいるんです。ところが胸膜に穴が開いてしまうとシューッと潰れちゃうわけです。

それで、潰れたときに胸膜の中に血と水が溜まり始めるんです。それを抜かないといけないのです。特に左側だと、肺がどんどん縮んでいくと心臓を圧迫し始めるんですよ。心臓が圧迫されて非常に危険な状態になるんで、胸に穴を開けてチューブを入れて吸い出すんです。血や水分を吸い出したうえに、肺の中の空気を吸引するわけです。肺は、多少潰れたままになるんですけど、それ以上潰れないような状態にするんです。ドレナージという、手術までいかない割と簡単な処置なんです。

気胸になるということはけっして珍しいことではなくて、小学生がサッカーなんかでぶつかるとなっちゃったりすることもあるそうです。ヨーロッパだと、クライミングでドカンと落ちたときに胸を打って気胸になっている可能性があると、その場でガイドがナイフで胸に穴を開けてボールペンの軸だとかを入れるんだそうですよ。ヘリでレスキューする際、そうしないと、上昇したときに、気圧が下がって、肺が潰れて心臓を圧迫する可能性があるんです。ですから、手術というよりは応急処置なんですね。それは救急外来に運び込まれたときに、小林先生の立ち会いの下、パキスタン人のドクターがやってくれたんです。

それって事故から何日目だろう。現場に二日でしょ。スカルドに五日、一週間ぐらい後ですね。背骨が折れていても死にはしないんです。ただ、気胸というのは、心臓を圧迫したりとか、場合によっては両肺がなったりすると死んじゃうんです。

だから、本来、気胸の処置というのは速やかにしないといけないんですけども、不潔な状態で処置をすれば、感染を起こしてしまう可能性がありますので、ただの処置なんだけど、ちゃんとした衛生状況の所でやらないといけないわけです。胸に穴を開ける処置は、スカルドの病院でもやれるけれども、吸引する装置が必要なんです。ドレナージの機器が。そんなものはスカルドにないので、穴を開けるだけの処置になっちゃうわけですよ。傷口を作ると、感染症を起こす可能性があるので、頑なに断ったわけです。おかげで、大騒ぎになりました。

嫌なら帰れと。

手術室にもハエがぶんぶん飛んでましたからね。本当にスカルドから日本に帰ってくるまでは、まさに大騒動でした。

スカルドには平出君が駆け付けてくれました。とにかくスカルドで処置をしないで、イスラマバードに帰りたいと。大使館の手配でＪＩＣＡの小林先生とか、日・パ旅行社の督永さんとか大住さんたちが動いてくれました。加藤君もやってきて、そこでようやく受け入れ態勢が整ったわけです。

東京に帰りたいんですが、そんな状態なので、タイ航空には乗るのを断られちゃって、パキスタン航空（PIA）も最初は無理みたいなことをいっていたのを、大住さんや督永さん、大使館の方が尽力してくれたおかげで乗せてくれたんです。

パキスタン航空って、良くも悪くもいい加減で荒っぽいですよ。本来は、肺にチューブが入っている患者を飛行機に乗せることは不可能なんです。タイ航空が乗せないといったのは当たり前のことなんですね。でもパキスタン航空だったので乗れたんです。

それで、飛行機のエコノミーを八席分買って、寝たまま乗ってきたんです。ベッドを作ってもらったんです。これはパキスタン航空に大住さんが依頼をして、カラチの駐機場で作って飛んできたんです。

一応ベッドの形にはなってましたよ。ただ、揺れると体が、ずれてしまうような。本当にえらいことでした。まわりにいた乗客の皆さんが揺れる度に押さえてくれました。しかも、成田の天気が悪く着陸できず、仙台に行っちゃったんですよ。すごい嵐で下りられなくて、すごく揺れて悲鳴が上がってました。

私はパジャマじゃなくて普通の格好をしてました。

背中は添え木も何もしてないです。とにかくそっとしておくしかないです。自分で起きて乗るわけにいかないから、シーツでよいしょっと持ち上げてもらって。

付き添ってくれたのは加藤君です。加藤君は日本から私を迎えにきて、私と一緒に帰ったんです。ただ、その飛行機には私もよく知っている飛田さんとか寺沢さんが登山の帰りで、同じ便だったので手伝ってくれたんです。なんかまわりの乗客の人とかも必死で押さえてくれて。ホントに漫画みたいなシーンですよ。

ようやく、成田に着いて。空港には民間救急車を頼んでくれました。民間救急車は飛行機に横付けできるんです。それで東京の医科歯科大学病院へ真っ直ぐ。

もうみんな事務局の古野さんが手配してくださってたんで、柳下先生が処置室を空けて待っててくれたんです。すぐCTを撮って、それでこれだったら大丈夫だからというんで、数日後に手術でした。

その間はずっと興奮状態だったと思いますよ。加藤君には悪いねとか……言ってましたけど。なんだか、浮ついた、そんな感じでしたね。

妻は、病院に来ましたよ、そのときは。子どもは預けられて……。検査の前ですね。どう思ったのか、詳しくは本人には聞いてないので……。でも妻は、麻痺のことだけでなく、私がいやに興奮状態だったのをみて精神的なことをかなり心配してたみたいですね。

手術

先生は、手術前に、今の時点で麻痺が出てなければ大丈夫だろうと。

それで治す方法は二つありますと。手術がひとつ。もうひとつは四カ月ぐらい寝たきりでも治ると。骨が自分でくっつき始めるそうです。いまはブチュッとなって潰れて、壊れてるんですけど、自分で治すために骨が集まってきて固まるそうです。だから、寝てても治ると。

つまり、寝てないで治すために、シャフトで潰れた骨の上下を連結して、潰れた骨に圧力がかからないようにして、寝ているのと同じ状態にするわけです。それが手術の意味です。

ただ、自然に治るのを待つのだと、三、四カ月は寝たきりですから筋肉も落ちちゃうし、治ったときに、若干、前にかがむような姿勢になっちゃうかもしれませんというんです。柳下先生は私が登山することを、ずいぶん前からご存じで、高気圧酸素治療のときにお世話になっていましたから、私が置かれている状況は、よく知っているわけです。柳下先生が背骨のチームの先生とカンファレンスをして治療方針を決めてくれるのです。

それで、もし、復帰をして、また山へいくという考えだったら手術をしたほうが治りは絶対早いし、良く治りますよ、ただ、手術にはリスクがありますと。私は迷わずに手術を選んだんです。

手術は入院して三日目ぐらいでしたかね。結構検査にかかったんですよ。手術は全身麻酔です。

手術が終わった直後のことは、よく覚えてないですね。麻酔から覚めた途端に、めちゃくちゃ痛くて、けがしたときよりも痛いんですよ。それだけは覚えているんですけど、先生や看護師さんがいろいろ聞くわけですよ。「竹内さん、わかりますか」とかね。それに全部英語で答えていたらしいんです。たぶん痛みが事故のときの痛みと被ったんでしょうね。私はよく覚えてなくて後から看護師さんにすごい笑われました。何をいっても全部英語で答えるんですって。

いや、すっげえ痛かったですよ。痛み止めは、手術直後は点滴で入ってましたね。もう体中、管だらけでした。

肺の処置は病院に着いた途端にすぐやり直しをしました。感染もしてないし傷も化膿してなかったそうです。それはそのままで治ります。時間がかかりますが、ドレナージで血が出なくなった時点でよくなるんだそうです。

このときはまた山に登れるだろうかとか、そこまで考えは及びませんでした。ただ麻痺とかは出てませんでしたから、背骨が折れているということの重大さがよくわからなかったわけです。これで足が動かないとかといったら、また話は違ったと思いますけど、感覚もあるし足も動くし、とにかく背中が痛いとか体が痛いというのはあるんですが、背骨が折れているということの意味がよくわからないわけですね。

手術をして、だんだん頭は冷静になってきました。体が動き始めるわけです、立ち上がったり起き上がったりとか。

トイレは手術後、二日目ぐらいには車いすに乗って行きました。すごい大変でした。両足がつって。事故から二週間以上寝たきりの状態でしたからね。急に自分では起きられないので、ストレッチャーで機械の所まで連れて行かれてベッドに寝かされて、ウィーンって少しずつ起こすんです。血圧とかを測って、立ちくらみとか貧血が起きないかどうかを確認しながら少しずつ起こしていくんです。

もう足がくにゃくにゃしちゃって、まったく歩けないです。立っても体液が後ろに溜まっちゃってるかのように、後ろに倒れていくんです。で、歩行器を使って歩いたりとかするんですけど、ヨロヨロヨロヨロって歩いているんです。

リハビリに行っても、最初はまず手摺りにつかまってでした。立ち上がって歩き始めたのは二日後だか三日後でしたけど、まともに歩けるようになるには、一週間ぐらいかかったんじゃないですかね。普通は起き上がるのに一週間ぐらいかかるそうです。

その間、妻も来てました。子どももたまに来てました。何してるんだろうと思っていたと思いますよ。だんだん体が動き出すんですが、思考だけが置いていかれるんですね。

苦痛な見舞客

一番参ったのは、お見舞いの人が大量に来ることでした。多いときは一日十人も二十人も来るんです。

部屋は個室なんです。約一カ月の入院期間中に延べ人数で八十人か九十人もの人が来たんですね。八十人までは数えたんですけど。同じ人も何回も来てます。初めてというか、知らない人も来るんです。会ったこともない人が誰かに聞いてきたとか、「初めまして」みたいな。事故の話を聞かせてくれっていうんです。

お見舞いの人が来れば、その話をするしかないわけです。

雪崩がどこから起きたとか、そのときどうだったかとか、誰が死んじゃったとかという話を、来た人みんなにしなくてはいけないんです。

みんな、バラバラバラバラ来るわけです。朝から晩まで、多いときには十回も十五回も同じ話をするんです、事故の起きたときの話やどういうふうに助けられたとか、どうやってここまで帰ってきたとかという話を、延々としているわけですよ。

お世話になっている人も来るし、親しい人も来るし、知らない人も来るし、その人に、「ああ、どうもこんにちは。ありがとうございます。ご迷惑をおかけしました」というような話をして、「どうもありがとうございました」と送り出すわけです。

まあ、場所が御茶ノ水の駅前ですから来やすかったのもあると思います。

食事のときだろうが何だろうが来ちゃうんです。朝から晩までずっとその話をしていると、だんだんおかしくなってくるんです。喋っていると、もうそれが自分のことじゃないような気がしてくるんです。なんか作られた話のように……。

皆さん、喜んで帰って行かれます。貴重な話だといいながら、思ったより元気そうで安心しましたよって。

そして彼らは口々に「運が良かった」というわけです。最初のうちは、「ありがとうございます。そうですね」といっているわけなんですけど、でも、来る人来る人が「おまえは運が良かった」「おまえは運が良かった」というわけですよ。そうすると、運というのは一体何なんだろうと思うわけです。

私は運が良くて助かったというわけですよね。じゃあ、私のすぐ側にいた仲間は運が悪かったから死んだのかと思い始めるわけです。

運というものがそれほどの意味があるものなのか。たまたま私が運が良くて助かって、たまたま運が悪い人が死んでしまって、アーネとかアーンツとかの家族は、たまたま運が悪かったから、すごく悲しんで苦しい思いをしているのかっていうことを、考え始めたんです。

そうすると、自分が生きていることが非常に苦痛になってくるんです。で、もしかしたら、助からない方がよかったのかと思うわけですよ。死んでしまったほうが良かったのかと思うんです。それと同時に、あれほどの人が助けてくれたのに、死ぬわけにもいかないよというのがあるんです。

そうすると、もうどこにも逃げ道がないような気持ちになってくるんです。

まあ、弱ってたんですね。それでもうだんだん自分の存在をこの世から消せる方法はないだろうかと考え始めるんです。死ぬこともできないし、生きていることもできないと思うわけですね。そんな中でもお客さんがどんどん来るわけです。

それで、そういうことを見せないようにしようとするんです。なぜかというと、彼らは私の元気な姿を見に来ているわけですよ。変な話なんですけど、そこで私が弱っている様子を見るつもりはないんです。彼らが私に求めているのは、そういう事故を乗り越えていく姿なんです。そんな事故を起こしても明るく振る舞っている様子とか、それを乗り越えていく様子とか、元気でいる様子を見に来ているんです。私が弱くなっている姿というのを望んではいないですよ。私も見せたくない。そうすると、それをまるで無機質なプラスティックのように封印して、同じことをずっと繰り返すわけですよ。

そうすると、体は日々動いていくんですけど、心はどんどんどんどん後退していくわけです。このギャップと、人に接するときの自分の差にほとほと疲れ果ててしまって、なんだか自分のやることがよくわからなくなってくるんです。自分では食事を食べているか食べてないかも覚えてないんです。全然ご飯を食べなくなっちゃったんですね。

お見舞いの人たちが、差し入れをたくさん届けてくれるんですよ。それが山のように。私が甘い物が好きだとかご存じなんで。しかし、それを見ると気持ちが悪くなっちゃって、家族が来たら持って帰ってもらって、とにかく目につくところにおかないでくれと。それでもどんどんお土産がたまって、自分で捨て始めたりしたんですよ。ゴミ箱を引き寄せて。自分でもすごく疲れていることは分かるんですけど、昼間はお客さんがいたり、なんか自分でもどうなってるのかわからなくなっていたんです。そうしたら、ある時、当直の看護師さんが気がついたようなんです、どうも私がおかしいって。夜、寝てない、ご飯も食べてないと。

自分がなんだかおかしいぞとおもったんです。

そして、面会謝絶にしましょうということになったんです。それでもまだ人は来ましたね。もう、病室の部屋番号が知れ渡ってましたから、面会謝絶って書いてあっても、いらした方が、知ってる方だったら、せっかく来たのに帰ってもらうわけにはいきませんから。最初は九階の救急の病棟に入ったんです。で、二週間後に、整形の病室が空いたので、十一階に移ったんです。

十一階へ移った時点で完全な面会謝絶にしてもらったんです。九階にお客さんが来ても、わかりませんと言ってくださいとお願いしたんですよ。それでも来てましたね、何人かは。それで、これは駄目だと思って、逃げ出すことにしたんです。病院の先生は、まだいた方がいいとはいっていましたけど、申し訳ないけど、ここにいると別の病気になっちゃいますから帰してくださいといって、それで家へ帰ったんですね。

でも、そういうふうにいえるぐらいに、自分が見えるようになった。その時にはだいぶん良くなってきました。

運とは?

お見舞いに来てくださる人が悪いわけではないんです。実際、お客さんが来てくれて、知った顔を見ると、ほっとしますし、嬉しいし、ありがたいんです。私がとにかく辛かったのは、その「運」という言葉です。

運というものがある、ないの話はどうでもいいんですよ。例えば、日常生活において運、不運ってもちろんあるんですよ。

ただ、山で事故が起きて人が死んでいる。自分はこれだけのけがをして人に迷惑をかけている、それを運とか不運で片付けるというのが気に入らないわけです。

この事故以前には、パートナーが亡くなったことはなかったんです。目の前で人が死んだことはありますけども。

GIIの二人もつきあいは浅いわけです。公募隊で一緒になっただけで、過去に登山を一緒にしたわけじゃないんです。ただ、私はすぐ側にいたわけですよ。

で、じゃあ、何で私が助かって、彼らが死んでしまったのか、その理由というのは、運なんかでは片付けられないんですよ。

結論なんかないんですけど、私がそれを「ええ、そうですね。私は運がよかったですね」っていうほど、無責任にはなれないんですよ。

何でだろうということをずっと考えていなければ、とても彼らのことを想うことはできないわけです。

最初にテントから運び出されて、外の寝袋を見たときの衝撃は、ちょっと言葉には言い表せないですね。救助でもあれだけ自己犠牲を払ってくれたんだということだって、すごいことなんですよ。

それは、運がいいとか何とかって話ではもはやないんです。

それを一人がいっている分にはいいんですけど、みんなが声を揃えていっているというのがね。山をやっている人たちもいっぱいいたから、腹立たしかったです。山をやっている人間がそういうことを運というふうに片付けるのかと。まあ、確かにそうとしか声のかけようはないとは思いますけども。私にとっては、あれはとっても悲しかったです。もう本当に、鬱状態だったんでしょうね。

毎晩のようにうなされてたようですね。電気を全部消しちゃうと、眠れないとかね、そんな状態だったんです。

やはり僅かな時間に、いろいろなことが起きちゃって。頭が処理しきれなくなっちゃったのかと思うんです。それなのに、それを何回も何回もおさらいするように言い続けていたことが、やはり無理だったんですね。

それでね、私のことを最初におかしいと気がついてくれた看護師さんに、九階から十一階へ移ったときに、お礼を言いたかったんですけど、その人がいなかったので、「十一階に移りました。ありがとうございました」ってメモを残したら、何日か後に、お見舞いに来てくれたんです。わざわざ来てくれるとは思ってませんでしたから、すごく嬉しかったんです。そのときは、私はそこそこ普通に戻ってたんですね。

ところが、面白いことに、その人が病室から出て行っちゃったときに、すっごい落ち込んじゃったんですね。心のどこかで、この人が気がついてくれたことにすごい安心感があったんでしょうね。それが精神的な問題だということは、そのときは自分ではまったく思いませんし、とにかく疲れている、弱っているみたいな……。

ブログの「パキスタン入院顚末」は退院してから書いたんです。入院している最中はブログはやってなかったんですね。退院してからブログを再開したんですよ。あれだけ長いものを毎日アップしているんです。一種、興奮状態なんですよ、これもまた。

でも、あのときは自分では全然気がついていませんけれども、後から読み返してみると、内容は酷いけど、すごいおちゃらけて書いてあるんですね。

ところが、それが続いたと思ったら、バタッと止まって、突然何かね、暗い内容のものが入ったりとか、それでしばらくして、また、再開するわけです。また再開していくと、しばらく更新が止まって、またなんかちょっと心の内を語るようなものが出てきて、また始まったりとかしてますね。

あれはまさに私の心の起伏だったんです。入院顚末の中で落ち込んでいるとこは出てないんです。ハイのとこで入院顚末をワーッて書いたんです。で、具合が悪くなると、ストップしちゃっているんですね。それで気分が高揚したときにまた書いているんですね。そうでもないと、きっと書けなかったんだと思います。あのときは、書いてしまいたいと思ったんですね。

入院中には母もたまに来てました。でも、親が来るのも迷惑だったんです、はっきりいって。また来たか、みたいな……。要するに、お客さんの一人でしかないですから。しかも、母親だから遠慮もなく、私はあからさまに嫌がってました。

山のことを考えようとする頭はありましたよ。

それから雪崩のときの情景を正確にもう一度辿ってみようとかということはありましたね。でも落ち込むんです。

手術後のリハビリの話

シャフト入れた手術後は、11月ぐらいまでコルセットをして杖をついてました。それまで、病院のリハビリではエアロバイクをやっていたんです。ただ漕ぐだけです。筋肉は本当に落ちちゃっていましたから、自転車を漕いで筋肉を少し慣らして、階段登りをするんですけど、息が上がっちゃって、もうだめなんですよ。それを繰り返す状態だったです。

リハビリに使っていたリカンベントのエアロバイクが良さそうだと思って病院のベッドからインターネットで注文したんです。退院したときには家に届いているようにして、帰ってそれを毎日漕いでいたんですね。

アメリカ製のもので結構、高かったですね。ボタンを押すと坂道を登っているように負荷をかけるとか、高えなあと思いながらも、絶対に必要だと思って、帰ったらすぐ一日三十分を二回ぐらいやってたんですね。三カ月間ぐらい続けました。

翌年の1月に知り合いのガイドの花谷泰広さんにお願いして赤岳に登りましたが、そのぎりぎりまでやってました。本を読みながら乗って漕いでいるだけなんです。それが結構有効だったような気がしますね。

その頃は外に出て行くときも杖をついて行きました。電車で、おじいさんとかが席を譲ってくれるんですよ。

杖がなくてもゆっくり歩くなら大丈夫だったんですけど、コルセットをしているんで物を落としたときに拾えないんです。杖をついてないと、けが人に見えないんですよ。そうすると、ぶつかられたり、当たられたりするんです。一回よろけちゃうと体勢を立てなおせないので、けが人ですよというために杖をついていたんです。

次へ

次の山へ、もう一度というふうに思えるようになったのは、それは退院してからでした。家へ帰ってしばらくは、外来で通院したりしてました、一カ月に一遍とか。退院したのが8月の20日過ぎで暑かったですよ。その年の残り三カ月間はほとんど家にいましたね。それで11月にパキスタンに行ったんです。ステッキを使わずにボチボチ外出してました。でも、まだまだ、パキスタンに行く直前までは、かなり感情の起伏というか感情の抑制はきかなかったですね。街を歩いていて、ちょっと耳にした歌の歌詞がちょっと悲しい内容だったりするだけで、泣き出したりとか。体の具合が悪いというのか、心の具合が悪いみたいな……調子はよくなかったですね。

パキスタンに行ったのは、様々なことを整理しておかなきゃいけないのと、保険の書類も必要だったんです。それとお世話になった大使館とかにお礼をいいたいという思いがあったんです。その前に、バンコクに五日ぐらいいたのかな。バンコクにいる友達の家で、ブラブラしてからパキスタンに行ったんです。タイは行き慣れた所でしたし、一度、何もない時間をつくりたかったんですね。

それでパキスタンに入って、一週間いました。小島大使が昼食パーティーをしてくれました。大変、喜んでくれました。

小林先生はたまたま入れ違いで出張へ行かれていてお会いできなかったんです。でも、大住さんとか督永さんにも会いましたし、エージェントにも挨拶に行きました。病院の入院証明書をもらったり。保険のために必要なもの、ヘリコプター会社の領収書とか。

保険を請求するのに必要な書式の領収書とか、日本から頼んでも、パキスタン人はやらないですよ。やっぱり直接行ってもらわないと駄目なんですね。

ラルフもレスキューの費用を立て替えてくれましたから、彼にも送金をしました。

その時点で七百万円程度の費用がかかったということは知ってました。まあでもね、正直いって、お金の心配はあまりしてませんでしたね。それは返さなければいけませんけども、現金がないということはないと思ったんです。事務局や私の登山を応援してくれている方々が、いざとなったら金は用意するからといってくれていました。いずれは返すわけですけども、当面の金の心配はするなといって。

空軍にもお礼に行こうとしたんですけど、パイロットがスカルドに駐在だったので、手紙を書いただけだったんです。大統領にはなかなか会いに行くことはできませんから大使の方によろしく伝えてくださいって頼みました。

その時点で、来年、また来ますのでよろしくお願いしますって言いましたね。

だめだ、山に行けなくなるだろうとは一回も思わなかったですよ。手がないとか足がないとかでも山登りをやっている人はいますから、いままでやってきたような登山ができないかもしれないけども、山登りはできないというのはこれっぽっちも思いませんでしたね。ラルフとは電話で直接話したり、頻繁にメールもしていました。それで、「来年、ローツェに行く予定があるけどヒロも来る？」とか、そんな話も出てました。励ましてくれていたんですね。

翌年、まあ今年（２００８年）の４月にカトマンズへ行くから、そこで会おうと。そのときに、もう一回、雪崩にあったガッシャブルムIIを登り直すというのは決めてました。とにかく、11月にパキスタンに行くというのはとても重要だったんです。迷惑をかけた方にお礼をして、治ったという状態を見てもらうつもりでした。

エクスプローラーズウェブに、「友達へ」というお礼の手紙を英文で書いて掲載してもらいました。あのときに私を助けてくれた誰かが見てくれるだろうと。その後パキスタンに行って、お礼をいう。それからカトマンズに行ってラルフにお礼をいって、片山右京さんと一緒に来ていたシェルパにもお礼をいって、後片付けをして、帰ってきて次の登山の準備を始めるつもりでした。

それで4月にカトマンズに行きました。

カトマンズへ行ったときに、ラルフの会社でガッシャブルムⅡのアレンジをしてもらう依頼しました。けが人ですから、ある意味チャレンジャーなんですよ。なので、とにかく行ける所まで行くという思いでした。ですから、登れなかったらどうかなっちゃうとかという思いはなかったですね。

後に、ラルフは、そのときの私の様子を見て、ヒロはもうヒマラヤには登れないな、と思ったといっていました。あまりにも痩せてしまっていて、疲労感が漂っていると。まあ、いつかはまた戻るとしても今年は無理だろうと思ったみたいです。

それで一回カトマンズから荷物を引き揚げてきました。荷物を整理するというのは、すごく重要だったんです。何が残っているかを見るというのもありましたし、もう使わないと思ったものは処分しました。まだ、傷んでいないものとか、予備にしていたようなものは、知り合いのシェルパにみんなあげてしまいました。私が、登山用具を片っ端から配ってるのをみて、みんなは、私が山をやめると思ったみたいです。

登山用具は右京さんが事故現場から送り返してくれて、カトマンズのコスモ・トレックにデポしておいてくれました。コスモ・トレックの大津さんには、学生の頃からお世話になっていて毎年必ずいろいろとお願いをしていました。現在、私の登山用具のほとんどはコスモにデポしてあります。右京さんのシェルパもコスモのシェルパだったんです。

次の山行きの前に、荷物を整理し、様々な所属団体のすべてを退会するという作業もありました。ただやめますというだけですがね。ああいう事故が起きることで、いろいろと見えてくるものがあるんです。とにかく、余分な、いらないものは処分するという気持ちがすごく強かったですね。それをしないと次の一歩が出ないという感じはありました。格好良くいえば、新しく山登りを始めなければいけないから、自分の心の中を整理するみたいなことはあったと思います。

いままで通り続けるわけにはいかないというのはありました。

遭難と保険

こんどの遭難・救出でかかった費用は保険で全部は賄いきれませんでしたね。日本で通常は入れる旅行保険では、登山というのは適用外なんです。危険スポーツで。それ結果的には、ノルウェーの保険会社（現在、イギリス）のに入れば良かったんです。それは全部カバーするんですよ。ただ、残念ながら、その事故が起きる時点ではそこまで考えが及ばなかったんです。

私たちは三つのパターンを想定していたわけですよ。

何事もなく帰ってくる。

凍傷みたいなけがをしても自分で帰ってくる。

死んでしまう。

この三つは想定していたわけです。

ですから保険はこの三つを賄うもので基本的に良かったわけです。何事もなければOK、けがだったら、帰国して社会保険で通常の治療ですからね。あとは、生命保険の治療の保険の部分で埋め合わせができたんです。

死んでしまえば生命保険ですから。

ところが、今回のような、死んでもいないし、自分でも帰ってこれない、これは想定外だったわけです。保険のことに関してまったく無防備だったわけじゃないんですけど、想定していた範囲のどこにも収まらなかった。

事務局の関係者には多種多様な方々がいましてね。一人の方は社会保険労務士なので、保険会社といろいろな交渉をしてくださりました。

しかし、トータルの費用で七百万円ぐらい。国内での入院やリハビリまで入れたらもっとかかります。

パキスタンの空軍がやってくれた分はやはり請求書が来ます。それがだいたい四百万円ぐらいだったかな。ヘリ二機分。これは、ラルフの会社で入っていた山岳保険で一部カバーされました。ラルフもかなり交渉してくれたようです。ラルフの会社には、二百万円ぐらい返済しました。

それからスカルドからイスラマバードまでのヘリが二百万円ちょっとぐらい、イスラマバードから日本までの座席が八つ分で五十万円ちょっとでした。さらに成田から東京医科歯科大学までは十万円ぐらい。あと現地での入院費、加藤君が救援に来てくれた費用とか、片山さんに提供してもっらた酸素とか、事故現場で提供してもらったロープとか寝袋とか、なんとかかんとかで、七百万円くらいでしたね。

結局、保険とか、あと14プロジェクトで蓄えていたお金なんかを使って払えたのが、全体の50パーセントぐらいですね。あとの三百万円程度は、私を応援してくださっている方々からお借りしています。今後、登山を続けていく過程で、お金は返していくつもりです。

所属グループから脱退

ガッシャブルムⅡ（GⅡ）に行くに当たって、全ての所属グループを退会しました。山関係の団体は全部ただのお付き合いだったんですよ。ただ、名簿に名前が載っかっているだけだったんです。

日本山岳会は、去年、この14プロジェクトが立ち上がる時点でやめたんです。

理由は、私が何か事故を起こしたときに、日本山岳会会員と出ちゃうと、お互いに迷惑になるので。すでに日本山岳会とは全然お付き合いなかったですし。

私はガイドの資格を持っていたのですが、全然ガイド業務をしてないし、資格更新もしてないので。ガイドと名乗れるのは、プロの、専業ガイドさんだけだと思うんです。そういう意味で私が所属しているのは申し訳ないのでガイド協会もやめました。

事故が起きたときに、所属していれば、日本山岳会会員と出ざるを得ないです。そうすると、事故の問い合わせが日本山岳会にいっちゃう可能性があります。こうなっちゃうと、まったく収拾がつかなくなるんですね。

実際、私は非常に苦い経験がありまして、1998年に、旧K2のメンバーたちが日本山岳会の隊としてカンチェンジュンガに行ったんです。一緒にK2に登った谷川太郎さんを隊長に、椎名君や赤坂さんとかが行ったんです。椎名君は早稲田の山岳部で私と同い年で、ずいぶん一緒にテレビ朝日の日本の名峰シリーズとかボッカで行ったりとかしてたメンバーで、千葉大の赤坂さんは、ベースキャンプで私とテントパートナーでした。ところがカンチェンジュンガで、椎名君と赤坂さんが亡くなってしまったんです。事故が起きたわけです。私は旧K2のメンバーとして、留守本部の一人として事務を引き受けていたんです。

事故が起きたという一報が流れ始めると、もう新聞やら野次馬やら、日本山岳会のメンバーやら何やらが、日本山岳会に電話をかけてくるわけですよ。

それで「僕は会員番号何番の誰々だけど、今回の登山は誰の許可を取っていったんだ」とか、変な人が電話をしてくるわけです。「計画に無理があったんじゃないか」とか、それはそれは凄まじいんですよ。

それが一人や二人じゃないんですよ。何十件とそういう電話がかかってくるわけですよ。私たちは現地から状況報告の電話がかかってくるのを、待っているわけですよ。だから、問い合わせの電話をかけないでくれっていっているんだけども、きりがないわけです。

それで、報道各社の記者が取材するんですけど、頼んでもいないのに勝手に変なおっさんたちがルームに来て、自分の感想をしゃべったりするわけですよ。私が原稿を発表することになってるのに、勝手にそこに座って、喋っているんです。ああいう姿を見たら、自分が日本山岳会の会員として事故を起こしたらえらいことになるなという思いがあったんです。

その後も会費は、お付き合いとして払ってはいましたけど、14プロジェクトが立ち上がってからは、問い合わせが向こうに行くのは困ることだから、それだけは絶対に避けたかったので、みんなやめようとは思っていたわけです。

第十章　再び14座を目指して

（この章取材　2008年9月22日から三日間）

※ガッシャブルムⅡ峰（8035メートル）所在地＝中国とパキスタンの国境のカラコルム山脈・ガッシャブルム山塊
◆初登頂＝1956年、オーストリア隊　ヨゼフ・ラルヒ、フリッツ・モラベック、ハンス・ヴィレンパルト
◆竹内洋岳の登頂＝2008年7月8日クラシックルート　無酸素

「竹内です。
いま、ガッシャブルムⅡ峰の頂上に立ちました！
みなさん本当にありがとうございます。
雪の状態が悪くて、かなり手こずってしまいましたが、いま、頂上に立ちました。
この頂上は私にとって本当に特別な頂上です。
いままで頂上に立ったときには嬉しいことばかりでしたが、
今回は色んなことが思い出されて、何とも特別な頂上になりました。

これから気をつけて下りたいと思います。
ラストキャンプに下りたらまた連絡したいと思います。
本当に、みなさん、ありがとうございます。」

ガッシャブルムⅡ再び

今回（2008年）のプレスリリースでは、ガッシャブルムⅡとブロードピークの二つ行ってきますと勇ましいことをいいましたけど、あれは最大目標で、できたらいいかなという感じでいったんです。

本当は……ベースキャンプまで行けるかどうかわからなかったですね。カラコルムハイウェイ自体が、背骨が折れていてシャフトが入っている状態で、ちょっとどうかなと思いましたからね。ときどき酷くジャンプするような道ですから。もちろん、ボロ車じゃなく、ちゃんとした車で行きましたけれども、どこか具合が悪くなることはないだろうかと心配してたんです。行く前にすっかり疲れ果ててしまうんじゃないかとか、シャフトの入っている背骨が痛くなるんじゃないかなあと思ってました。

まずは、行こう、100パーセントの力を使い切ってもベースキャンプまでは行こうと。もし、ベースキャンプまで行けたならば、次は100パーセントの力を使い切ってもいいから事故現場まで行こうというつもりではいたんです。

事故にあったとき、帰国して、入院した時点で、来年、GⅡに絶対行くと思ってました。

もし、シーズンになって足が動かないとか体が動かないとなっても、ヘリをチャーターしてでも、とりあえずベースキャンプまでは行こうと。そこから山をとりあえず見てみようと。

なので、ベースキャンプに近づき、次に事故現場に近づき、事故現場を越えて、だんだん、ああ、行けるんだと思いました。

本当は背骨だけではなくて、胸もどうなっているか心配だったんです。穴の開いた肺は戻ってはいるんですけど、おそらく、けがをする前よりは心肺能力が落ちていると思うんです。肋骨が飛び出していますから、肺が圧迫されて少し小さくなっちゃってるかもしれないんです。

いままで無酸素で登山をしてきたのですが、その僅かな違いで登れなくなるかもしれないんですね。ちょっとの違いで超高所では、心肺能力が違っちゃう可能性もあると思うんです。

なぜかというと、無酸素で登れない人もいるわけですから。そういう人たちと、登れる人たちの違いというのは何かというと、要素の一つとして肺活量の違いであったり、心肺能力の違いもあると思うんです。

私の肺が多少小さくなっているということで、もしかしたら、そのリミットを超えてしまうのではないかという、そういう恐怖があったんです。

なので、一歩ずつ標高を上げるごとに、まだ行けるかな、まだ行けるかな……と、それをずっと頂上まで繰り返していったんです。

一歩行って、後ろを振り向いて、いまなら帰れるんだろうかと。一歩ごとの決断といいますかね、そういう登山をしたことがいままでなかったので、そういう意味では、すごく面白いというか、辛いというか、厳しい登山でしたね。

今回のパートナーは、ベイカー・グスタフソン（フィンランド）と平出和也君との三人でした。平出君を誘ったのも、もちろん彼に映像などの記録を残してもらいたいということもあったし、自分の体がよくわからないので、身近に誰かよく知っている人がいてくれれば、連絡をしたりとかも素早くできるのではないかと思ったんです。

もう一つは、私が途中でだめになって、帰るとなったときに、ベイカー一人になっちゃうと、彼の登山の計画が狂っちゃうわけですね。もちろん彼のことだから、他の登山隊に混じって、いくらでも登山できるんですけど、サミットデイのときに三人で出たけども、私が下りてしまってその先、雪が深かったときに、二人だったら登れたのに一人では登れないという可能性が出てくるわけです。そういうのは、ちょっとまずいなと思ったんで、平出君がいれば、登山を続けられるからという話をしたんです。

平出君は私を助けるという意味だけではなくて、登山自体を続行するための保険でもあったんです。彼がいて助かりましたね、本当に。

まずはベースキャンプまで

スカルドから古いランクルで自動車で行ける最奥まで行く予定でしたが、途中で道路が崩れていて、そこから歩かなければいけなくなりました。予想外のことが起きると、ポーターたちの手配とか荷物をどうするか、とっさに判断していかなければいけないんですが、それはみんなパキスタン人のガイドがやってくれるんですよ。エージェントがポーターの手配からコックさんやキッチンの手配とか食料の手配とか全部やってくれるんです。

私たちは、朝、テントを畳んで、荷物をパックに入れてポーターに渡しちゃうわけですよ。

ご飯はスタッフが作ってくれます。本来、彼らは先に着いて準備をしてなくちゃいけないんですが、でも、なかなかそれは難しいんです。彼らは本来は結構速いでしょうけど、私たちのほうが速いので。

氷河の中は結構、道が悪いんです。かなり複雑だったり、凍っていたりしてて。けっしてそんなにスピードを上げてないと思いますね。それでも私たちは他の人に比べれば相当速いと思います。

一日に八時間とか十時間とか、ぶっ通しで歩きます。彼らは途中でご飯を食べてたりしてますけど、私たちは途中でお昼なんか食べないでずっと歩き続けちゃうんですね。

私たちが六、七時間、そこをポーターたちは八時間ぐらいでくるかな。ポーターが来ないとテントが張れないので、待っているんです。椅子もないし、結構かったるいんですよ。だからといってポーターと一緒に歩くというのもまた面倒くさいんですよ。

ポーターたちの歩き方って、グァーッと行って休んで、グァーッと行って休んで、本当に十分おきぐらいに休むんです。彼らの歩いているスピードというのは、私たちが追いつかないぐらい速いんです。だけど、すぐ休む。それの繰り返しで行くんですね。荷物を持つ歩き方なんでしょうね。預ける荷物は25キロなんですよ。おそらく個人の荷物もあるでしょうから、30キロは背負っているのでしょうね。

私たちはバックパックに水筒と防寒着が入っているだけです。ウルドゥカス辺りとかを越えるぐらいまでは暑くて暑くて、もう灼熱地獄なんです。それはもう温暖化は関係なく、そこは、とにかく暑いんですよね。ウルドゥカスを越えると、標高も少し高くなって、氷河の上ですから少し涼しくなってくる。

それまではシャツ一枚でずっと歩いていますが、それでも暑いぐらいです。だから、本当にバックパックには何も入ってないですよ。水筒と途中で昼寝をするためのマットとか。それでもうほとんど歩きっぱなしなんで。途中たいして止まらないです。水を飲むぐらいですね。

まあ、山に行く人たちはほとんどそんな感じじゃないですか。トレッキングなんかですと、写真を撮りながらゆっくりゆっくりでしょうけれども。

そのコースはすばらしいですから、世界中から結構来てますよ。日本人もまあまあいます。あそこはぜひ一度行かれるといいですよ。

ネパールのヒマラヤとは全然違いますね。

ネパールはトレッキングルートが生活の場なんです。そこで生活している人が歩いています。なので、泊まる所もあるし、売店もあるし茶店もある。

だけど、バルトロというのは、隔絶された世界で、道は氷河の上ですから、日々変わっちゃうし、宿泊施設もないし、自分でテントを張ってコックさんにご飯を作ってもらいながら行かなきゃなんないんで、ワイルドで、あれはやはりちょっと他ではなかなかないでしょうね。

草木一本生えてない氷河の上を何日も歩いていくというのは、世界的に見てもそうないんじゃないかな。

道は、モレーン（氷河で運ばれてきた石や岩のたまったところ）と氷河とで構成されていますから、その上をずっと行くことができるんですね。所々にクレバスがあったりしますけども、歩いていけます。何日も歩いていける氷河というのは、あまりないんじゃないかな。

私たちはだいたい八日間でした。

ヘリコプターで行くのもありますけどね。やはり順化しないで5000メートルに直接入るというのは大変です。写真を撮りに行くだけでポンと下りて帰ってくるならいいんですけど、そこから登山をしようとするには、どこかで多少、順化してこないと無理ですね。

カラコルムというか、バルトロ氷河には、8000メートルじゃなくてもいい山があるんで、おそらく私はまた何度か行くと思うんです。

GⅡを登らずして他に行くつもりはまったくなかったわけです。とにかく、GⅡに登れるまで何度でも行くつもりでいました。

トレッキングシューズ

今回のベースキャンプまでのトレッキングで、爪が死んじゃいました。かなり痛かったですね。トレッキングシューズは、お店から買ってそのまま持って行ったんです。店で片足だけ入れて、ああこれでいいやと。いつも大体それで大丈夫なんです。日頃、履いているのとほとんど同じものです。ちょっと背中が心配だったので、いつもより硬めのソールの靴を選んだんですが、それが悪かったんです。私たちは歩くスピードが速いので、硬い靴だと、無理矢理、ソールを曲げて歩いちゃうんですね。本来、そういう硬い靴というのは、もっと小股で歩くような、急なところとか、足場が悪いところで使うのが前提にできているんですけど、私たちの場合、急だろうが、悪かろうが走ったりしますから。

石ころの道を躊躇《ためら》わずに思いっきり大股で歩きますから、その分、ソールが反るわけです。そうすると、硬い靴だと無理が出て、あちこち当たっちゃったんです。

右も左も、何枚か爪が黒くなってました。

私の左右の足は、ほぼ同じサイズですね。靴は調整しなくてもほとんど大丈夫です。私ね、靴擦れはほとんどないんです。たぶん、今回は靴が用途に合ってなかったんですね。非常に良い靴で、ちょっとしたクライミングも出来るし、クランポンも付けて使えるような靴なんですけどね。

まあ、でもたいした問題ではありません。

ベースキャンプでの日々

ベースキャンプに入って、待機期間中というのは、ご飯を食べて、遊んでいるだけです。どこにも行くことはない。平出君は、K２のベースキャンプまで遊びに行ったりとか、韓国隊が来ているのでキムチをもらってきたりしてましたけど。私は椅子を出して天気の良い日はひなたぼっこをしてました。

朝ご飯も何時にしたいとオーダーできるんです。私たちは八時にしました。八時になると日が当たってくるんで、起き出して、まず、コーヒー淹れて朝ご飯を食べて、その後、お茶を飲みながらだらだらとして、日が昇ってきたらちょっとひなたぼっこをして本を読んだりとか、寝袋を乾したり、そうこうしているうちにお昼ご飯になって、お客さんが来たり。いろいろな国のメンバーが来ていますから、政治とか経済の話とかも出てきますけど、そんな話をしたり、自慢話とかくだらない話も出て、そうこうしていると、三時のお茶になって、お菓子が出てくるんです。ホットケーキを焼いてもらったり。それでまたしばらくひなたぼっこしていると、陽が陰るのが早いので寒くなってくるので、一旦みんな自分のテントへ帰って行っちゃうんですね。それで六時ぐらいに晩ご飯で（笑）。ベースキャンプのテントは向こうで用意してくれています。ベースキャンプ用の個人テントは料金に入っているんです。個人用テントは中では立てない大きさですね。四人用を一人ずつに用意してもらってます。

私はそこに通信機器とパソコンをセットして太陽電池で充電して使えるようにしてあります。通信や文章作りは自分のテントの中でやるときもあるし、ダイニングでやることもあるし。

そういう機器をいまはもうみんな持ってきています。ブログとか何とかというのは、彼らはごく普通にやっていることなので、向こうはもっともっとそういうものにたいしても、スポンサーが付きますからね。

GⅡ登山行程

今回のGⅡのベースはGⅠのベースと一緒なんです。だからGⅠに行く人たちもいました。今回はイスラム教イスマイリー派のお祭りがあって、ベース中が集合したんです。なぜか韓国隊は参加しなかったな。それでも五十人ぐらいいたんじゃないかな。十チームぐらいいたと思います。公募隊なんかは一チーム十五人とかいますから。

国でいうと、今回来ていたのは、スペイン隊、アメリカ隊、ルーマニア……ルーマニアは二人でしたね。アメリカ隊は七、八人いたな。スペイン隊は二つ来ていました。スペイン隊は、それぞれ七、八人いたな。あとは多国籍のチームが三つぐらいあって四、五人、私たちも一緒ですけど。あと、韓国隊は三隊入ってましたね。韓国隊は一隊に十人ぐらいいましたね。

韓国隊が目指したのはＧⅠとＧⅡでしたね。一つの隊がＧⅠとＧⅡで、もう一つはＧⅡだけで、もう一つがＧⅠだけです。韓国は登山が日本よりよっぽど盛んです。日本は決して登山が盛んな国ではないですね。レベルが高い人はもちろんいるし、富士山にはたくさんの人がいますけど、「登山」が盛んかどうかといったら、盛んではないでしょうね。

公募隊で入っているのは、日本人、フィンランド、あとはスイス人とかドイツ人とか、オーストリアとかイタリアとかさまざま。

ドイツの公募隊はドイツ語圏の人が多いですね。今年はいなかったんですけど、オランダ人も実はドイツ語が堪能な方が多いんです。なので、オランダ人もドイツの公募隊にずいぶん来るようですね。

私たち二人以外にも日本人が一人いました。その人もＧⅡでした。パキスタンのエージェントに依頼して、パーミッションを取ってもらって、コックとキッチンもアレンジしてもらって、ネパールからシェルパを一人連れてきてました。私たちよりキャンプを一つ多く出して、酸素を使っての登山をやっておられました。たいしたもんです。その方も登頂しました。五十歳くらいの方かな。本当にあの人はよく登ったと思います。去年から今年にかけては、ＧⅡを登った人はそんなにいないんです。

私たちが登頂した日は、私たちだけだったんです。私たちの後で、GⅡに登ったのは、もしかしたらその人と韓国隊だけじゃないかな。私たちの前に登っているのも、おそらく五人ぐらい。今回は厳しかったですね。

登山の行程は、ベースキャンプが5090メートルでした。

18日にベースに入って三日間休んで、C1に行って一晩泊まって帰ってきて二日休んでC1へ行って、C2に二泊して、下りてきて、五日休んで、で、登頂ですね。

効率がいいですけど、かなり無理してますね。本来は、もう一回ぐらい縦移動を入れるべきです。これは高度順化がこれで十分だという感じがあったからで、普通はちょっとこれは早いかなとは思います。

7000から8000メートルまで一日で行って下りてきましたね。で、翌日にはベースまで一気に降りました。

下りはやろうと思えば、暗くなってでも歩けば下りれたかもしれませんけどね。でも、そこまで無理する必要はあまりないので。通常はラストキャンプは7400メートルにもう一個出すんですよ。私たちは、それをとばして、下のキャンプから頂上へ一気に登って下りてきたんです。

ベイカーも、こういうことには、もう慣れきっているから。

私たちはある程度、ダメモトでやっちゃうんですよ。駄目だったら下りてもう一回休んで、もう一回サミットプッシュを出すんです。それぐらいの余裕はあるんです。

７４００メートルのＣ４をとばした理由は荷物を減らしてスピードを上げたかったからです。荷物を背負って７０００から７４００に上げて、そこでまたテントを張って一泊して上に行くのだったら、荷物をなくして空身で、７０００から頂上へ往復した方が早いという考えです。

最初のＣ１まで上がって順化したときに、置いてくるのはテントと寝袋とマット、それと残った食料と、ガスですね。

それで一回ベースに下りて、次には、Ｃ２に上がっちゃうんです。

一回目でＣ１に上がってテントを張って、Ｃ１にそのテントやら何やらをデポしてベースに下りてくる。次の二回目には、もう一個、別のテントを用意してあるので、それをベースから持っていって、それは使わないまま、Ｃ１にあるテントに泊まって、Ｃ１にテントはそのまま張りっぱなしにして、翌日、ベースから持ってきたテントをＣ２に上げて、Ｃ２で張って泊ま

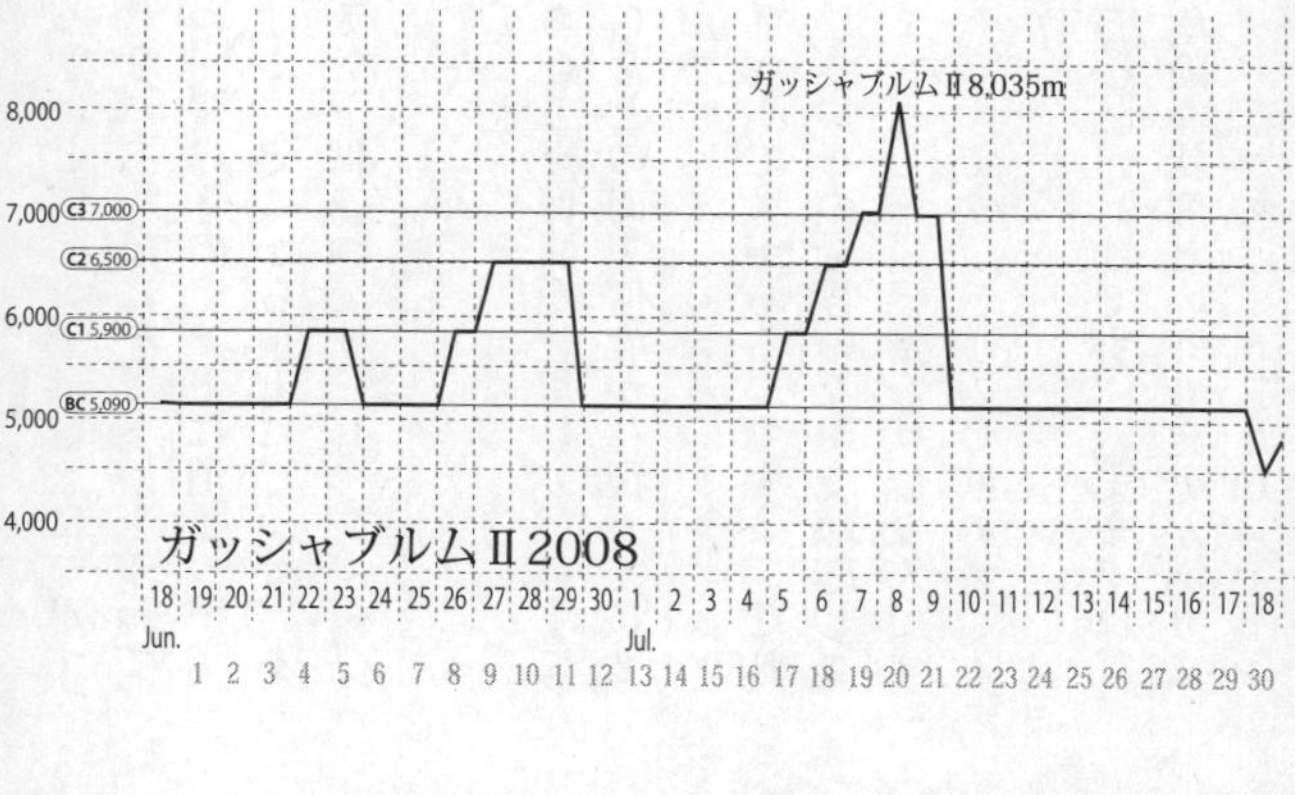

る。C2から下りてくるときには、寝袋とかはC1に下ろすけど、テントはC2にデポすれば、今度、ベースから上がって来るときは、C1にもC2にもすでにテントが上がっている状態です。サミットプッシュはC1のテントに泊まって、C2のテントに泊まって、翌日、C2のテントを畳んでラストキャンプのC3に上げて、そこから頂上に登って、あとは、帰りに全部下ろすんです。キャンプは三つだけどテントは二つです。

高度順化で寝てくるのは

過去のいわゆる極地法のセオリーでいうと、ベースからC1を何回か往復して、C1に泊まったら、ベースに帰ってきて、今度はC1に入ってC2との間を何度か往復してC2に入って、またベースに下りてきてということをしてたんです。

これは酸素を使ったからで、酸素というものはすごく重たくて量があるんですよ。それは一発ではとても上がれないので何度も往復して荷揚げして、その過程のなかで順応しようとしたんです。ところが、私たちはいまは酸素も使いませんし、最軽量な状態なんですね。なので、ベースからC1に入ったらC1に泊まっちゃうんです。C1の最初の夜なんかは全然眠れないです、頭が痛くて。

だけど、高所順応というのはストレスをかけないと順応しないわけです。いままでは、頭痛になるとか吐いたりするというのは、とにかく体に危険な状態という考え方がありましたから、何度も往復して、慣らしてから入ったんですが、私たちは、6500メートルぐらいまでであれば、泊まってしまっても大丈夫だということがわかっているんです。C1に直接入って、頭が痛くてもなんでも、ふらふらになってもいいから、とにかく一晩寝て、翌日、下りて来ちゃう。で、ベースで二日ぐらい休んだら、次はC1に入って、C2に上がって、またそこで寝ちゃうわけです。

C2に入るときもヘロヘロです。でも、まあ、二日ぐらい無理矢理そこにいて、下りてきます。何度も往復していると疲れちゃうんで、どうせ疲れるならば動かない状態で疲れちゃったほうがいいという考え方です。寝てるほうがいいわけですね。

まあ、横になっているだけですけどね。そのとき、頭が痛いことも平気なときももちろんあります。

まだ呼吸が早くて、順応してないなというのはわかります。吐いたりする人もいます。私はあまり吐かないですけどね。でも、食欲とかはがっくり落ちます。

C1までの荷物は15キロぐらいです。私たちのやり方では、たいして持つ物はないんです。

お湯を沸かすためのストーブと鍋と、燃料ですね。食料といっても、ビスケットとか、チーズとか、あとインスタントのパスタとかラーメンとか、そんな程度です。

ベースに帰ってくればレストラン並みに何でもありますから、上にいるときは何でもいいんです。食べる物も燃料も二日分しかいらないんです。上でどうかなっちゃうということは前提にないですから。

天気が悪くなるなら、その前に下りて来ちゃいます。万が一、悪天候に閉じこめられたら、食いつなぐようにします。ですから、燃料は、少し余分に持って行って、飲料もすこし余分に持ちますが、食料や予備の物は、ほとんど考えてないですね。それでも、たいてい余りますよ。

C1で一泊してくるとか、C2で二泊してくるとか、この寝てくることがとても重要なんです。熟睡はしてないですよ。ときどき目が覚めます。うつらうつらしたり、また目が覚めたり。私もそうですけど、隣で寝ているベイカーなんかを見ていても、時々呼吸が止まったりしてるんですよ。まさに睡眠時無呼吸症候群になっているんです。一分ぐらい止まっているんですよ。死んじゃったかなぁーとかって見ていると、ブバーッとかって、また息を吹き返すんですね。お互いに、一晩に何度もそれを繰り返しているようです。

急に6000メートル以上もの高所で寝るのは大きな負担です。起きていれば、自発呼吸だけでなく、苦しければ深呼吸するとか、自発呼吸プラス自分で意識をしていますが、寝てしまうと、自発呼吸だけになっちゃうんです。そうすると、どんどん苦しくなってきます。横になると肺が小さくなりますから、余計苦しさが出てくる。それでも、滞在をしてそこで寝るということで、体にストレスを与えるんです。そのストレスがトレーニングなんです。

ストレスをいかに与えるか、それをどれぐらいまでにしておいて、ベースまで下りてしっかり休養できるか、このバランスがすごく難しいんです。

ベースに戻ると、5000メートルという高さでも、体は、ああ、よかったと思うんです。だから、最初にベースキャンプに入ってきたときは睡眠が浅いですけど、上に行って下りてくればとてもよく眠れるようになります。

人間の体というのは本来、あんな高い所に入っていくようにできてないですね。人間の定住限界がアンデスでも、最高4500メートル程度だとかで、それ以上には、最近、金の採掘で人が住み始めた所はあるようですけど、本来、人は住んでいなかったようです。遊牧で入っていくことはあっても、人は住まない。ということは、人間の体はそれ以上では生きていけない、子孫を残せないようにできているんですね。

だけど、人間の体の潜在能力というものがあって、そういう環境の中に入ったときに、そこに適応しようという能力があるんです。私たちはその潜在能力を引き出す手続きをして、登山するんです。

チベットの人たちは、平均寿命は約四十歳といわれています。もちろん、栄養や衛生や医療の問題が大きいとは思いますが、やはり低酸素というのは、本来、人間が住める環境ではないですね。

海の中に潜っていくのとすごく似ていると思うんです。人間は海の中では生活できないですけど、海に適応して潜れるようになっていく人もいますよね。スキンダイビングのジャック・マイヨールなんかは、人間の体がそういう潜在能力を持っているということを教えてくれましたよね。

人間の体には、現在の人類には必要のない、イルカのような機能があるんですってね。それは、もしかしたら、人類がいつか海に帰るときのために、その能力を取っておいてるような、そんな潜在能力があるんですよ。それを、引き出すことができる。それはそんなに難しいことではないんだというようなことをマイヨールはいってました。本当にそうだと思います。みんな持っているのだけど、それは本当に潜在能力で、それを引き出すことが必要なんです。

ブログで、C1で結構、調子がいいから、このままC2まで行こうと書きましたが、まだ負荷が許容範囲なんで、もう一つ上まで行って、負荷をかけちゃおうと思ったんです。負荷をかけられるなら、できるだけかけようと。こういうのは昔の考え方ではちょっとないと思いますね。

そのかわり、自分の体の声を聞くのに、よほど敏感でないといけないですね。無理な負荷をかけていますから。C1で一日だけ寝て帰ればいいのに、二日寝てくるなんていうこともあります。今回もC2で二日寝てきちゃったんです。予定よりも負荷を多くしましたね。それは、まあ、調子が良かったから大丈夫だろうと。

一人でやっている分にはいいんだけど、他のメンバーがいたときに、じゃあ、俺は調子が悪いから帰るとか、三人でバラバラの体調でしょ、本来。それは、突き詰めて言えばすごく難しいことなんです。

人間の体は平均を取るというわけにはいかないんです。やっぱりお互いに、俺は調子が悪いと、一人で下りられなければ一緒に下りてくれというようなことがお互いに言えるからこそ、そういうことができるんです。

　そういうふうに言える状況をつくるのは難しいですよ。ただ、私たちのようなああいうつきあい方であれば、言えますよ。言いますし。

　言わないと迷惑がかかるし、自分も困る。言ったら悪いかなとか、言わない方がいいかなというのは、もちろんあるんだと思うんですけど、でも、よく自分で観察して、これは、言うべきだということは、言わないと駄目だし、そうすることで、向こうも、言ってくるんです。

　日本人には、それは難しかったんだと思いますよ。だから、非常にきっちりとしたタクティクスを決めてあるんですよ。多少調子が悪くても、明日は下りるから頑張ろうみたいな。

　そして、全部のキャンプに、テントを設置していくわけです。私たちは、畳んで上に持って行っちゃいますけども、旧来のやり方というのは、C1、C2、C3に全部テントを置いていくわけです。それで全部フィックスロープを張って補給線が切れないようにするわけです。そうすると、一人で下りるとかということも可能になってくるわけですね。

　こういう登山は別に世界中でやってますけども、あれは、やっぱり日本人の気質とか日本人の大きな組織というものに、すごく合致していたんだと思うんですね。

　いまみたいに公募隊の各国の混合グループで行けば、基本的には日本人は一人だし、そんな日本人らしい遠慮をする必要もまったくないわけです。でも、今回のように日本人が二人とベイカーという状況は、平出君は遠慮する部分が……あったと思いますよ。最初はやはりちょっと緊張していたでしょうし、あと過去に彼がやってきた大学山岳部の登山隊とかの手順への、慣れみたいなものを感じるときはありました。

何したら良いんですか？　とか……。なにもないよって言うと、寂しそうにしてました。ただ、慣れてきていましたね。彼はもう既に少人数の登山というのをいっぱいしているんですよ。なので、そんなに苦労はなかったと思います。

雪崩地点

C2から登りながら、雪崩地点は、すぐにわかりました。

アーンツはまだ発見されてないです。さまざま思い出しましたよ。

ここからあそこら辺まで落ちたのか、あんなに落ちたのかと思うと、恐怖感というより驚きが大きかったですね。

遠くの方に、黒い何かがおっこっていたので、自分たちの物かもしれないと思って取りに行こうとしたんです。でも、まあ、それは明らかに、大きさとかから全然違う物だったんですけどね。

まだ見つかってないアーンツのボディが出てくれたらいいなあと思っていました。少なくとも、彼の持ち物とかね、自分のなくしたものとか、ないかなあと思いましたが、まったくわからなかったですね。

もし、出てきても……自分たちがここで雪崩にあったんだという現実味が増すだけですけどね。でも何かあれば、去年の記憶と今を繋ぐのかなと思いました。

自分が埋まっていた所まではとても危なくて近づけないんですよ。その辺に行けば、もしかすると、何かあったのかもしれませんけどね。

雪崩の後には、バックパックの雨蓋と背中のパネルしか残ってなかったです。それ以外の物は、散乱してみんなあそこら辺にたぶんあると思うんです。

でも、あのとき救助の人たちが結構拾ってきてくれてたんですよ。今年の春、カトマンズに行って荷物整理をしたときに、なくなったと思った物もずいぶん出てきました。

例えば、ダウンのワンピース。たぶん、バックパックから飛び出したと思うんですけど。私が埋まっていた所におっこっていたんですって。ゴアテックスのジャケットとかもワッペンが付いていたので私のだとわかったようです。あと脱がされた靴とかもありましたね。

片山右京さんのシェルパがC2から私の個人装備を下ろして、パッキングをしてカトマンズへ送ってくれたんです。片山さんのところの二人のシェルパは、私も以前からよく知っているんです。一人は1995年のマカルーで一緒のシェルパでした。私の個人装備は、ほかにベースにあった寝袋とか、生活に使っていた物とかもパッキングしてカトマンズへ送り返してくれたんですよ。私は体だけで帰ってきましたから、ジュラルミンのボックスの中にパソコンや電気製品が入ってたんで、それだけは片山さんが日本に持って帰ってくれてたんです。

私が事故の直後に見たのは、雨蓋とパネルだけだったんです。C2からC1に下ろされたときに、一人が私のズタボロになったバックパックを見せて「ヒロ、何かいるものがあるか」って聞いてくれたんです。私は「衛星電話」しか思いつかなかったんです。雨蓋を開けたら衛星電話が入っているから、それをとってくれといって、それだけを受け取ったわけですね。後で考えてみれば、ストラップのポケットにカメラが入っていたんですね。カメラはどこかへ行っちゃったんです。もしかしたら、近くに落ちてたのかもしれませんけど。デジタルのカメラです。SDカードだけでも、戻ってくれればね。あの時は、そんなことまで考えませんからね。

最初に日本大使館に連絡してくれたのは片山さんで、近くにいたアメリカ隊はアメリカ大使館に、ドイツ隊はドイツ大使館に連絡をして、ディルクから、ブロードピークのベースにいたラルフにも連絡が行きました。結局、ラルフや大使がドイツの関係機関に連絡して、ドイツのメルケル首相まで、話が届いて、ムシャラフ大統領が、救援のヘリを出したんですね。

まだ、当時ムシャラフ大統領が軍の最高司令官だったんです。それでムシャラフ大統領が空軍に直接電話をしてヘリを飛ばしてくれたんです。

そんなことを思い出しながら登りました。

ラストキャンプで

Ｃ３のラストキャンプで、グローブやなんかはみんな寝袋の中へ入れるんです。目覚ましは腕時計のアラームです。

起きると、ヘッドランプをつけて、お湯を沸かします。水は前の日に雪を溶かしてテルモスに入れて凍らないようにしておくんです。朝は、まず、お湯を三人分沸かして、それを飲みながら、また雪を溶かして、沸かしながら飲んだり食べたりしている間に、またさらに雪を溶かしてテルモスに詰めて、それで頂上へ行くんです。

ご飯はお湯で溶いたマッシュポテトとか。フリーズドライも使います。あとベビーフードとか、パウンドケーキみたいなもの。生ハムやチーズなんかも使います。

一応きちっと食べていこうと。後の１０００メートル上がって１０００メートル下りてくるまでは、ほとんど飲み物だけです。ですから出発前に、飲めるだけ飲みます。それは一種、飲み貯めなんですよ。かなりお茶とかスープとかいっぱい飲んで、食事はそんなに多くはないです。

テントの中に入っているときは靴は脱いでいます。

出かけるときに靴を履いたりするのはテントの中で、クランポンは外ですけど、靴までは全部テントの中で履きます。

三人でごちゃごちゃぶつかり合いながらやっているんです。結構、狭いといえば狭いですね。でも、そのためだけに、でっかい重いテントを持って行くというのはないですね。ただラストキャンプから出ていくときは、テントも畳みませんし、寝袋も畳みません。ただ出て行くんです。

テルモスに、私は温かいポカリスエットを入れます。いつもそうです。ポカリスエットの粉を持って行って溶かして。ただの水とかお湯とかというのは吸収効率が悪いんです。イオンバランスの問題があってね。

ジュースとかお茶は、口に残る味が良くないんです。温かいポカリスエットが一番私には合っていますね。

出かける前にテルモスに入れておくと帰ってくるまで温かいですよ。

ベイカーもポカリスエットですよ。ベイカーは、はじめて一緒にカンチェンジュンガ（2003年）に行ったときに、私のポカリスエットを飲んで、すげえうめえとかいって、一緒に行くときは、ポカリスエットを持ってきてくれと。

ラルフがパックしてきてくれる高所食の中にも、いろいろスポーツドリンクは入ってるんですが、どうも口に合わない、美味しくないんですよ。

以前はね、サミットプッシュの行動用に、ビスケットとかナッツとかドライフルーツとかも用意したんですけど、結局、食べないんですよ。いまは、ジェル状のエネルギー補給食品みたいなものをポケットに三つぐらい入れています。糊みたいなもんです。大して甘くなくて、主原料は炭水化物なんですね。トライアスロンの選手が使っている栄養補給のためのもので。口を、ちぎって飲むんです。一応ポケットに入っているだけで、実際にはGⅡでは使わなかったですね。

バックパックの中は、テルモスが入ってるだけで、何もないです。

平出君はパックの中に予備の手袋とか入っていたらしいんです。私は予備のものは一切持ってないです。ベースには予備はありますよ。クランポンやグローブとかは多少は予備は持って行きます。継続ですから、一回目の登山で壊れちゃったり無くしたりする可能性がありますので。でも、サミットプッシュのときに、予備の何かを持って行くということはないです。予備の電池も持って行かないです。それは、ラストキャンプで新品に全部替えますから、予備電池も持たないです。

夜明け前に出るから、ヘッドランプだけは必要です。三人のヘッドランプといったって、たいして明るいわけではないんですが、古いロープが少し残っているとか、ルートは判然としていますので。それにだんだん明るくなってきますから、そんなに問題もないです。暗闇の中を、クランポンを氷に蹴込む音だけを聞いて歩いていくわけですが、動きは私たちは速いと思いますよ。

途中で止まってなんかということは、まあないですね。一時間、歩いたからお休みとかそんなのもなくて、ただ頂上に向けてひたすら歩き続けていくんです。ときどき風が避けられるような場所があれば、状況が良ければちょっと休むことはあります。そのとき、ポカリスエットとかお茶を飲みますね。高所では水分はある程度補給しないと駄目なんですね。ある程度、状況が良ければ、まとめ取りじゃないですけどね、水分補給をします。テルモスの容量は1リットルです。

キャンプを出たときは真っ暗ですが、暗闇はだんだん白んでくるんですよ。白んできて、ある瞬間に、全部が銀色になる瞬間があるんですね。お日様が出る直前です。

標高の高いところにいますから、地平線は遥か遠くで、平らに見えますから、雲のない天気がいいときは、きれいなグラデーションになるんです。だから黒くてインクのような闇があって、群青色があって、青っぽい所があって、紫色があって、ピンク色というか、オレンジ色もあってとか、グラデーションになるんですね。

それらは、いつなのかはちょっとわからないんですけど、真っ暗な所から白んできて、そういう色が付くちょっと前に、足下が雪で白いから白っぽく見えるんだと思うんですけど、空も、太陽が昇ってくるであろう方角とか山の所とか足下とかがバーッと銀色になる瞬間があるんです。

それでも立ち止まったりはしませんね。

ずっと風は吹いているんですよね、そこそこ。

風の吹き方は千差万別ですね。なぜかというと、谷とか尾根とかの影響を受けるからだと思うんですよ。日陰と日の当たる所との空気の動きとか谷の中での空気の動きとかがあるので、千差万別なんですね。だから、ずっと風が吹いてるときもあれば、全然風が吹いてないときもあるし、ブロードピークのときなんかは、サミットプッシュのときに、十一時に起きて十二時に出て行こうと思ったら、とんでもない風が吹いたんですよ。もうテントが潰れるかってぐらいなんです。こんなに吹いていたら登れないなと思ったら、三、四十分経ったらぴたりと止まったんです。

その間は、テントの中で待っていました。今日は登れないから、もう一回寝ようって、寝袋の中で待っていたら止んだんです。そこからまた準備を始めて、ちょっと、まだ風の余韻があったんだけど出て行ったんですね。

出発は夜中

もう、C1からC2とか、C2からC3とかっていうのは、何時間ぐらいで行けるかというのが私たちはわかっているわけです。なので、あまり早く出て行くことはないです。寒いので。ルートによっては、落石の危険性があれば、暗いと落石が見えないというのもあります。

でも、サミットデイの場合は、その日の内に頂上へ行って帰ってこなければならないので、どうしても、十何時間とかは動かざるを得ないのです。

C1、C2、C3などのキャンプに入るのは、次のキャンプへ行くだけですから。ワンウエイですからね。だけど、サミットデイというのは頂上に行って帰ってこなければならない。なので、出るのは大体、夜中の十二時とか一時とかですね。

とにかく明るいうちに帰ってくるというのが大前提なんです。

と、なると、逆算していけば、夜中の出発になっちゃうんです。とにかく日が落ちる前に、ラストキャンプにどうしても戻ってこなくちゃいけないんです。

ラストキャンプは、だいたい7000メートル以上なんで、7000以上だと、日が当たって雪が緩むということはまずないんです。雪が緩んで雪崩が起きるといいますが、日が当たろうが当たるまいが雪崩は起きるんです。雪のあるところには、かならず雪崩の可能性があるんです。もしそういう状況になれば、日が当たろうが当たるまいが、そこは通れないんです。

日が当たって緩んで雪崩が起きるというのは、日本の春の雪崩というイメージなんですね。しかし、ヒマラヤに限らず日本の山でも厳冬期の登山では夜でも普通に雪崩れるんです。

ヒマラヤなんかでは、特にそうで、夜中でも雪崩はもうちょくちょく起きているんです。一晩中雪崩の音がしているというのは決して珍しいことではないんです。なので、日が当たってくれれば、もちろん雪崩の発生率は高まるかもしれませんけど、日が当たるから、当たらないから雪崩がどうのということは、私たちにはないですね。サミットデイは、それとは関係なく、暗いうちに出て、とにかく凍えるぐらい寒い中を歩いています。

マイナス25度とか30度とか、それぐらいでしょうね。風もありますし、なにより、低酸素ですから、体温維持能力はがっくりと下がっています。体感温度はもっとずっと低いと思いますね。

息は凍ってますよ。口の周りに霜が付いてというのはよくありますね。日が昇ってくるのを心待ちにして登り続けるんです。

今回は、天気は良いという予報が出ていました。風は午後から出るという予報でしたが、まさにその通りでした。まあ、雪のコンディションが前年に比べて明らかに良かったので、これは、まあ、登れるかなという感じがありました。

背骨にシャフトが入ってますので、自分の体がどこまで持つかというのはありましたね。今年は山のコンディションはすごく良いというのは、結構早い時点で感じました。世間は温暖化のせいで、様々なことが起きてますが、ヒマラヤもここ数年の気候の変化で、年々難しくなっていると思います。

本来なら氷の所が氷ではなくなっているとか、雪が降るはずなのに雨が降るとか。特にブロードピークは、C2ぐらいまで、ずっと雪も氷も全部解けちゃって、ガレ場になってました。

過去の写真を見ると、全部、氷や雪で、ただてくてく歩いていくだけだったのが、今回行ったら、ガレ場で、落石は酷いし、ここ五、六年で急激に変化しているんですね。ベースキャンプから壁の取りつきまで、二十分ぐらいなんですけど、氷河にでっかい川ができちゃっていて、濁流なんですよ。落ちたら絶対死んじゃうような川で、そこはロープを張って竹の棒を渡して渡るんですけど、あんなのは聞いたことなかったですね。ほかにもルートの崩壊や変化は、あっちこっちで起きてます。

雪の上を歩いて登るつもりでいったのに、いつまでもガレ場を歩いてなければいけないんですが、ときどき氷が出てきちゃうんで、ですから、ずっとクランポンは付けたままです。

あれは疲れましたね。これまで8000メートル峰の中ではブロードピークというのは意外と登りやすいともいわれた時代があったんですけど、いまはもう全然そうじゃない。悪い部類に入るでしょうね。

そんなふうに、山も変わってきています。

ガッシャブルムII山頂

1000メートルの往復はやはりかなりの時間がかかりました。夜中の十二時三十分ぐらいに出ていって登頂したのが一時十九分で、約十三時間。さらに下りも、四時間歩いていたんです。

三人ともスピードが違うはずですが、ばらけないですよ。ラッセルは大変なので、先頭はスピードが上がりませんから交替しながらです。今回は全員一緒でしたけども、公募隊なんかだと、歩いて行くのはもうバラバラですよ。

もちろんロープを付けなければならないところは、みんなでロープを付けますけど、そうではない所は、もう、勝手に行ってこい、になりますから、それで登頂したらどんどん帰ってきちゃいますんで、待ってたりなんかはしないです。

ビレイしなければいけないとき以外は、自由です。ビレイするかどうかは、先頭に行く者がそこで判断するんですね。お互いロープに繋がろうと、その現場でそこにいる者同士が考えることで、必要ないとなれば、もうどんどん行ってしまうんです。場合によってはロープを付けないでいっちゃうヤツもいると思うんです。

氷河の上では、常に私たちはロープを付けました。クレバスはロープを付けないとどうにも……。ロープは付けてしまえば、重さはあまりないんです。三人で付けて引きずっていますしね。

上部プラトー（平らなところ）に入って、GⅡの頂上までは一応付けました。途中で、平出君はロープから外れちゃいましたけど、私とベイカーは付けていました。

実は、平出君は途中でギブアップしたんです。それで置いていっちゃったから、ロープから外れたんです。外れたけれども、私たちが行ってトレースができていて、私たちが落ちてないから、クレバスがないだろうということで、付いてきたわけです。ロープはバラバラにならないようにという理由もあるし、クレバスに落ちないようにというのもあります。

このときは、右手にアックスで左手にストックです。場所によっては両方ストックのときもあります。

高所の雪はさらさらと塩のようで、積もっているのを踏んでも踏んでも、たいして固まりません。8000メートルでも氷じゃない所ももちろんありますよ。雪の下は氷と岩ですね。前日まで天気が悪かったので、雪が風で飛ばされて、吹きだまりのように深く積もっている場所もありました。過去、一番ラッセルですごかったのはGIですね。あのときは深かったんです。大変でしたね。

ラッセルを交替しても、下手な人は全然進まないですよ。膝より上のラッセルって技術がいるんです。そのままでは、踏みつぶせないですから。しかも雪の下が氷だったり岩だったりするので、踏み込んでも登れないんですよ。急斜面では踏み込んだ上に、クランポンの先端を引っかけなければいけない。平らだったらいいんですけど。そういう状況もあります。

脱落と復活

平出君は過去に凍傷になったことがあるので、その部分が冷たくなったと思うんですよ。それで、足の指先が冷たくて、凍傷が心配だと。それは、高度に順応してないというのもあるんです。そういう意味では、彼は調子は良くなかったんでしょうね。カメラを回していたから消耗もあったと思うんです。

頂上に向かっているとき、風が結構強かったんですよ。風がちょっと避けられる所で休んだときに、足がすごく冷たいので、一回、靴を脱いで温めますといったんですね。そういうのはよくあることなんです。

ベイカーは、たぶん、あそこが頂上だろうから、雪の斜面だし三、四十分じゃないかというんですよ。私は三、四十分じゃ絶対行けないと思ったので、最低でも一時間半はかかるだろうと、そういう話をしてたんですよ。まあ、とにかく行ってみようと。実際は、そこから二時間半ぐらいかかりました。

平出君が休憩するのは構わないけど、上に上がってまたなっちゃう可能性があるし、そうなると、凍傷のリスクがどんどん高まります。ベイカーと話をして、平出君に、三つの選択肢があるから、選びなさいっていったわけです。

「行く」か「もしくはここで一人で待っている」か、あとは「全員で下りる」か、どれか三つから選べと。

そうはいいましたが、正直いって、そんなの選びようないんです。

「行く」か「ここにいる」か、どっちかですね。もし、平出君が、すでに凍傷になってしまっているとか、ここで待っていたら死んでしまうという状況では三人で下りるしかないんです。そうしたら、平出君が、ここで足を温めて待ってますといいました。

それで、私とベイカーで歩き出したわけです。私たちは、状況が良かったから最初はスピードがあったんです。それでしばらくして下を振り向いたら、平出君はちっちゃく見えるくらいに離れてしまっていたんですけど、岩陰で足を温めてるのかと思ったら、なんかね、ふらふらと歩き回っているんです。だから、何やっているんだ！　あいつ！　と思って、そんな歩き回っているんだったら、来い！　って、大きく手招きをしたんです。

平出君はそれに気がついたかどうかは知りませんけど、バックパックとか予備の手袋とか全部そこにデポしてカメラだけを持って、追いかけてきたんです。本来はロープで繋がってなければいけないのですけれど、彼は、ロープなしで追いかけてきたんです。私たちは、別に彼のことを待つわけでもなく、どんどん上がっていったんです。

そうしたら、その先から急に雪が深くなってスピードが落ちちゃって、頂上直下で、平出君が追いついたんです。それで三人で頂上に立てました。

これは後日談なんですけど、お互いにとんでもない勘違いをしていたんです。私は平出君が、フラフラしているようだったら、来い、と手招きしたから来たと思ったんですね。ところが平出君は、足を温めながら私たちのことを見ていたらしいんです。そうしたらね、斜面が一回、緩やかになってるので、私たちの姿が見えなくなったんです。次に、見えたときに、平出君は、私たちがもう頂上に立って下りてきていると思ったんですね。

平出君は時計を見て、やっぱり頂上まで三、四十分だと思ったらしいです。で、平出君は、頂上の撮影ができなかったんで、せめて下りてくるところを撮ろうと思ったんですって。それで、彼は、カメラだけ持って上がってきたわけです。それで近づいてみたら、私たちが上に向かっていることに気がついたんです。平出君は、これまたすごい勝手な妄想なんですけど、私たちが一旦頂上に着いて下りてきたのに、平出君が登ってきたのを見たから、三人でもう一度頂上に立とうと思って登り返しているんじゃないかと思ったというんです。そんなことがあるわけないですけど、もう、ここら辺りで頭が、正常に働いてい

2008年ガッシャブルムⅡ　左）ベイカー　右）竹内　© 平出和也

なかったでしょう。でも、そう思ったらしいんですよ。それで、平出君は、これは早く追いつかなければいけないと思って、追いついたら、なんのことはない、まだ頂上の手前だったわけです。

お互いに、もう勝手な想像と勘違いです。

ベイカーもずっと後ろを振り返らず登っていたら、置いてきたつもりが、はたと気がついたら平出君が一緒にいるから、すげえびっくりしたといってました。

ピークに上がったときの荷物はいつも同じですね。テルモスと電話です。

GⅡの頂上は狭かったですよ。標高は8035メートルです。過去の写真には、すごく狭い頂上に立っている写真もあれば、なんかえらい広い頂上に立っている写真もあるんですよ。狭い所が一番高いんですけど、そこからちょっと下に安定した、良い所があるんです。

過去のGⅡの頂上の写真で、何人かが肩を組んで写っているのもあるんです。私が立った頂上で、あれは無理だと思いますね。それは、ちょっと下の平らな所なのでしょう。まあ、それは、別にいいと思いますよ。私が、そっちに立って頂上だというのは、問題ですけど、一般の登山者は、それでもいいことだと思いますよ。

クレバスの危険

登頂した後は、ラストキャンプのC3で、すべて荷物を整理して、それぞれが分担して背負って、一気にベースキャンプまで下りました。ベースに帰ってきたときは、もう薄暗くなっていたんじゃないかな。でも、その日のうちに着いてます。

下りはもうトレースもできていますし、危険なことは心配しなくていいんです。もちろんクレバスは至る所にあります。トレースがあったって、クレバスが抜ける可能性はありますから、常にロープは付けています。

クレバスに落ちるなんてことは、全然珍しくないんですよ。しょっちゅう、落っこっています。ただ、ロープを付けているので大丈夫というだけの話です。クレバスに落ちて死ぬ人は最近少ないですけど、けがする人は結構います。

一人が、落ちると、前後の人に、そんな大きな荷重や衝撃がかかるわけでもないんですよ。クレバスの縁にロープが食い込むことで、衝撃が減衰するわけです。ロープの屈曲や、摩擦とかで減衰が起きますので、三人で歩いていれば、よほど大きなクレバスの上で同時に三人落ちない限りは、基本的には止まるんですよ。

クレバスの中へ落っこっちゃって出てこれないとかっていうのは、三人でロープを付けていれば、通常は考えにくいんです。ロープを常に張った状態ならそんなに、スポーン、なんて落ちていくことはないんです。胸の辺くらいまでか、せいぜい頭ぐらいまで落ちて止まります。

ところが、時々クレバスが横ではなくて、縦に開いている場合があります。そうすると、先頭を行った人がおっこったときに、振り子のようにエッジを削って、後ろの人の方向に向かって落ちていくわけですね。そうすると、場合によっては、次の人が落ちたり、巻き込まれたりとかという可能性はあるんです。

二人の場合は、そういう可能性があります。

だけど、三人になると、まあ、確率の問題でしかありませんけれども、ずいぶんと防げるわけですね。だから、基本的には、私たちは三人で行くことになっています。

天気が悪かった後は、クレバスは雪で隠れちゃうんです。ヒドンクレバスです。落とし穴みたいになっちゃうんですよ。それは、もうどうにもならないですね。クレバスが開いているのを見れば、跨げばいいし、避ければいいんですけど、隠れているクレバスがいっぱいあるんです。

だから、落ちてもみんなそんなに驚いてないし、ああ、落ちたなっていう感じです。

ラストキャンプからの荷物をベースキャンプまで下ろすときには、GⅡのときはテントが二つとコッフェルとストーブ、ゴミ……。基本的に、あとは全部個人装備なわけです。食料は少しは残っていますけど、食べちゃっているし、ガスボンベだって空になって、一人二個ずつとか持てばいいですし、ゴミもたいしてないし、大きなものは、テントぐらいじゃないですか。テントはポールと本体とをばらしたりしますけど。せいぜいそんなもんなんですね。

テントは、私たちが使っているのは、一つ、1キロちょっとです。ポールは二本。もちろんほかにも荷物は細かいものはいろいろあるんです、竹竿とかスクリューだとかね。スノーバーとかもあるんですけど、それ自体の重さは大したものじゃなくて、分担してしまえば、食料とかガス以外の団体装備は、一人2~3キロですね。

目印の竹竿は回収する場合としない場合があります。なぜかというと、倫理的には、全部下ろすべきなのですが、そこから毒が出てくるものではないので、置いてきても環境を破壊することはないですし、あと重要なのは、次の人が使うからです。要は、私たちが使って登って下りた際に、次のチームがもし入ってくるには、それを当てにせざるを得ないわけですよ。回収してきてもいいことなんですけど、たぶん回収したら、相当、嫌みを言われると思います。おまえたちは、自分だけが良ければいいのかみたいな。

飛ばされてしまうこともあります。

刺すときですか？　だいたい刺さりますよ、雪ですからね。あと氷だったらスクリューで穴を開けて。一個ずつ開けていくんです。

GⅡのとき用意した竹竿は、全部で二十本ぐらいです。上に置いてきたのは十本ぐらいじゃないですか。テントを押さえるのに使ったりとかもします。

よく日本で、竹ペグを十字にして埋めたりしますよね。あんなことをしちゃうと、凍ってしまって次の朝にはカチンコチンで二度と出てこなくなっちゃうんです。竹ペグは、昔は、良かろうと思って使ったこともあるんですけど、だめです。上の方だと、あれを掘り出すだけでとんでもない苦労なんです。昔のように、長期間、キャンプに張っておくならいいんですけどね。極地法のときは滞在が長いですからね。

テントは私たちは、一晩とかだけですし、中に人が入っているのが基本ですから、その場合は、アックスと竹竿で斜めに刺すだけなんです。

それは別に凍り付いたりしませんけど、無人になることは想定をしてないんです。ラストキャンプは、行って帰ってくるまでの間建っていればいいんです。C1みたいに、デポする場合は畳んで、雪に埋めて目印に竹竿を刺します。そうでないと、食料を狙って、カラスにつつかれてテントに穴を開けられることがあります。カラスは7000メートルくらいまでは、平気で上がってきます。

置いていったテントが飛ばされるということもありますよ。

どこかのチームは、中に寝袋とかが入ったまますっ飛んで行っちゃって、登山を終了してました。留め方がだめだったんですね。

ラストキャンプのテントに限らず、留守のテントを、勝手に使う奴らはいっぱいいます。

過去、ガリンダがどこかへ行ったとき、上部に自分のテントをデポしてあったので、上がっていったら、そのテントの中に人がいて、このテントは私のだから出て行ってくれといったらそのまま占拠されちゃって、持ち主のガリンダが下りてきたそうです。

なぜかというと、彼らは、そのテントを使うつもりで上がってきていて自分たちのテントを持ってないわけです。そのときはインド人だったらしいですけど、おまえ、今日、上がってくるっていってなかっただろって、予定を変えたお前が悪いっていわれたって。誰かが、テントをデポして戻ってきてるのを知っているんですよ。

そういうトラブルも稀《まれ》でしょうけど、ないわけではないです。ただ、一般的には、やっぱりベースである程度、お互いにコミュニケーションをとっているので、あまりそういう質《たち》の悪い奴はいないですけどね、最近は。

昔はありましたね。エベレストなんかでは、ベースキャンプに、コソ泥が出るとかというのは結構あったんです。

私もありますよ。エベレストでテントの中に置いてあった酸素を盗られました。7500メートルのキャンプでした。テントの中だったか、外に袋に入れてデポしてあったのを盗まれてしまいました。それは立正大学のときです。予備があればいいんですけど、チームによってはそれがないことで登山が終わっちゃう場合もありますね。

昔の登山の記録を読むと、登頂してベースに下りてみたら、ベースごと盗まれちゃって、なにもなかったとかありましたよ。ベースキャンプのテントの下に、極秘に地面に穴を掘って埋めておいた財布まで盗まれたというような話もあります。それは、現地の人間かもしれないし、他のチームの奴かもしれないし、通りかかった人かもしれないし、分かりませんよね。

　でも、最近は聞かないですね。昔、パキスタンで日本の登山隊が、上部に行っている間、隊のお金が盗まれるといけないからと、全部のお金を財布にまとめて、リエゾン・オフィサーに預けていったそうです。帰ってきたら、リエゾンが、お札をむき身で、返してきたんですって。財布はどうしたと尋ねたら、金を預かれといわれたけど、財布を預かれとはいわれてないといったとかね。

　リエゾン・オフィサーは、政府から派遣されているんですよ。

　そんな、笑い話がいっぱいあるんですよ。

　逆に、装備を調達し合うということもよくあります。足りないものは、お互いに融通できるものは融通しますね。食料だって交換したりプレゼントしたり、プレゼントされたりなんていうのはよくある話です。

　今回のGⅡのベースキャンプにいたときにも、いろいろチーズとか、あっちこっちからもらいました。チーズとか生ハムなんていうのは、自国のものとか地域のものとか、自分の家で作ったものね、なんかそんなものをいっぱい持ってきてますね。

第十一章　GⅡへ持って行った道具

（この章取材　２００９年１月17日から三日間）

超高度の天気予報専門家

現代の登山で欠かせないツールは天気予報です。

天気予報は基本的には契約をして買うんです。今回のGⅡへ行くときも、天才と言われるチャーリーの電話番号を、ラルフから教えてもらっていて、彼に電話をすれば予報を出してくれることになっていたんですけど、なにぶん彼は忙しいんでね。ラルフとチャーリーとは大親友なんですよ。ラルフがガイドになったとき、チャーリーは気象の講習の先生だったんです。彼も山岳ガイドですからね。

彼は、ラルフとのつき合いでやってくれていたことなので、別に気象予報会社をしているわけでもないんですね。過去には、オーストリアの気象学会の会長かなんかをしていたほどの方ですけど、別にお金を受け取って気象予報をしているわけじゃなくて、自分が過去に教えたガイドさんがどこかへ行くときに電話をすると、友達だからといってアドバイスしてくれるんです。

シシャパンマのときは、私たちのサミットデイが休日だったのに、私たちのためにわざわざオフィスを開けてモニターをつけて、時間単位でレポートをしてくれたんです。ただ、今回も判断に困ったら電話をしろとはいわれていたんです。ただ、毎日の気象予報はさすがに受け取れないわけですよ、電話ですしね。だったら、ちゃんと契約をすれば、メールで天気予報がタイムスケジュールで出てくるんです。今回は、日本の会社でした。

いままでも、チャーリーだけではなくて、スイスの気象予報会社などに頼んでいました。いま、ヒマラヤの気象予報をする会社は、アメリカ、スイス、オーストリア、イギリスなどにいっぱいあって、どこと契約するかってことなんです。公募隊は必ずどこかと契約をしていますね。

私たちも、どっかと契約をしたうえに、最終判断はチャーリーに聞くみたいなやりかたでした。大手の気象予報会社は、気象図に衛星からの写真が添付されていて、風向とかも三十分単位で出るようになっていて、データ表が付いてくるんです。それなので、たいていはその気象予報とチャーリーの二本立てでやってきました。

今回はチャーリーの電話番号はお守り的なもので、基本的にはメテオテック・ラボって日本の会社にお願いしたんです。

オプションにもよりますが、気象予報代は二カ月で大体三十五万~四十万円です。

世界には、穀物メジャーとかが契約するような大きな気象予報会社というのもいっぱいありますが、そのメテオテック・ラボというのは、日本の小さな会社です。

メテオテック・ラボは、狭い範囲の地域天気予報をするところです。ドラマの撮影をするときとか、催し物のときとか、いま一番力を入れているのが旅行関係とか、漁業の天気予報です。

メテオテック・ラボにお願いした理由というのは、そこに猪熊隆之さんという中央大の山岳部のOBの方がいるんです。私と同い年で学年が一つ下かな。学生のときからとにかく気象が大好きなんですよ。

彼は、クライマーとしても非常に優秀でしたが、学生のときに冬の富士山で大滑落をして、足を開放性骨折して、三十時間近いレスキューでようやく収容されたんですね。

手術をして、ようやく治ってヒマラヤなんかにも行ってたんですけど、結局、その後、骨髄炎を発症しちゃって。一時期は生命の危険にまで及ぶぐらいの状態でした。大学を卒業されてからは、登山を続けながら旅行会社に勤めて海外の添乗とかもしてたんですけど、体を壊して内勤になっても体の調子が悪いというので、自分で大好きだった天気予報を独学で勉強されて気象予報士になって、いまの会社へ勤めて、旅行とか登山ツアーの気象予報をしているんです。

私は2005年のエベレストで具合が悪くなった後、東京医科歯科大学の高気圧酸素治療に通っていたんですが、たまたま猪熊さんも骨髄炎の治療で来ていて、久しぶりに、治療室で一緒になったんです。以前から知り合いだったんですが、治療室で一緒になる度に、二人でいろいろな話をしたんですよ。

高気圧酸素治療室は、見た目は潜水艦みたいなもんですね。十五〜十六人入れるのかな。で、2気圧まで高めて、中を100パーセント酸素で満たすんですね。私たちの体の赤血球はヘモグロビンが通常95パーセント程度、酸素と結びついています。酸素吸入をすれば、ほぼ100パーセントになるんですけど、さらに高い気圧をかけると血清の水分にまで酸素が溶け込む。つまり体全体に酸素が溶け込むんだそうです。

酸素をいっぱい取り込むことで、怪我とか、手術した傷口とか、あと低酸素脳症……凍傷の回復とか、潜水病とかには劇的な効果があるんです。

私は低酸素脳症になっていて、猪熊さんは骨髄炎の治療で入っていたんです。一回、二時間ぐらい入っています。それを、一日一回で、何回か続けて行くのです。すごい効果がありました。

そのとき、猪熊さんが気象予報士になるというので、だったら、私が行くときにヒマラヤの予報をやってくださいといったのが始まりです。彼は、気象予報士試験に合格して、その会社に就職したまま日本で最初の山岳専門の気象予報士になるんです。

去年の春に、山本篤さんがガイドをやって、エベレストで公募隊をやったんです。日本人のお客さんを五人ぐらい連れていきました。そのときの予報を猪熊さんが契約をしてやったんです。

猪熊さんの天気予報というのは、彼自身がヒマラヤをよく知っていますから、精度が高いんです。海外の気象予報会社とは、ずいぶんと違う切り口の予報を出してくるんです。

一番良かった例が、そのエベレストでした。他の天気予報会社がストップをかけていた中を猪熊さんだけゴーを出したんですね。それで、他の登山隊はみんな下りてきているところを、山本篤さんの登山隊だけ上がっていって、もう、どんぴしゃで、登頂しちゃったんです。みんなから、天気が悪いからやめろ、やめろとかいわれていたんですけど、猪熊さんは他の気象予報会社がストップをかけている理由もわかってますと、だけど、ゴーを出しますと。そしたら、ほんとうに天気が良くなっちゃったんです。

それぐらい、彼の天気予報というのは精度が高いんです。その上、クライマーでしたから、実際、そこで登山をしている人の視点で予報を出すんです。

それは十分私にはわかるので、今回は完全に彼の天気予報に信頼をおいたわけです。他の登山隊は自分のところの予報だけだと不安だから、ベースキャンプを回って、他のチームの持っている予報と比べ合うわけですよ。情報交換するわけです。「うちのは、こう言っているんだけど、そっちはどう?」とか。

他の天気予報と比べると、猪熊さんの天気予報と彼らと、最大で十二時間ずれるんです。GⅡに登った日も猪熊さんはゴーを出したんですけど、他の天気予報は半日後からのゴーでした。結局、一日ずれちゃったんです。

彼はその時に「天気は残念ながらパーフェクトではありません。だけど動けます。登頂は可能と思います」というので、私たちは行ったわけです。実際、最初は風があって、確かにぎりぎりだったんですけど、登頂できたんです。でも、予報が半日ずれたチームは、その後、嵐になって、登れなかったんです。私たちの前には何隊か登ってますけど、後は、登れなかったですね。

ですから、どこの天気予報を買うかというのはすごく大事なんです。今回、猪熊さんのを使ったのは初めてです。猪熊さんがヒマラヤの天気予報を始めたのは山本篤さんが初めてです。カラコルムの予報はやってなかったから、私の場合が初めてだったんですよ。でも私は、彼の天気予報を信頼しています。

ラルフは残念ながら、今回(2008年)、ローツェへ登り損ねたんです。で、現在、13座ですね。今回、ラルフがローツェへ行って登っていれば14座なんですけど、頂上近くで引き返してしまったんです。以前も駄目でした。

2006年のカンチェンジュンガの後に私とラルフとガリンダでローツェへ行ったんですけど、まさに頂上が見えているみたいな所で引き返したんです。疲労困憊で、天気も悪くなってきていました。今回もほとんど同じぐらいの所で引き返しちゃったんです。私たちが今回のGⅡとブロードピークを登れたというのは、天気予報の正確さのおかげが大きいですね。

猪熊さんは、かなり早い時点で、今年のカラコルムの天候はけっこう良さそうだという話はしてました。今年のジェット気流の流れが例年より北側にあるから、ヒマラヤの天気は悪くはないといっていましたね。

それは、もちろんデータの蓄積とか分析力がすごく大きいと思いますけど、その先は感覚だと思います。センスだと思います。彼は「自分が雲だったら」とか「自分が風だったら」というい方をするんです。その場所の状況を思い浮かべて、周りを見渡す、向こうの山とこの尾根のつながり具合だとかが実感でわかるんですって。それが出来ないと、ただ予報をしても難しいですね。

どの山の面のどこに風が当たる、雲が出るかで全然天気予報は違ってくるわけですからね。山の天気の難しいのは、標高で天気を仕分けないといけないんですね。ベースは悪いけど上は晴れているとか、頂上はどうなのか、C2はどうか、7000メートル台はどれぐらいの天気なのか、一日の中でも標高によって天気は違うんです。それを正確に出してくれる予報が大事ですね。正確な情報なくして、もう私たちの登山は不可能です。

新しい道具

雪崩の事故で、道具はずいぶんなくしてしまったんです。4月に、ネパールへ行ったとき、確認して、いらないものや傷んでる物は処分したし、買い足さなければならないものがずいぶんあったんです。そういうものは今回、買い直しました。

靴は買いましたし、あと商品提供をしてくださっている所には、また改めてお願いしました。

それらは、山道具としての値段でいうと高い方だと思います。私が使っているのはやっぱりちょっと高いものです。もし、何もない状態から、寝袋からテントからすべて、ジュラルミンの箱から何から揃えたら、きっとすごい金額になっちゃうと思いますが、これまでに少しずつ足したり、入れ替えたりしていますからね。

それを全部、揃えなければ、ヒマラヤにいけないのかというと、そうでもない。私たちは、通信の道具やGPSであったりとか、余分なものもずいぶん持っています。ソーラーパネルとか。

ストックだって普通なら、アルミのストックでいいと思うんです。私が使っているのは、カーボンだから値段が倍になっちゃうんです。ピッケルだって普通のピッケルでいいと思うんです。だけど、私のは、倍ぐらいの値段にしているわけですね。そんなだから、何が必要なのか、いくらかかるかということは、ちょっと比べようがないですね。

ヒマラヤに行くのに、なにもかもを揃えなければならないということでなく、通常国内で使っているものに足していけばいいことだと思います。ヒマラヤでどうしても必要なものは靴とか、ダウンとかでしょうか。

雪崩でなくなったものや古いものは全部新しくしましたけど、反省点があって変えたとかそういうものはないですね。

この一年間で変わったのは、メーカーが新しいモデルに変えたためです。

唯一、ジャパンゴアテックス社の新しい素材を初めてテントで試しました。

この素材は、以前の素材より軽量で耐久性を高めたものです。ゴアテックスと呼ばれるePTFEメンブレンは、本来フィルムだけなんです。フィルムのみでは使えないので、表側と裏側から、生地でサンドイッチするわけです。フィルム自体は破れやすいので、三重構造になっているんです。これが3レイヤーのゴアテックスといわれる所以《ゆえん》です。

3レイヤーだと三重ですから重たいんで、これを改良したのが2レイヤーです。表生地とフィルムだけです。裏生地がないんですよ。ただ、裏はフィルムがむき出しになっているので傷みやすいですね。2・5レイヤーというのもあるんです。

それは裏に生地を貼らず、フィルムに無数の突起を付けて、当たっても傷つかないようにしたものです。最近はさらに改良されて、突起ではなく特殊な素材を貼ったものもあります。今回試したこの新しい素材は3レイヤーなんだけど、裏の生地がそれまでの「編物状」から「織物状」になったことで軽量になり、表面が滑らかになったことで引っかかりが少なくなり、耐久性が上がりました。

そのことで変わった重さは、テント一張りで、おそらく数百グラムとかだと思うんですよ。一人用で数百グラムじゃないですよ。三人用で数百グラム軽くなって、どれほどメリットが出たかというのはわからないですけど。ただ、それが積み重なることで、今から何十年前とかに比べると、何キロも変わっているわけです。その重さを減らすことが「スピードが命」の登山ではとても重要なんです。

この素材は今ではテント専用素材として「X－TREK」と名付けられ、石井のG－LIGHTテントにも使用されています。

テントの重さは三人用で1キロちょっとぐらいです。実際に高所で使用してみて実感したのは、軽さよりテント内部の結露の少なさでした。それまで3レイヤーのゴアテックス、2レイヤーのゴアテックスのテントも使用したことがありましたが、いくらゴアテックスといっても、内部と外部の温度差がありすぎて、空気がフィルムを通って出て行く前に内側に結露して、それが凍ってしまうんです。一度表面が氷で覆われてしまうと、ビニール袋の中みたいなものですから、どんどん氷が積み重なって、テント内部の壁にツララがへばりついたようになってしまうんです。このテントでは、結露がゼロになることはありませんが、これまでに比べてそれが格段に少なかったですね。

私の場合は、三人用のテントは全部、特別にアライテントで作ってもらっています。実は、石井のテントはアライテントで作っているんですよ。だから、石井のテントを、私の好みに改良したものを作ってもらってます。それは本体とポールしかなくて、トータルで1キロちょっと。同じぐらいのキャパシティのテントで他のメーカーのテントだと、倍ぐらいの重さになるものもあるんです。

床の幅は、一人分50センチだから、1・5メートルです。一人50センチあれば大丈夫。奥行は、一番背の高い私で180センチあればいいんですが、テントの壁がセットバックしているので、やはり2メートルぐらいにしてます。そうしないと、セットバックで、寝たときに顔が壁に当たってしまうので。

登山料の仕組み

登山料は、今回はラルフの会社、アミカル・アルパインにアレンジを依頼したので、最長で五十日間は決まった金額でフィックスしました。五十日を超えると一日、何十ドルだか加算されていくことになっていました。最初のその費用の中には、イスラマバードで集合してから解散するまでの交通費や宿泊費も全て含まれていました。

今回は、たしか一週間ぐらいオーバーしたので、アディショナルがあったんですけど、基本的な金額はそこに収まったんですね。

ただ、私は、集合の日より、五日ぐらい早く行っているんです。それは、現地に挨拶とかもしなければいけないし、日本人のエージェントがありますんで、そこで荷物をいろいろ整理したりとか、日本から送った荷物をもう一回再確認してという時間を取ったんですね。ベイカーなんかは真っ直ぐに来て、一日イスラマバードにいて、すぐスカルドに向けて車で出ました。

イスラマバードもカトマンズも泊まろうと思えば一泊三十ドルは高いぐらいかな、十五ドルぐらいの所だっていくらでもあるんですけど、私は移動と宿泊はできるだけお金をけちらないようにしています。安いホテルは、泥棒が出たりとかあるんで、余計な気を使わなければならないんで面倒くさいんですよ。カトマンズだったらシャングリラホテル、イスラマバードだったら日本人のエージェントがやっているホテルです。そこは日本語も通じますし、大住さんや督永さんがいるのでそこにお願いするんですね。そこは一泊八十五ドルです。日本人的な感覚では一万円弱ぐらいですけど、パキスタンにしてみれば、かなり高いです。ラルフがアレンジしてくれているホテルは、おそらく一泊で五十ドルぐらいだと思いますね。

実は、今回の登山料は、ユーロが高いときでしたけど、ラルフが扱ってくれたので、かなりディスカウントしてくれました。もし、通常に依頼したら、もうちょっと高くなるんじゃないですか。ただ、登山料はピンキリで、オプションをどれだけつけるかで金額が違うわけです。私たちは、ラルフが別にアレンジしている公募隊のパーミッションの一部分を切り売りしてもらったんです。これはもうほとんど値段なんか付かないようなものなんです。行っても行かなくても、何人でいくらと決まっちゃっているから、そこが空いていれば、一ドルでも二ドルでもいいから売っちゃったほうがいいぐらいで、たぶんラルフはそこの金額は私たちから取ってないと思うんですよ。

ブロードピークのときは、私のパーミッションはフランス隊で、平出君のパーミッションはロシア隊で、ベイカーのはデンマーク隊でした。もし、三人だけで独自のパーミッションを取ったら、これだけで何十万円もかかっちゃうんです。だから、そういうふうなことをすることで、費用がすごく圧縮されているんです。

そのかわり、私たちはベースキャンプでは公募隊とは別のキッチンを使い、コックとキッチンボーイと食堂テントを用意してくれるようにオーダーしました。これも安くしようと思えば、その公募隊のに入ればもっと安くできるんです。

よく「いくらかかりますか」と質問されるんですけど、酸素を使ったりシェルパを使ったりで値段は倍とか三倍とか違ってしまうから、いくらというのはとてもむずかしいんです。今回の料金に含まれているのは、イスラマバードで二泊分、帰り二泊分の宿泊費と途中の交通費、朝ご飯と昼ご飯と晩ご飯。イスラマバードでのお昼ご飯は入ってないけど、それ以降はお昼ご飯も入ってます。飲み物は入ってません。

実際に登り始めて、C1に運び上げる荷物とか、そこで食べる物というのはこれもオーダー次第ですが、今回、私たちは、上部食の一部を用意してもらいました。

フリーズドライとか、ガスカートリッジもお願いして。日本から持って行くのは難しいですから。上部食もフルセットではなくて、ハーフでお願いしたんです。それでも、大分残っちゃったから、平出君がその後インドへ行くというので、良さそうなのは持って行ってもらって、さらに残ったのはみんな返しちゃいました。その分のお金は返ってきませんが、フリーズドライは、また、ラルフのところで使えるでしょうから。そういうふうに、いろいろオプションを付けたり、削ったりしていくんですね。

衛星電話

必ず持って行っているのが衛星電話です。サミットプッシュの時も持って行きます。これはスラーヤです。小さいですよ。一回の充電で四時間ぐらいしゃべれるんですよ。まあ、そんなしゃべることはないですけどね。220グラムしかない。これはバッテリーが入ってます。ほかに予備のバッテリーも持ちますけど、バッテリーだけで70グラムですね。

今回のはひとつ前のモデルですけど、一番新しいのはカラー液晶です。メールもできるんです。これはレンタルです。西はイギリスの先の洋上あたりから、東は日本やオーストラリアもエリアに入ります。

ただ、日本でこの電話を使用するのは法律違反になります。

アラブ首長国連邦（UAE）が運営しているんですよ。アラブって砂漠の国ですよね。電話線を引いたり、携帯電話の基地局をつくるより、衛星電話のほうが安上がりなんですって。それでアラブの人たちが電話するために始めたそうです。現在は衛星を三機打ち上げて運用しているんです。ヒマラヤ辺りは十分カバーされています。これは普通の国際電話と同じように、国番号を打って使うんです。日本からも電話がかけられます。そのときは、アラブ首長国連邦に国際電話をかけてという扱いです。そうすると、エベレストの頂上にいても話せます。

今、私のブログで音声が聞けるのは、みんなこれでやっているんです。だから、例えばエベレストの頂上で電話をすると、電波が衛星にいって、衛星からUAEに行って、UAEから、あそこからだと西回りなんですが、海底ケーブルかなんかで日本へ来るんじゃないですかね。一分がだいたい三ドルぐらいかな。

これは事務局やベースキャンプとの連絡用だけじゃなくて、家にもかけてます。

パソコンとつなげるんですけど、写真一枚送るのにかなりの時間がかかるんです。なので、パソコンからデータを送るのは、ビーギャンという専用の衛星モデムがあるんです。

ビーギャンはブロードバンドです。通信費は高いですけど、映像も送れるし、テレビ電話もできるんです。

私が通常使っているのは、ビーギャンです。テキストを作って、写真を一、二枚送るぐらいなら簡単です。そういう機器を個人で用意するようになったのは、一昨年（2007年）からです。報知新聞との契約でブログを始めてからです。

それ以前は個人的に電話を持っていってましたけど、モデムまでは持っていかなかったですね。

ラルフは必ず持ってきていました。

最初に会ったナンガパルバットのときから、もう既にラルフは衛星電話をもっていて、パソコンに繋いで写真データを自分のホームページに載せていました。

いまのブログは原稿料をもらっています。できるだけ山登りの途中経過はブログ上に掲載することにしています。ですから、現地からブログを更新するために、パソコンからソーラーパネルから、一通りの物を持っていく必要があるわけです。

山で使うパソコンというのは、ハードディスクだと気圧の変化でクラッシュする可能性があるので、全部SSD、フラッシュメモリーのパソコンです。

そういうものとか、バッテリーとかソーラーなんかは、全部レンタルです。

事務局のウェック・トレックから借りるんですよ。ウェック・トレックというのは、そういう衛星通信のアレンジメントもする会社なんです。費用は報知新聞が支払っています。

非常に助かります。ブログも応援してくれて、機材のレンタル費用も負担してくれて、私はそこで報告することで、自分の登山を多くの人に見てもらうことができるんですから。

報知と一緒にブログをするようになって、ずいぶんと新鮮な登山を伝えることができるようになりました。登山の様子が、ほぼライブで伝えられますから。

今までは山から下りて通信ができるような所に着いたときに、知り合いに宛ててメールマガジンのようなものを送っていたんです。それはほんとに個人的なお付き合いのある二百人ぐらいだけでした。ブログというのは、不特定多数の方々に見てもらえるものですからね。衛星モデムまで持ち込んで現地からリアルタイムでやるというのは、報知新聞の支援があったからです。実際、それだけでかなりの費用がかかってしまうんです。

2007年に、雪崩に遭ったときは、バックパックの雨蓋に電話が入っていたので、出してもらって連絡しました。私から事務局へダイレクトに「雪崩にあって、全身打撲ですが、無事です」と。それと、ヘリで運び出された後も、事務局から南極の志賀先生や、他の先生まで、みんなに連絡してもらって、「どんな痛さだ」とか「動くな」とかアドバイスをもらったり……東京医科歯科大学の柳下先生は、すぐに受け入れを整えてくれたり。

それを事務局が全部、集約して私に伝えるとか、私からの情報を送るとか。事務局がハブになったんです。

私の場合、全く個人の登山ですが、実にオープンなんです。それは私が組織に所属してないからです。どこかに所属していれば、そこの組織が出てきてやるということになっちゃうんです。だから、どこにも所属してないが故に、いろいろな人と連携が取れるんです。電話一台で、極端に言えば、世界に繋がるんだから、すごいですよ。

昔なら、遭難したかどうかさえわからなかったんです。いまは、衛星電話で、登頂したときには良い報告が伝えられるでしょ。遭難したときには、救助を求められる。

いまは200グラムちょっとですが、私が初めて衛星電話を使った1995年のマカルーのときの衛星電話は、重さが40キロ、発電機を二台持たないと動かなかったんです。そのときは、まだデジカメも存在しませんから、読売新聞の同行取材があったんですが、写真を送るんですけど、カメラマンの宮坂さんがダークボックスの中で現像して、電送機で送って、原稿も迫田さんがワープロで打って、印刷したのをファックスで送ってたんです。

考えてみれば、1995年なんてたったの十三年前です。僅か十三年でこれだけの発達が……すごく感慨深いですね。

以前から、登山が、なぜ世の中にアピールしないかといわれていた一つの要因として、リアルタイムでの、観客がいないといわれていたんですけど、それが、リアルタイムで報告できるようになってきたんです。そういうこともあって、私のような個人登山者が存在できるんですよ。

いままでは、大がかりな組織でなければ出来なかったのは、こういうものがなかったからですね。いまはそういうのができるようになったんです。登山の形を変えたといえますよ。

衛星電話も、昔はチームに一台とかでしたけど、いまはもう一人に一台です。私たちは横着だから、ベースキャンプで、テントを隣同士に張ってても、吹雪とかで出たくないときは「明日何時にする」とかって電話してます。宇宙経由ですよ。バカみたいですけどね。安全性も増してますけど、個人の登山がみんなに見てもらう登山になってきましたから、ある意味で言うと、ただ登ればいいというだけじゃなくて、私たちも言葉を持って説明や表現をしないといけなくなってます。上手に出来ませんけどね。

私が2007年にマナスルの頂上から電話したときは、ブログでは、すごく反響が大きかったんですね。過去にそういうことというのはなかったです。それまでは登頂したという事実だけ伝えられて、登山者がどんな思いを抱いたかということに触れることはなかったんですよね。それが出来るようになったんです。

ベースキャンプに事務所が

パソコンを持って行くのはこのペリカンケースです。パソコンがちょうどぴったり入る大きさです。

充電はソーラーパネルから取っています。ウェックで用意してくれるのは、アメリカのパワーフィルム社のものです。

ソーラーパネルは、太陽の光の強さによって電圧の変動があるので、そのまま、パソコンに繋いでも充電できないんです。チャージコントロールするんですが、すごい効率が悪いので、二次電源のバッテリーに充電しちゃうんです。バッテリーも大きな革新で、以前は車のバッテリーとかオートバイのバッテリーを持って行って、12ボルトに落としてたんですね。そうすると、また非効率なんですよ。ヨーロッパの登山隊、ラルフなんかもやっぱりオートバイのバッテリーかなんかでやっているんですね。

ところが、このネクサスというバッテリーは日本の小さな会社製らしいんですが、電圧を置き換えるような回路があって、ソーラーで繋ぐだけで、どんどん蓄めていくことができて、好きな電圧を取り出すことができるんです。これを、二台とか三台持って行って、充電を繰り返していくんです。大きさも重さもたいしたものではありません。ベースでも太陽光発電で大丈夫ですよ。

太陽が出ていれば、ソーラーパネルをテントの上に載せればすぐ使えるんです。ヨーロッパの登山隊の多くが、通信機器は用意してきています。個人で持ってくる人も、最近は増えてきました。ラルフの登山隊なんかだと、必ずチームで電話とモデムとパソコンが用意されていて、有料で家族にいつでも電話ができるし、Eメールもいつでも受け取れるようになっています。ヨーロッパは、そういうのがコマーシャル登山のスタンダードになっているんです。一応、データ量の制限とかしてますけどね。電話もメールもできるというのはもう常識なんです。

ノエビアの社長のときは、そういう意味では進んでいましたね。画期的でした。こうなると、登山がより個人的になることで、さらに広くみなさんに知られるようになると思います。こういうものがあれば、地球のどこでも会話ができるし、インターネットにも情報を載せることができるわけです。ようやく、他のスポーツと同じようになったんです。

ベースキャンプまでですが、今回はパルスオキシメーターという血中酸素飽和度を測る機器も持っていきました。病院で使っているものとまったく同じものですよ。自分の体調というか、血中酸素がどれぐらいになっているか知るための装置です。電池を入れて70グラム。これを持って、上に上がるつもりはないんですけど、ベースキャンプで体温計のように使いながら自分の様子を見ようと思ってます。今回は、事故の後だし、ちょっと体の調子がわからないのでね。

これはアメリカ製です。世界で最も信頼性が高い物というのは、なんか日本のミノルタかなんかだといっていましたね。

アイスアックスとハンマー

山を登るための道具では、アックス（ピッケル）です。これはチタンです。普通はクロモリ（クロムモリブデン鋼）とジュラルミンですから、その半分ぐらいの重さです。日本製のミゾーです。溝渕三郎さんという、伝説的なクライマーが、こういうのを作る会社を創って、作っているんです。

ビルの窓拭きも仕事でされていて、山道具だけでなく、高所作業の道具も作っている、すごい面白い方です。

ハンマーの役割はハーケンを打ったり、ブレードは氷を削ったり。

私の場合はアックスとアイスハンマーをセットで使っています。

これは左右を入れ替えてもバランスが崩れないように同じ重さになっています。

私のは2003年からのものです。形も変わってないですね。私はこれがとても良さそうだなと思って買ったんですけど、ハンマーしかなかったので、反対側に先端の尖ったブレードの付いたのを溝渕さんにお願いして、特注で作ってもらったんです。いまは、同じものが商品になっています。

これは総チタンです。手で持つ部分はラバー巻きです。マイナス40度ぐらいでも変質しないものです。巻いてあるのは電気工事用の自己融着テープなんですね。

人間の片手が縦方向に握って支えられる握力というのは、たいして無いんです。

壁では、このアックスにぶら下がるように、体重を乗せなければならないから、リーシュ（つなぎとめておく紐）を付けて、手首が引っかかるようにしなければいけないんです。なので、クライミングをするときには、リーシュを付けるんです。

ただ、アイスクライミング用に作られたアックスは、リーシュがなくても大丈夫なように指が引っかかる突起があります。アイスクライミングはすごく複雑なムーブをします。左右入れ替えますから、リーシュで繋いでいたら使えないんです。

突いて歩くとか、登るとか、ダガーポジションというんですけど、登る場合は、状況によって右と左を持ち替えないといけないんです。私は、高所で分厚いミトンをしているので、落としてしまわないように繋いでいますが、状況によっては、外してしまいます。

これは通常、ずっと手に持ったままですが、邪魔になればホルスターに入れます。柄が短いですから、平らなところでは杖としては使いにくいので、そういう場合はストックですね。基本的にはストックで行って、最終的にこれを出すんです。

ヒマラヤの場合は、氷も、雪も、岩も出てきますから、いろいろな局面で使える、ちょっとニュートラルな、そこそこ全部で使えるというのがこのアイスアックスです。

私にはすごく合ってます。長さも48センチというのが、私にはちょうどいいです。これを、右、左、右、左……と打ち込んで登っていきます。皆さんよくそれで体が預けられるねと言いますが、これは経験ですけど、打ち込んだときに伝わってくる感覚で、刺さってるかどうかわかるわけですね。それは感覚なんです。

見て、ああ、何ミリ刺さっているから大丈夫とか、そういう世界じゃなくて……。数値の問題ではなくて、感覚の問題なんです。おそらく職人さんとかはみんなそうだと思うんですよ。打ち込んだときの手に伝わってくる感覚で、もう一回打ち直したほうがいいか、そのままいけるのかというのは、別に判断とは思わず判断しているのだと思います。体や手が反応してくれてるんですね。そうでないと登れませんよ。一つひとつを数値化して検証していく時間なんてないですから。強いクライマーというのは、体力だけでなく、そういうことを、一個一個、確かめることなく、前に、とにかく前に進んでいけるということがあるかもしれません。

私たちは、両手と両足で登る機会が多くなるんで、道具はアイスアックスとアイスハンマーですね。

予備は持って行きません。以前は、こういうものの予備も持って行ったりもしたんですけど、荷物が多くなるので、予備はクランポンだけですね。それもベースまでです。アックスは場合によっては一本なくなっても、ルートによるんですけど、なんとかなる場合もありますから。

靴とクランポン

これが私が使っているクランポン（四二四頁参照）ですけど、おそらく皆さんが想像される姿とはずいぶん雰囲気が違うんじゃないですかね。攻撃的な感じがすると思うんですけど、先端にフックが付いています。靴がこうスポンと入る。

そう、簡単には抜けないようにできてます。溝にバックルが引っかかって固定します。これは、これまでのクランポンの進化したものですね。横ずれもしない、一番新しいデザインですね。

これは基本的に氷や岩を登るための道具です。一般的に使われているクランポンって、前も平らな刃なんですよ。だけど、これは、縦爪のギザギザが付いて。アックスと同じように、氷に刺さるようになっています。

爪が十二本ですけど、前が縦爪です。クランポンに曲線がちゃんと取ってあって、親指の先端に爪が来るんです。蹴込んだときに、パワーポイントが、そこに来るようなデザインです。昔の滑り止めの爪とは、ずいぶん感覚が違います。

このクランポンは、グリベルというイタリアのメーカーですね。靴もスカルパというイタリアのメーカーで、共同開発をしてこういうのを作ったんです。

いままで、靴とクランポンは別々のメーカーで作っていたもんで、この曲線が合わなかったり、高さが合わなかったりしたんです。

シャフトは金属なんですけど、隙間が開いているんで、岩の上にのっかったりなんかすると折れたり、雪がつくんですよね。それを防ぐために、この蛇腹をつけたりとか、スノーシャットがついてます。ないと、下駄みたいになっちゃうんです。

いろいろ好みがありますけど、このグリベルのクランポンが、私には信頼度が高いんです。チタンの物もあるんですが、私は使わないですね。チタンって体重がかかると撓《しな》るんですね。そうすると、感覚が直に伝わってこないので、重たいけどクロモリです。ヒマラヤでは、テントを出たら、すぐつけます。

ヨーロッパやヒマラヤで難しい氷のルートが登られるようになったのも、こういうものが開発されてきたからです。

それまでは、氷のルートは登れませんでした。

ヒマラヤ黄金時代に8000メートル峰の頂上が登りつくされ、その後の鉄の時代には、より難しいルートから頂上を目指すようになりました。しかし、その鉄の時代においても、もう登るところがなくなったといわれたんです。残っているのは氷のルートとか、とても登れるようには思えない難しい壁のルートだったんです。しかし、さらに道具が発達することで、氷のルートなどを登ることができるようになってきたんです。

昔の人がこんなクランポンを見たら驚くと思いますね。クランポンはエッケンシュタイン方式とかホレショフスキー方式といわれたんですけど、当初、発明されたときには、悪魔の発明といわれて、アンフェアだっていわれたんですって。

クランポンが発明される前は、どうやって登ったかというと、カッティングといって、当時はアックスのシャフトがもっと長かったんですけど、そのブレードで一個ずつ足場を刻んで登ったんです。1956年に日本隊がマナスルに登った際にも、クランポンはありましたが、まだ、前爪、フロントポイントは、ないものでしたので、頂上までずっとカッティングして登ったそうですよ。

アックスは1910年ぐらいに作られたものが、既に今のものと形はたいして変わりません。その頃はヘッドは鍛造でシャフトは木、もっと長いやつなんですけど。まあ、ピッケルです。アイスアックスは英語で、ピッケルはドイツ語で同じものです。クランポンが英語でシュタイクアイゼンがドイツ語です。

当時は靴の底が革で、ナーゲルっていって鉄のつぶつぶが打ってあった。カッティングに足をそっとのっけて滑らぬようにしてました。ビブラムソールは、まだなかったので、今のように出来なかったんですね。

それがクランポンが発明されたことで、使うのは登山家として恥だといわれましたが、おかげでいままで登れなかったところを登れるようになった。もちろんアックスも重要ですが、クランポンの重要性が非常に高くなってきています。

縦爪のクランポンは、誰もが使うクランポンではなくて、ある程度氷壁を意識した登山をする人たちが使うものです。前の二本の爪で体重を支える。モノポイントという一本のものもあります。それがどれぐらい体重を支えられるかというのは、まさに自分の感覚でです。

私が山登りを始めた頃の道具は、大昔に登山された方と大差ないんですよ。私が始めたときは、まだキャラバンシューズとかガラスの魔法瓶とか、そんなのがいっぱいで、私もそれを使っていたんですね。今はまるで違います。そういう意味では、この十数年の変化というのはすごいですよ。

クランポンは予備を持って行くべきですね。

外れることがあるんです。付け方が悪くて外れることもあるし、ちょっとした衝撃では外れないんですけど、外れることがないとは言い切れない。やっぱり壊れる可能性もある。折れる可能性もあるし、なくす可能性もある。

クランポンって、どんな靴にも合うわけではないんですよ。靴とクランポンとの相性というのはすごく難しくて、常に気を遣ってます。

私が使う靴は、スカルパ社のファントム8000という高所登山専用に作られたものだけです。

私が最初に使ったときは、この靴がまだ日本で発売される前で、代理店のロストアローに頼んで特別に取り寄せてもらいました。今は国内でも買えますよ。

これはケブラーとか、ウレタンとか、いろいろな素材が複合的に使われているんですけど、構造的には三重。表側のゲーターの部分があって、中に靴の本体があって、その内側にインナーが入っているんです。外と真ん中は一体化されています。インナーだけは抜けるんです。スパッツと靴がセットになったような形です。

全部化学素材でできていて、インナーは熱をかけて自分の足に合わせて成形をするんです。インナーが抜けないと乾かせないんです。

靴の中に足から出た水分はどうしても溜まるんですよ。なので、インナーを抜いて乾かします。サミットが終わった後に靴を脱ぐと、インナーの上に霜がつくこともあるんです。

アイススクリュー

アイススクリューという道具を使います。

氷にこれを打って、カラビナをかけて、ロープを通すんです。これは手で回すとクルクルクルクル回って氷に食い込んでいきます。片手で出来ます。性能がここ何年かで、急激に上がって、もう片手でスルスルと入ります。取っ手もついています。

回しやすいように刃の形状も開発されてますし、摩擦を減らすために、内部は鏡面状に磨いたり、スクリューの根本から先端までがわずかにテーパー（先を細くすること）してたりとか。航空機で使われているようなテクノロジーがどんどん導入されていて、すごい高性能なんですよ。

スクリューは中空になっていて、氷が中に入っていくんです。だから、氷は割れないわけです。このような、チューブ状のスクリューになったのも１９７０年代後半ぐらいかな。それまでは、本当にワインのコルク抜きみたいなのを氷に刺していたんです。

私が初めて買ったアイススクリューは、ハンマーでひっぱたいて、エイッと回してを繰り返して、ようやく入っていったんです。ところが、いまはタッチアップが良くなったのと、研磨がよくなって、ハンドルが付いたことで簡単に打ち込めます。

この筒の中をいかに磨けるかで違うんですね。昔は中を磨く技術がなかったんです。さらに、私たちはこれを実際に自分で使うときに、先端部分を研ぐんです。

これは打ち込んで使い終えたら逆回しで抜きます。ですから持って行くのは三、四本です。打って抜けばいいですから。最後の人が回収してきますね。ですから一人三本ぐらいずつあれば十分です。

これはちょっと重いクロモリ製。チタンの物があるんですけど、チタンの物は、いまいち刺さらないんです。これもクランポンと同じ、イタリアのグリベルです。
アイススクリューで二カ所からV字形に穴を開けてそこにロープを通して支点にするアバラコフというテクニックがあります。その時に使うスレッドフックというものがあります。開けた穴にロープを通して、使います。それだけのための道具です。でも、すっごく重要なんです。

なぜかというと、ロープを固定してルートを延ばしていくとき、アイススクリューやカラビナなんかを支点にしたら、残置しなければなりませんが、これだと、切ったロープやスリングを残置するだけで、どんどん、ルートは延ばせるんです。しかも、長時間、放置されたスクリューは、太陽の熱を受けて、暖まり、周りの氷が溶けて、抜けてしまうことがあるんです。アバラコフは、スリングが氷と一体化していきます。アバラコフ用の太さのロープを束ねて持って行き、アバラコフしたい所で切って使います。

アイススクリューを打つと、中に氷が入るわけですけど、氷が入っていると次に打つときにうまく入らないんです。だから、フックで中の氷を抜きます。その役目もしているので、ふたつでセットなんですね。だから、一本あればいいんですけど、これはアバラコフをするための必需品なんです。この、スレッドフックは、できあいの物があります。昔はこんなのはなかったので、針金で自分で作ったんです。これは、グリベル社のもので、スクリューがぴったし入って、セットで持っていけるんですね。

私が、以前からグリベルを使っているのを知った、代理店のマジックマウンテンが提供してくださっています。私の場合は、用具提供の話を頂いても、自分で使ったことのないものはお断りしちゃうんです。グリベルには、マジックマウンテンと私で提案した、石井スポーツだけで販売しているアックスのモデルもあるんですよ

カラビナとダイニーマスリング

カラビナとカラビナを繋いでいる布の紐というか帯というか、これをスリングと言います（四二六頁参照）。ダイニーマとは東洋紡の商標です。超高強力ポリエチレンでできています。何年か前まではナイロン製で太さは三倍ぐらいあったんです。

多くのカラビナは七千番台のジュラルミンです。伸びるということはないです。強度はカラビナ本体に刻印されています。これは縦方向に24キロニュートン、横方向に8キロニュートンですね。ゲートが開いちゃうと8キロニュートンしか強度がありませんよと。キロニュートン（KN）とは重さの単位ではなくて、力の単位です。Kは1000です。Nは「質量×重力加速度」のことです。えー……地球上での重力加速度の1Gは9・8なんとかなんで、計算上は9・8Nってことで計算すると……24×1000÷9・8で……2448・9……ですかね？　この場合の単位はkgfだから、約2・4tですね。合ってますかね？　つまり2・4トンの力に耐えることになりますが、これは静的荷重です。つまり2・4トンの物を引っ張り上げる力に耐えるとか、ドカンと落ちるのに耐えるとかではありません。そーっとぶら下がって耐える状態です。

それは弛みがないときの静的荷重で、もし、これがちょっとでも弛んでいれば、衝撃が生まれて二倍か二・五倍掛かることになります。クライミングでは落ちることで衝撃が生まれます。また、落ちたときに最終支点やカラビナには、ロープが折り返されることでプーリー効果ってのが生まれて、衝撃が厳密には倍ではないんですが、倍近くになりますし、瞬間的に岩に打ち付けられるとか、色々な可能性があるのでこれくらいの強度が必要なんです。

使い方は、さまざまですが、要は、人間はロープで結び付いてますから、その人間とロープをアンカーや支点に繋ぎ止めるためのものです。支点は初めから、抜けることを大前提に、様々な結び方や連結のしかたを考えていくわけです。常に万が一のためのバックアップを考える。これは、その場で考えることじゃないです。まあ、論理的に覚えたことを、黙っててもできるように、体に覚え込ませるわけです。

そのときにどうしたらいいかと考えてやるようだと、間に合わないですよ。欧米のクライマーと一緒に登っていると、彼らができて、私ができないことというのはまずないです。彼らが登れて私が登れないという所もいままでなかったんですが、なにが違うかというと、ルートを見いだしたり、その支点やビレイするためのアンカーを作るというか、その手順とかのスピードが速いんですね。

それは、考えてやってるんではないんですね。

確保するためのアンカーとかの設置をビレイシステムといいますが、そのビレイシステムをどう構築できるか、いかに早く作れるかというのが重要になってくるんです。

それだけではなくて、ルートを見たときに、どう登るかというそのラインが頭の中で浮かぶかどうか。浮かぶまでの時間が何秒か、コンマ何秒短いかというのが大事なんですね。私たちは、ロープやアックスを持ったときに、相手がどういう扱いをするかで大体その人の経験がわかるんです。

このダイニーマを輪にしたときの直径は120センチです。よく使うのが、60、120、180センチなんです。これもカラビナと同じ強度があります。

このカラビナとかスリングというものは、伸びがないんですが、前に話したように、クライミングロープというものは伸びるようにできているわけです。落っこちたときに伸びることで衝撃を吸収します。どういう落ち方をするとどれだけの衝撃が出るかというのは計算で出てくるんです。しかし実際には、支点が抜けるかもしれない、どこかに引っかかるかもしれない……ということを頭の中でどう判断できるか、直感でやらなければいけないわけです。

昔の登山だとチーム全体がカラビナ百個とかね、ロープを何十本と買って用意していたのですが、いまは私たちは、個人ですから。そんなに大量に必要ではないんです。

私が登山を始めたときに比べれば、こうした道具は相当軽くなったと思いますよ。カラビナの素材のジュラルミンは軽くなっていないんですが、カラビナの大きさも、ロープやスリングが細くなったことで、小さくなったり、昔は、ただジュラルミンの丸材を曲げただけだったのが、断面に溝を付けることで強度を出したり、ゲートをワイヤーにしたりして、かなり軽くなっています。

このスリングだって軽いし……水も含みにくく凍らない。全部工業製品ですよ。もう工場でガッチャンガッチャンと作られます。だから、品質にばらつきもないし、値段も驚くほど高い物でもない。たぶん、これで二千円とか二千五百円とか。私たちにとっては消耗品です。

やっぱり一回大きな衝撃を受けたものとか、毛羽立ってきたものは、どんどん交換します。それをどこで取り替えるかは人の判断によりますけど、ずっと使うようなものではないです。

このダイニーマのつなぎ目はバータックといって、縫い合わせなんですよ。縫い込んで繊維と繊維の間で摩擦を出すんですね。全部コンピュータで何ミリ間隔って計算して縫うんです、機械が。同じ物をテープ結びという結び方で結わえた場合より、1・3倍ぐらい強度が出ます。結わくというのは、折り曲げたりすることですから、強度にムラが出るわけです。ところが、縫い合わせることで、摩擦面が増えることで、より強度が上がるわけです。

タイブロックというロープにセットして登る道具があります。これで積極的に登るのではなくて、ただロープに引っかかるというだけなんです。まあ、上には行くけど下には行かないという。アッセンダーの一番単純なタイプです。アッセンダーはカムと台座がバネで挟まってロープを挟むんですけど、これは自重とカラビナの断面でロープを挟むんですね。軽いだけで、ロープを積極的に登るには使いにくいもんです。

アルパインスタイルのような、フィックスロープを使用しない登山では、アッセンダーは基本的にはいらないんです。自分で登っていきますから。ただ、レスキューのときとか、クレバスにおっこったときとかに脱出するために使うんです。

これを二個使うことによって、宙ぶらりんになった際にも、ロープを登っていけるんですけど、積極的に使うものではなくて、自己脱出するためのバックアップです。使わないことが望ましい道具ですね。ただ、最近はこのタイブロックはアッセンダーとしてでなく、氷のルートを同時登攀するときに、アイススクリューに直がけしてオートビレイのように使うことが多いので、ルートによっては一人で二つくらいは持って行きます。それは、タイブロックの正しい使い方でなく裏技みたいなもんです。

何かのときのためというと道具もきりがないですから、多少、使いにくくても一個入れておくんです。そのためだけに使うものというのは持ちたくないです。

今回、予想外だったのはヘルメットです。持って行かなかったんです。しかし、行ってみたら、氷が溶けて、落石がすごくて、ヘルメットがなくちゃ登れないという話になって、現地調達です。他のチームを回って余分はないかって。それで譲ってもらったんです。登山が終わったチームからと、もう一つは、ベイカーが拾ってきたんです。

あれは、日本の登山隊だったら持ってこなかったから、諦めるとまではいわなくても、ふざけるなという話になったと思うんですけど、私たちの場合は、それで諦めるとか、どうかなるということはないんです。なければ、現地で調達をしてでも、なんとかします。

そこで借りたり、売ってもらったりするというのは別に珍しいことではないです。

どこの登山隊でもあると思いますよ。お互い様ですから。ただ、日本隊では、過去ね、そういうのは恥ずかしいことだといいましたね。もっと柔軟に考えていいんですよ。今回、ヘルメットが手に入らなかったら、敷物のウレタンマットを切って、鍋とかで作ろうかと思ったぐらいです。ははは。

山のナイフ

ナイフは常に持って歩きます。ロープを切るのに必要なんです。

先ほど話したアバラコフでは、通したロープを切って結わかなければいけないんです。すごくよく使う技術なので、ロープを切るためにナイフが必要なんです。

ほかにも懸垂下降しているときに、ウエアの袖口がディッセンダーに巻き込まれたりとか、女の人は髪の毛が入っちゃったりとか、そういう場合は引っ張っても、切れないですから、ナイフで切るしかないんです。雪崩に飲まれたときにテントから脱出するとか。レスキューになったときも、ナイフがなければ何もできませんから、常にナイフは持っています。

ナイフはスパイダルコ社の、セレーションブレード（波刃）の穴があいた片手で開くナイフです。まあ、皆さんいろいろなナイフを使っていると思うんですけど、スイスアーミーは全然使いものにならないんです。

私が使っているのは、ナイロンハンドルで、サムホールがあるので、ミトンをしていても、ブレードを開けられるんですよ。ナイフの先端が丸まってるんで、不安定な狭い状況で使っても、引っかからないで使えますし、あと、レスキューナイフとして、怪我をしたときに、ウエアを切り開くときに、刃先が体に刺さらないようになっているんです。これが一番使いやすいと思います。あとロープを切るときに、普通のナイフで切ると、切り口がばらけちゃうんですが、波刃で切ると、スパッときれいに切れるんです。

帰りに軽くなるものは食料と燃料のガスだけですね。ガスは三人で一個で、一日半分ですね。日本からは持っていけないので、向こうで調達するんです。たいてい韓国製かプリムスかマルキルかコールマンですね。高所用ってのもありますよ。寒冷地仕様ですね。プロパンとブタンの割合が通常は50／50なんです。60／40になると、寒冷地用。

登頂時の服装・装備

今回（2008年）ガッシャブルムⅡと、ブロードピーク登頂の時の服装は、一番下から行くと、パンツはワコールのものです。男物ですよ。CW－Xの下着です。通気性が良い素材のもの。高所では、汗はかかないような気はしますけど、そんなことはなくて動けばかならず、じっとりしてくるんです。なので、透湿性の高いものを選んでます。私は、トランクスは穿かないので、ビキニタイプです。そのうえに、CW－Xをはきますので、トランクスだと生地が溜まっちゃって痛くなっちゃうからです。ワコールの、CW－Xで合わせれば、よれとか、すれとか、食い込みとかはないんです。やっぱり下着メーカーですから全然違いますね。

CW－Xの生地は、吸水率は、ほとんどゼロパーセントです。CW－Xも、クールマックスとサーマスタットとあって、サーマスタットというのは中空繊維で温かい素材です。それを、穿いて厳冬期の川とか氷河の溶けた流れに入っても全然冷たくないんですね。川を渡るようなときも、靴とズボンを脱いでジャブジャブと入っていきます。そうすると、素足の所だけがめちゃくちゃ冷たくて、あとは全然冷たくないです。川から上がれば全部水は落ちちゃいます。

クールマックスというのは、速乾性素材です。

素材はどちらもデュポンです。

でもね、これがまた悩ましいことに、ちょっと試してみるほど安くないんです。一万二、三千円するんですね。しかし、本当に良くできていて、一度、使ってしまえばやめられません。CW－Xは、筋肉を圧迫するというのでなく、適圧を保つようになっています。例えば、ジョギングとかのときもそうですけど、着地の衝撃で、筋肉がビョヨヨーンと揺れますよね、あれはすごく体力をロスするんです。この揺れを防ぐ役目があります。

登山の場合は、揺れはそれほど関係ないんですけど、それでも、やはり違いますね。さらに、サポート素材が複雑に入っているんですが、これは、膝の関節を良い角度に支えるようになっているんです。

それと表面素材が、すごく滑るんで、足を上げるときに、その上に着ているズボンが引っかからないんです。これはすごくメリットがあります。スパッツのような下着だと、素材と素材が引っかかって、摩擦が出るんですが、CW－Xは表面がつるつるしているので、足上げがすごく楽になるんです。

恐らく、開発の時点では、そんなことは、気が付かなかったんではないでしょうか。CW－Xが発売されたのは1991年。私は、発売当初からずっと使っています。今回のアプローチは、ベースキャンプに行くまでは、CW－Xだけで歩いてたんです。昔は、みんなから大変不評で、そんな、ぴっちりしたもの、見苦しいとか。だけど、もう明らかに足捌きが楽なわけですよ。最初は、みんながすっごい馬鹿にしてましたが、今はCW－X姿の人をよく見るようになりましたね。

通常、私はクールマックスのCW－Xで、そのまま歩いています。で、上に上がるときは温かい素材のを使って、その上に、フリースのタイツを穿くんです。

これも、おそらく、みなさんが想像しておられるようなフリースのタイツとはちょっと違うと思うんですよ。かなりピタッとしたもので、伸び縮みのあるものです。これは、マムートで、全然、だぶつきがない、フリースのタイツなんです。だから、CW－Xの上は、ズボンじゃなくてフリースのタイツです。

アンダーウェアは、上もCW－Xです。ただ、上のCW－Xは、サポートが入ったタイプではなくて、伸縮性と保温性のある素材でできたものです。CW－Xのエックスフィットという商品があるんですよ。それは、サイズは結構細かくできていて、私の体に合うようなサイズのものもあるんですね。

これは伸縮性が非常に高いんですよ。人間の体で、最も可動域が広く、複雑な動きをするのが肩関節です。その動きについてこられる素材とデザインのアンダーウェアが必要なんです。伸縮性のある素材は伸ばすのに力がかかるんです。筋肉の負担になるんです。伸ばすのに力がいるようではあまり意味がないんですね。エックスフィットは、伸ばすのに、力がかからない織りにしているんですね。

昔のアンダーウェアは、ウールでしたが、その後、化学繊維になってきました。しかし、最近は、またウールが復活してきました。それは、昔のままのウールではなく、ウールと化繊の混紡とか、あと特殊な素材でウールと化繊を層にしたもの、特別な織り方をしたものとかいっぱいあるんですよ。

上はCW－Xのエックスフィットを着てます。それは長袖です。ジップアップのスタンドネック。

ジッパーが下まであるのは重いので、好きじゃないんです。上はマムートのタイツと同じようなフリースのプルオーバーを着てます。やっぱりジップアップのもの。

スタンドネックにする理由は、首もとが日に焼けないようにと、そのほうが温かいからです。ジップアップのスタンドネックというのは、山でよく使います。それで、上に薄いダウンジャケットを着るんです。これもマムートですね。やはりマムートの製品は、トータルに揃っているんですよ。薄いダウンジャケット、インナーダウンですね。外に着るためじゃなくて、インナーに入れるために作られた薄いダウンジャケットです。

今は生地の素材が非常に薄くて丈夫なものがあるんですよ。いくら羽毛が良くても、外側が硬いと膨らまないわけですよね。だから、羽毛の性能はあまり変わらないかもしれませんけど、外側の生地が良くなってきているのでより温かくて軽いんです。

薄いダウンジャケットの上にさらに、プリマロフトのジャケットを着ます。これもマムートです。そして、一番上はダウンのつなぎですね。それが、私の山に登っているときの姿です。

一番上は、すきま風や雪が入らないように、オーバーオールです。分かれているとそれだけ重たいし、隙間もあるので。ダウンワンピースはヴァランドレです。形はちょっと古くさいですけど、全部手作りで、生地の柔らかさが圧倒的にいいんですね、軽いですよ。なので、私たちはラルフもガリンダもヴァランドレ以外は使わないですね。それで、フランスのメーカーです。このヴァランドレのオーナーは、ラルフの友人なんです。それで、ラルフとガリンダと私にダウンワンピースをプレゼントしてくれたこともあります。

ズボンは、本来は日本の雪山歩きなら、ＣＷ－Ｘを穿いてショーラーのパンツです。シヨーラーって素材があるんです。いろいろなメーカーが使っていますけど、私たちも、ヒマラヤでダウンのワンピースを着る直前まではそのショーラーのパンツです。これは風を通さないし、伸び縮みがあるし、丈夫なんです。引っかかったりとか、擦れても、傷が入らないんです。見た目は、薄めのジャージみたいな感じの素材です。

ショーラーはスイスの生地メーカーのもので、その生地を使って、マムートや、いろいろなメーカーがズボンを、自社のデザインで作っていますね。風は全然通らないんです。おそらくそのCW-Xの温かい素材と、ショーラーのパンツで、天気がそこそこ良ければ、冬山のほとんどは行けちゃうと思います。

ショーラーのパンツは、私はズボン吊りを使います。そういう形のやつを選ぶんですよ。サロペットみたいなものを。私、山ではベルトは使わないですね。ハーネスと干渉してしまうんですね。

靴下は一枚、一回限り

靴下はウールです。一枚だけです。いま使っているのは石井のオリジナルです。化繊の靴下は靴の中で滑りますので使いません。それなりの厚さのものを一枚しか履かないです。二枚重ねると靴下と靴下の間でずれるんです。二枚重ねて、その厚さにするのだったら、その厚さの靴下を一枚履いたほうが、絶対温かいんですよ。物が重なればそれだけ体が押されてしまうわけです。それで圧迫されれば血流が悪くなるから、最初からこの厚さの靴下を一枚履いたほうがいいです。

長さは脛の下ぐらい。ただ、私の場合は靴下は使い捨てです。一回履いたら、次は新しい靴下を履きます。ですから、相当数を持って行きます。ベースキャンプから頂上へ行くときに、新しい靴下を履いて、ラストキャンプまで行きます。それでラストキャンプから頂上に行く朝に、新しい靴下に履き替えるんです。

それは、わずかでも水分を靴下に吸い込ませておきたくないからです。ベースからラストキャンプに入るまで、足からでた水分が靴下に含まれます。どんなに乾かしても完全には乾かないいんです。それだけでなく、一回でも使うと、へたりが出るわけです。へたっちゃうと、靴との相性が、私の場合はですけど、変わっちゃうんですよ。洗って履いても、どうしても駄目なんです。なので、新品の靴下にしちゃうんです。

一度、はいた靴下は、ベースキャンプでの普段履きにします。

靴下はちょっと気を遣いますね。順化活動でベースキャンプとC1を往復してきますよね。その間は一枚の靴下ですけど、下りてきたら、もう、ベースキャンプ用にしてしまいます。それをまた上に履いていくことはないです。新しい靴下だからって困るということはないです。洗った靴下と新品の靴下とでは、新品の靴下のほうが圧倒的に温かいですね。へたりぐあいが全然違います。

手袋

手袋はマムートの物なんですけど、これがすごく特殊な素材なんですよ。ぴったりしてて、濡れないんです。インナーグローブですね、薄い手袋です。おそらく、皆さんが持っているようなインナーグローブとは、ちょっと違うと思うんですけどね、すごく薄くて伸縮性のある手袋です。

どんなに寒くても、手からは水気が出ています。その水分が冷えたり、凍ったりして、凍傷のリスクを高めると思います。凍傷にかからないためには、水分を皮膚から遠ざけることと、締め付けないようにするということが重要です。

インナーグローブは水気を遠ざける役割です。すごく薄いインナーの手袋をして、上に大きなミトンです。ミトンの素材はプリマロフトです。化学繊維ですけど、性能はダウンとほとんど同じ。ダウンよりちょっと多くデッドエアーを含んで、吸水率がほぼゼロパーセントです。以前は羽毛ミトンというものも使っていたんですけど、常にアックスなどを握っていますので、どうしても、ダウンは、柔らかいので潰れてしまって、冷たさが伝わってきてしまうし、潰れている時間が長いせいか、湿気をそこに溜めていってしまうんですよ。

プリマロフトは化繊なので、潰れが少ないのと、湿気を含みにくいんです。

ダウンのミトンは、一回、手から外すと凍っちゃうんです。手を入れると溶けてくるんですけど、プリマロフトのミトンは、それほど凍らないんですよ。ただね、かなりごっついんです。

ダウンというのは、水分を含むと凍って、羽毛がダマになって色々な所に寄っていっちゃうんです。

以前は、ダウンミトンもヴァランドレを使っていたんですけど、今、使っているのは、ORというアメリカのブランドなんです。

それはアックスを握って作業するのにいいんです。他のメーカーのミトンは……マムートに高所用のミトンがあって、以前シシャパンマで使ったんですけど、もうちょっと直してもらわないといけませんね。色々なメーカーのものを、さんざん試してきたんです。足と手は、山との接点ですし、指が凍傷になって、落としてしまっても生えてきませんから、かなり気をつかいます。上部での道具は、かなり慎重に選びます。

ORのミトンは明らかにいいんですよ。だから、マムートの担当者にも手袋だけは、これを使いますよとお願いしてあります。

ORは、登山以外に使っている人はいないです。登山の専門メーカーですね。

他とは、縫い方とか裁断の仕方が違うと思います。使っている素材も違います。革は一切使ってないんですよ。全部人工の素材で、掌にはってある素材が何の素材だか知らないですけど、めっちゃくちゃ強いんですよ。

ロープがガーッと摩擦しても、破れないんです。

他のメーカーが使用している、革以外のよく出回っている素材は、切れてくるんですね。革が一番強いのですけれど、革は凍っちゃうんですよ。日本の山だったら湿気った雪がついて凍ると思うんですけど、ヒマラヤで革は凍らないってメーカーの人たちは思っているのかな。

ところが、ロープをガーッと擦れると、摩擦で溶ける。アックスを握っていても、体温が伝わってきて溶けて、水が革に入ってそこに雪がついて、それがどんどん溜まっていって凍っちゃってカチンカチンになっちゃうんです。

下手するとロープが握れなくなっちゃうんです。だから、結構、欧米のメーカーの物でも、革張りのミトンとかあるんですが凍ってしまいます。バックカントリーのスキーグローブなんかは敢えて革を使うんですよね。やっぱりしなやかだから。ウールは滑っちゃうし、水がだんだん入ってきちゃうんです。風を通しますしね。

帽子

帽子はウールです。これは別に何でもいいと思うんですよ。よほどの吹雪じゃないときは、顔は基本的には出しっぱなしです。ただ、上部だと帽子だけでは首が寒いんで、あらかじめ目出し帽を被ってネックガードのように首のあたりをガードしておいて帽子を被るんです。口元部分は引き下げておくんです。

ネッカチーフを巻く人もいますけど、私は嫌いですね。

なぜかというと、上部では吹雪き始めるのは突然なんですよ。天気が悪くて吹雪になるというのはわかりますけど、風が吹き出すのは突然で、すぐ地吹雪になっちゃうし、そうなるともう目も開いていられないほどなんですよ。そのときに、バックパックを下ろすとかポケットの中から目出し帽を出して被るのは、不可能なんです。だから、あらかじめ被っておいて、すぐにグイッと口元や頬を覆わないとどうかなっちゃいます。ネッカチーフだけしておいて目出し帽はポケットに入れておくということは無理ですね。

ただ、その目出し帽もおそらく皆さんが想像しているような目出し帽とはずいぶん違うと思います。タイツのように非常に薄い素材です。フリースはだめです。口の部分に呼気が溜まって凍ってしまいます。鼻や口元まですぐに引き下げられて、薄くてぴったりフィットするものでなくてはダメです。

だから、使っているのは、本当に薄くて息が抜けるような素材です。鼻と口から出る水分が溜まらないように。それもマムートですけどね。マムートは、やっぱりそういうものを、いっぱい作っているんですね。下部で天気の良いときは凄く暑くなりますから、日よけやつばのある帽子を被ります。

こうやってみると、今使っているものの素材はほとんど人工素材ですね。ということは、化学製品ですから、ますますこれからも、変わっていくということです。これからの可能性としては、さらに軽くなっていくかもしれないですね。

速いスピードの登山を続けていけば、軽いほうがいいということです。

私がいまやっている登山というのは、軽量化に支えられています。

別に人間が強くなったり、速くなったりしたわけではないですよ。人間というのは、どちらかというと退化しているぐらいで、昔の人より、私たちの方がよっぽど弱い、スピードもないんです、間違いなく。ただ、何でスピードが出ちゃっているかというと、道具が軽くなったというだけの話です。だから、いま私が出来ることは自分の体重を減らすぐらいです。

サミットプッシュのスタイル

6500、6600メートルと8000メートルだと、気温とか風は大違いです。別世界ですね。その境目は7000メートルちょっとぐらいだと思います。7000メートルという標高の意味は大きいですね。8000メートルでは、さらに違います。

それも山によっても違います。パキスタンの山は意外と温かいですし、チベットは寒いです。

サミットプッシュには、荷物はほとんど持っていかないですよ。アックス、靴にクランポン、ハーネスにギアがくっついてますね。スリングとかカラビナとか。あと1リットルのテルモス。その日の朝、出る時点で温かいポカリスエットを入れていきますね。テルモスというのは温かいまま保つだけじゃなくて、凍らないようにするという意味もあるんです。別にかんかんに熱くなくてもいいんですけど、冷たいものはとても飲めないですね。

水は、食事を取るためにも必要ですから、雪や氷を溶かして作ります。すごく飲むんですよ。サミットプッシュに出る時点で、みんなのテルモスはいっぱいにして行きます。ラストキャンプでは、ダウンワンピースを着たまま寝ます。その分、薄い寝袋しか持って行かないんです。日本でいうと、夏用の寝袋ぐらいです。それが合理的だと思います。寝袋というものは寝ている間の数時間しか使わないんです。なので、重たい物を持って行動するメリットは全然ないんです。ダウンワンピースは行動中に着ていますから、使っている時間が長いですよ。これは、多少重たくても着てる意味があるんです。着たまま寝れば、温かいし、翌朝、着替えなくていいですし。

寝袋はウエスタンマウンテニアリングかヴァランドレです。ウエスタンマウンテニアリングの物は、かなり軽いです。フェザーが入ってなくて全部ダウンで、特殊な生地で、非常に薄いんですよ。私が使っているのは、カタログ上では、夏秋用ぐらいの、羽毛量500～600グラムぐらいのもので、ゴアテックスを使ったスリーピングバッグです。私は基本的には、ここ何年かはそのゴアドライロフトのものを使っています。

とにかく上にいる時間というのはそんなに長くないので、快適にしようという考えは全然ないんですよ。その数時間だけ耐えられればいいんです。

バックパックは、ドイツのドイター社のものです。これは、私とラルフとガリンダの三人のために特別に作ってくれているバックパックなんです。本当にシンプルで、何もついてないんですよ。ポケットもなければ、パッドも入ってないんです。40リットルぐらいです。

フレームも入っているわけじゃないし、厚いクッションが入っているわけでもないです。なぜかというと、高所の登山だと、ウエアが厚いんで、分厚いパッドを入れる必要はないんです。なので、とにかく軽くて、750グラムぐらいです。

ただしね、一回の登山でどっかしら壊れちゃうんですよ。擦れちゃって。

ベースから上がるときは、寝袋とかテントとか食料とかガスとかも入っていますから、そこそこ持っているんで、40リットルには収まりません。

そんなのは、別にバックパックに入らなくても、外に括り付けておけばいいんです。荷物がきれいに入るような大きさのバックパックだと、大きい分だけ重たくなっちゃうわけです。

頂上に行くときは、正直いうとバックパックも置いていきたいんですよ。だけど、ドイターが特別に作ってくれたものですから、頂上に持って行ってあげたいなって。それにテルモスは手に持っていくわけにもいきませんしね。雨蓋も取っちゃって、本体だけにして行きます。

雨蓋は元々は取れなかったんですが、私がアドバイスをして取れるようにしたんです。雨蓋はストラップで繋がっているんです。

荷物が多いときは、その間にどんどん挟めるようになっています。バランスが悪くなるんですけど、ロープだとかテントを挟んだりとかって挟んで行くんです。それは、プロ仕様みたいなもので、軽いけど、長持ちしないですが、何でも括り付けられる……そういうパックです。

ヘッドランプはペツルのミオRXPですね。LEDです。以前は、LEDの性能がまだあまり良くなくて、光が遠くまで届かなかったんです。でも、ここ二、三年で性能が飛躍的に上がってきているので、もうLEDのランプで十分です。

乾電池はリチウムです。私はリチウム電池を入れると壊れてしまうヘッドランプがあるので、注意が必要です。私はリチウム電池を使いたいので、リチウム電池が使えるヘッドランプというのが、大事な条件です。リチウムの単三電池、単四電池というのは、以前は富士フイルムが作っていたんですが、今年（2008年）で乾電池事業から撤退しちゃうんで、日本で買えなくなる可能性があるんです。アメリカのエナジャイザー社が作っているので、それが日本に輸入されるようになると思います。特に、GPSは、低温では、アルカリではもたないんです、リチウムじゃないと。

頂上に行くときに持っている電気製品は、ヘッドランプと衛星電話とGPSです。GPSは頂上に上がっていくまでに、目印となるような所をポイントしておかないと帰りにホワイトアウトになってしまったときに困りますから。

実際、GⅡの帰りは地吹雪でホワイトアウトになって、GPSがなかったら、やばかったですよ。GPSで結構こまめに位置を取っていたので、帰ってこられましたけど、それでも一瞬、エッ……と思うような局面はありましたね。ただ、GPSもルート次第です。あきらかにルートがはっきりしているなら置いて行っちゃいますね。

私が使っているのは、ガーミンのゲコというモデルで一番小さいやつ。その代わり、地図は出てこなくて、ただポイントしたものを逆ナビゲーションするだけ。位置を確認するだけです。矢印が出るんです。もっと右だとか。あっちみたいな。で、間もなく目的地ですって、それだけです。同じ道を帰ろうと思ったらそれはすごく大事なんです。以前は、GPSは使ってなかったんですけど、最近は、フィックスが無い登山が多いので、GPSを使うのが普通になってますね。

100パーセントじゃないと登れない

靴下一枚にも拘るのは、私たちの登山というのは、100パーセントじゃないと登れないからです。99・99パーセントでは登れないんです。何かが一つでも欠けたら登れないと思うんです。

高所というのは不確定な要素がすごく多いんですよ。例えば、天気とか体調とかルートコンディションとかというのは行ってみないとわからない。頂上に立ち、帰ってきた時点でしか、100パーセントだったといえないという非常に面白い世界なんです。だからこそ、自分の手中にあるところでは、99・99パーセントでは困るんです。チャンスを逃したくないですから。

自分が用意できるもの、例えば、道具とか着るものとか靴下もそうですけども、あと情報とか、自分でコントロールできる部分は絶対100パーセントにしておかないと、そこで99・99パーセントだったら、天気が良くても体調が良くても100パーセントにはならないと、私は考えているんです。

そうしたときには、靴下が新品でなくても、もしかしたら大丈夫なのかもしれませんけど、違うという感じがするわけです。私にとっては、それはもう100パーセントじゃないんです。

自分でコントロールできるところは100パーセントにしておきたいっていう思いが、基本的にあります。

道具の違いがうむもの

ヒマラヤでの道具というのは、すごく特殊な環境で使う物ですから、お店で並んでいる道具を見ていても、なかなかそれの善し悪しとか用途とかわからないと思うのですよ。8000メートルでの道具というよりは、変化が激しい環境の中での道具選びでは、多少かさばっても、多少重たくても使い勝手がいいものを選んでます。それでいて、軽くできるものはいかに軽くするかとかという、選び方が必要だと思います。

重たくなるものもあります。例えば、クランポンだって、軽い物はチタンなんですけど、チタンは使い物にならないですから、敢えてクロモリの重たい物を持って行きます。軽いものが必ずしも良いとは限らないんです。

コンパクトなほうが良いかというと、そうでもないんです。一番わかりやすいのがテントの中で敷くマットです。ベイカーも私も、ウレタンマットなんです。畳んでも大きいやつで平出君はエアーマットを持ってきていました。畳むとすごく小さくなるやつでした。重さは、実はウレタンマットの方がちょっと軽いんです。でも嵩張る。だけど、平出君はきっとコンパクトになった方がいいだろうと思って、私も過去に使いましたけど、最新のサーマレストの軽くて小さくなるやつを持ってきたんです。

ところが、テントサイトについても膨らませられないわけですよ。私たちはパッと広げればすぐ寝られるんですが、彼はそれをフーフーッて、ハーハーッとかって膨らますわけです。でも、高所でただでさえ息が上がっていますから、結局、ぱんぱんには膨らませられないです。ですから、寝るときに、沈んじゃうわけですね。朝になると、私たちは、さっと畳んでバックパックの横に付ければいいものを、彼は何回も何回も押し潰さなければ、畳めないわけです。

難しい壁のルートだったら、間違いなくエアマットでしょうけど、ヒマラヤのような複合的なコースでエアマットというのは実は使いにくいんです。

新素材や、新しい道具の導入に関してはさまざま意見があります。フェアじゃないとか。大昔はなかったであろうヘッドランプは当たり前に使うのに、電話がダメとか、GPSがダメとかって。なんでダメなのかというと、アンフェアだと。じゃあ、いままで酸素を使っていたのを、使わないで登るということはどうなんだというと、さあ……って悩むんです。

登山というのは、審判がいなくて、ルールブックもないスポーツなんです。ルールがないからこそ、自分でルールを決めなければいけない。

審判がいないからこそ、私たちは、自分にフェアでなければいけない。だから、酸素を使わないというルールを自分に課すように、どのような道具を使っているのかということを言うべきだし、どのようなスタイルで登るのか、そしてどのような過程の登山をしたか、どうやって頂上に立ったかをちゃんと説明するべきです。本人しかいない場合、登ったといえば、頂上の手前で帰ってきたってわからないかもしれないけど、証拠があろうがなかろうが、自分にフェアに頂上に立つということが必要なんです。

格闘技は無様に負けた試合も全て見られてしまうし、陸上競技はたまたま風が強く吹いただけで追い風参考記録になってしまうんです。登山をスポーツとして記録するならば、成功したときだけでなく、失敗したことも、使っている道具もすべてオープンにするべきだと思うんですよね。オープンにするのであれば、私は正直いって何を使ってもいいんじゃないかと思うんです。使う、使わないという自分のルールを決める事が重要だと思います。

そうなると、背骨にチタンのシャフトを入れたことも発表しないと……これがあったから昨年私は二つが登れたんじゃないかと思っているんです。GPSなんてそんな特別な物ではないような気がします。ただ、GPSを使うようになったため、以前のように、無意味なフィックスを張らなくてすむこともあるんです。

より困難なところを登るために新たな道具が作られてきたわけです。道具というのは、やっぱりその時代の要求に合わせて出てくるものですから、これはとやかくいう問題じゃないような気がするんです。

道具は何を使うのか、私たちは、これを使って登りますというのも、はっきり見せるということがこれからの登山では重要なんじゃないでしょうか。道具ってそういうもんだと思います。

本文中に登場した道具たち

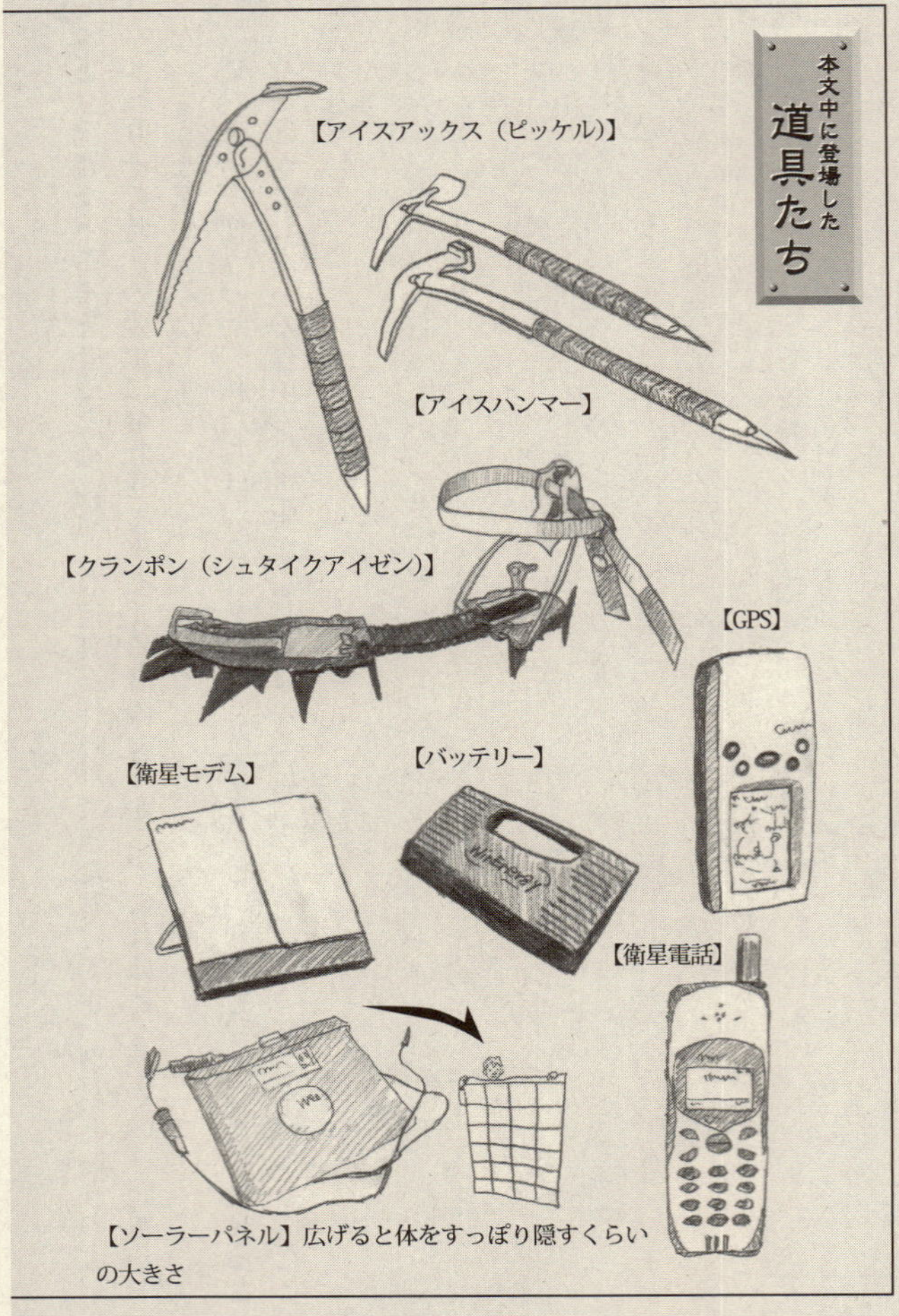

【ソーラーパネル】広げると体をすっぽり隠すくらいの大きさ

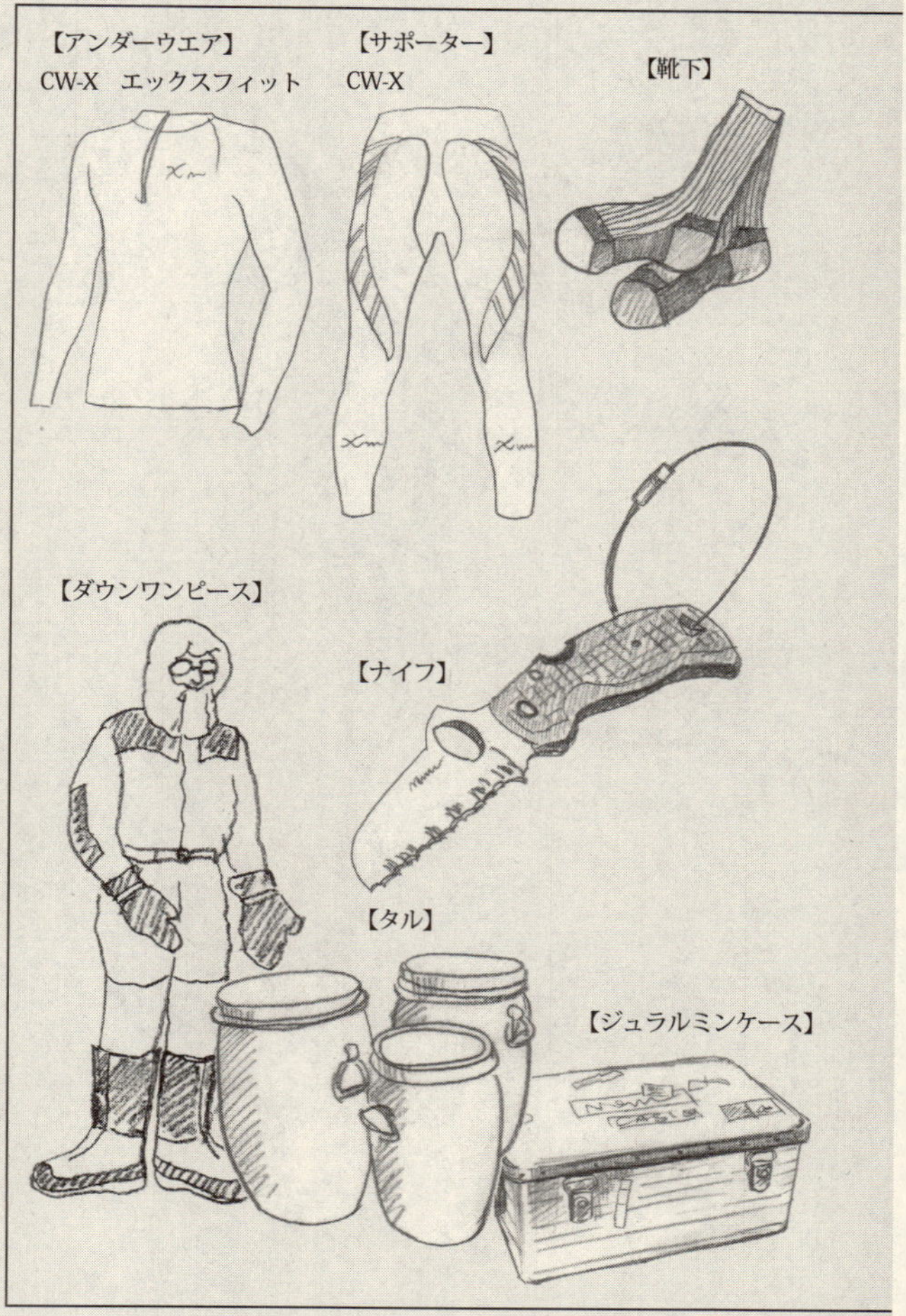
【アンダーウエア】
CW-X　エックスフィット
【サポーター】
CW-X
【靴下】
【ダウンワンピース】
【ナイフ】
【タル】
【ジュラルミンケース】

本文中に登場した道具たち

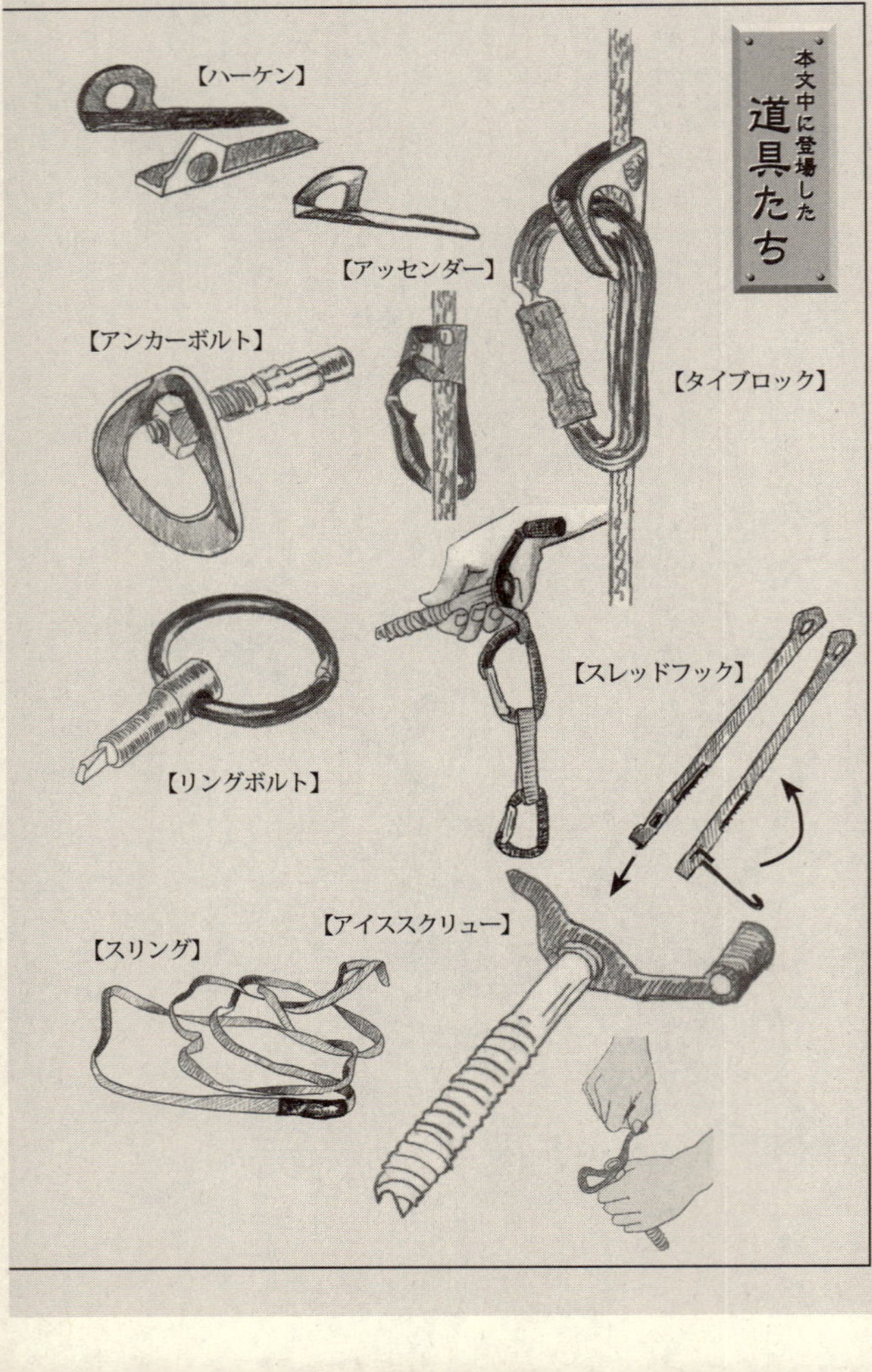

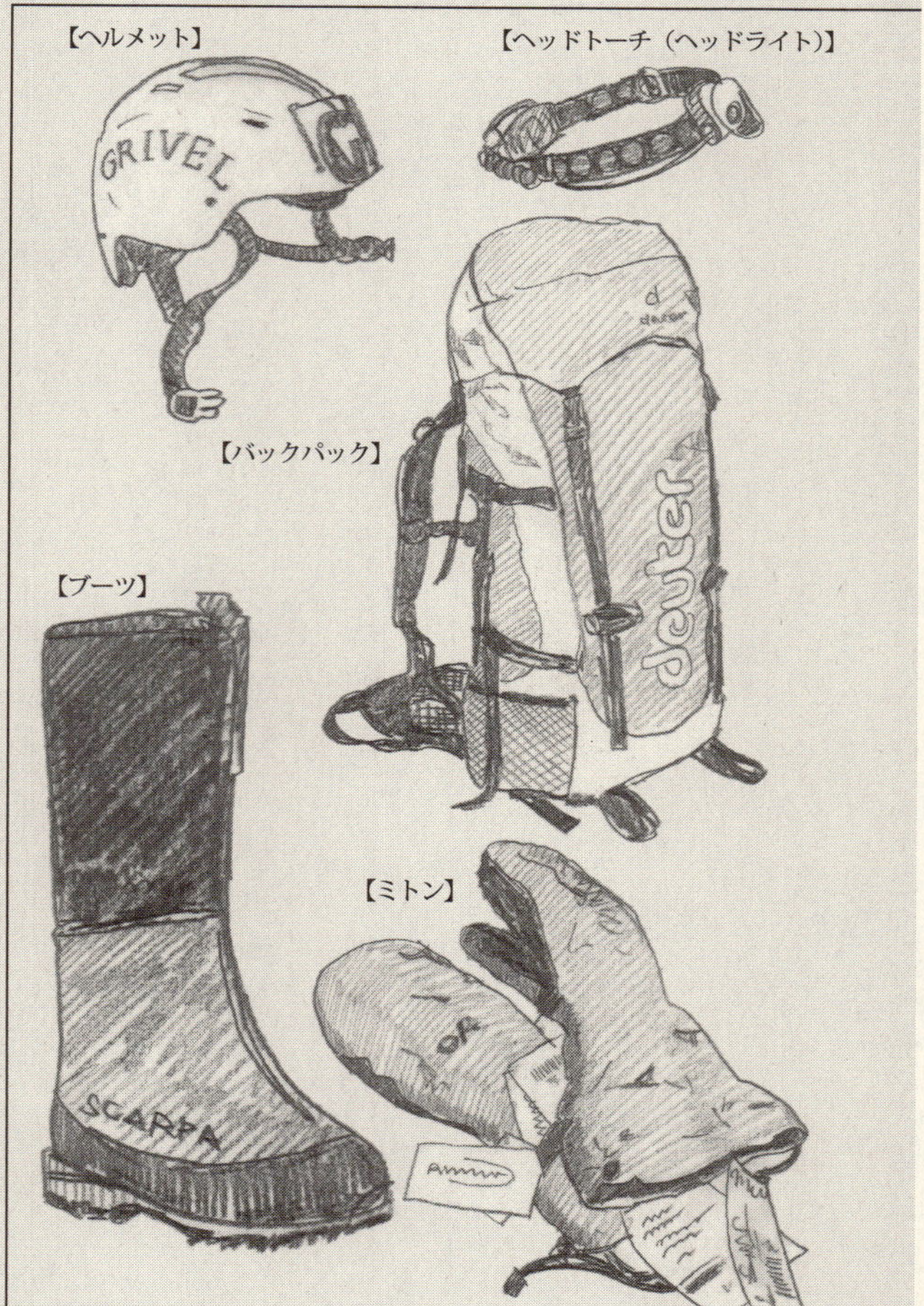
【ヘルメット】
GRIVEL
【ヘッドトーチ（ヘッドライト）】
【バックパック】
deuter
【ブーツ】
SCARPA
【ミトン】

第十二章　継続でブロードピーク

（この章取材　２００８年9月と２００９年1月17日から三日間）

※ブロードピーク（８０５１メートル）所在地＝パキスタン・中国
山頂の幅が広いことから「広い頂」を意味する「ブロードピーク」の名前が付けられた。
◆初登頂＝１９５７年、オーストリア隊ヘルマン・ブール、クルト・ディムベルガーら
◆竹内洋岳の登頂＝２００８年7月31日クラシックルート　無酸素

GⅡからブロードピークへ継続

２００８年7月31日（木）――午後1時（日本時間午後4時26分）の連絡――

「もしもし、竹内です。ただいまブロードピークの頂上にいます。現地時間の1時頃に登頂しました。今回は体調もあまり良くなく、ここまで来るのにもほんとにコテンパンでした。私だけでは絶対来れなかったです。ベイカーや平出君のお陰で、なんとか彼らの後を追いかけてようやく辿り着いたような状況です。今日は、天気予報通り、天気がほんとに素晴らしくて、見渡す限りずっと向こうの方までいろんな山が見えます。まだ

まだ地球上の山っていっぱいあるんだなって、まだまだ登れる山っていっぱいあるんだなあって、そんな感じをさせられます。かなりよれておりますが、これから気をつけて下りたいと思います。ラストキャンプに着いたら連絡したいと思います。ほんとに素晴らしい景色です。K2も間近に見えております。」

GⅡ登頂の後、ブロードピークのベースキャンプに移りました。十時間ぐらいあったかな。一回、少し下り、また、だらだらっと登るみたいな感じでした。

ベイカーがGⅠに挑戦している間、そこのベースで待っていることになってました。ベイカーはスペイン隊とジョイントしていったんです。

結果的には、ベイカーはラストキャンプまでいって、他のメンバーがそこから引き返したため一人で山頂を目指したんですが、積雪と悪天候でホワイトアウトになって登頂できずに下りてきたんです。相当、悔しがっていましたね。それで、下りて、ここまで来るのに時間がかかってしまったんです。最初、ベイカーのことを待ってGⅡのベースに八日間いて、その後ブロードピークのベースキャンプに移りました。

ベイカーが下りてくる予定に合わせて、私たちは引っ越し用に、ポーターをオーダーしちゃっていたんですね。ところがベイカーが下りてこなかったので、私たちだけ先に移ったんです。それでベイカーは後から追いかけてきたんです。

ベースに入ったんですが、今度は天気待ちで、延々と時間がかかって、この間に、私がなんだか風邪を引いたみたいになったんですね。天気が悪くて、暖かかった日は、全然なかったですね。太陽が出れば結構、暑くなるんですけど、足下に流れる水が、いつも凍っているような天候だったんです。

ブロードピークはGⅡで高度順化しているから、一切、順化なしのシングルプッシュで行くつもりだったんです。

ラルフのとこに頼んだ日程の五十日は、もう過ぎちゃっているんです。だから、それをさらにオーバーしてのブロードピーク登山なんです。

平出君が途中で帰ろうよと言ってました。彼はその後、インドの登山がありましたから、一度、日本に帰って、一週間か十日でまたインドへ行かねばならなかったんです。そういう意味では、早く帰りたかったと思うんですよ。ここまで、ねばられるとは思わなかったんじゃないですか。「僕もういいかなっていう感じがしてるんですけど」みたいなことを、言ってましたね。

「帰りたかったら帰ってもいいよ」って。別に、一緒に帰る必要はないから、ポーターを調達して帰っても全然構わないよとは、言ってありました。

その場合は、自分の荷物だけ持っていくんです。もし帰るとなれば、どこかのチームと一緒に帰るか、ベースキャンプ全体を総括しているエージェントのスタッフがいますから、彼にオーダーすれば、ポーターとか手配してくれますから。一人で帰っても、いいし、他の登山隊と一緒に帰っても構わないわけです。

ら帰っちゃっていますから、なんのことはないんです。

自分で車をチャーターしなきゃならないとかになれば、それは少し余分にお金はかかるかもしれませんが、それ以外のことは難しくない。エージェントにオーダーすれば、どんどんやってくれますからね。

私自身、事故から復帰の登山でGⅡに登って、もう十分といえば、そうだったかもしれませんが、ねばってでもブロードピークに継続したのは、事故前の、登山の連鎖に自分を引き戻したいという思いがありました。チャンスがある以上、登るのがプロとしてあたりまえですから。

ブロードピークは痛み止めで

GⅡから継続して登ったブロードピークに関しては、天気が悪いということはわかっていたんです。猪熊さんの予報がもうしばらくは天気は悪いですという予報を出していたので、私たちはその間は動くつもりはまったくなかったんです。

最初は7月の29日までは悪いですが、30日は天気が良いということでした。それで31日の夕方まではもつと。27、28日は天気は悪いけど、風が少なく、雪が多少降るけど、動けるという予報でした。それで、その間に動くことに決め、早いうちに30日をサミット・デイに設定してたんです。しかし、その後、気圧配置が少し変わってきたので、31日にしてくださいという予報がきて、「これは、バッチリです」と。

なので、それまでは完全に何もしないでレストだったんです。

ずいぶん待ってからの登山でしたから、ブロードピークは、最初から調子は良くなかったですね。C1に行くときに、すでに調子は悪かったですよ。

痛み止めを飲んでました。GⅡの下りと、GⅡのベースからブロードピークのベースに移ってくるときもすでに痛かったので、膝が痛くなることはわかっていました。

膝に、少し水が溜まっていたんですが、それは後でわかったことです。その膝をかばっているので腰も痛くなってしまったんです。相当痛かったですね。ちょっと足をひきずるぐらいでした。それをやると、体全体のバランスが悪くなっちゃうんです。だから、これはもう絶対に痛み止めを飲まなければいけないと思って、痛み止めを飲み続けていたんです。GⅡでも痛み止めを飲んでいたので、結構、余分に持ってきたつもりだったんですけど、飲み切っちゃったんですよ。

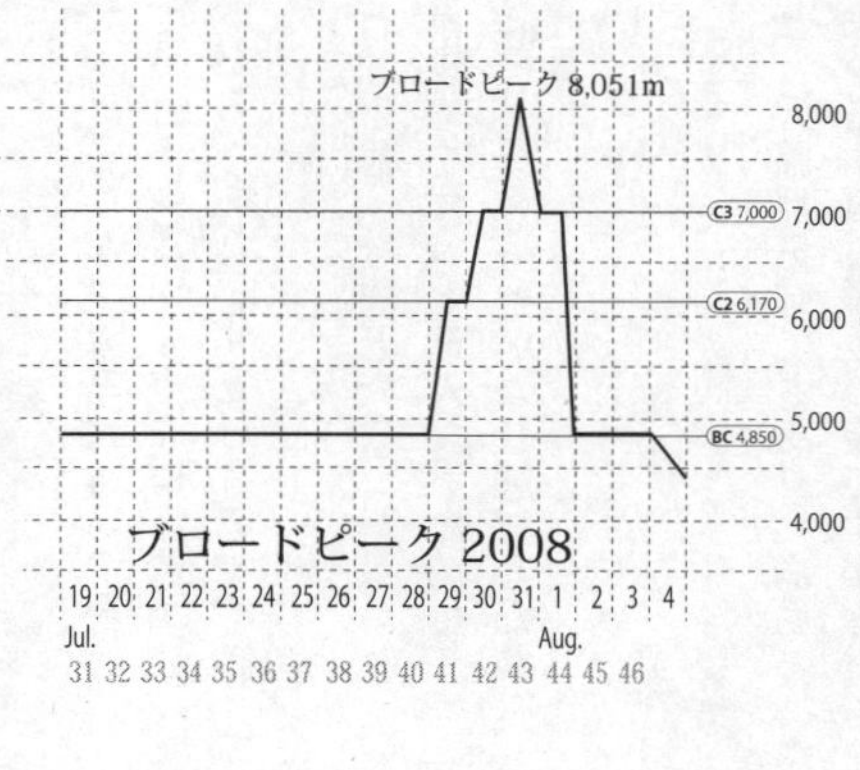

実は、私が使っていたソーラーパネルが途中で壊れて、発電量が落ちたんですね。それで事務局に新しいソーラーパネルを一台送ってくれとオーダーをしていて、それを日本のトレッキングツアーの人たちが持ってきてくれたんです。

それはウエック・トレックとは別の旅行会社のツアーでしたが、同じ業界ですから、助け合うんです。それで、そのソーラーパネルを持ってきてくれた、ツアーリーダーの方に、「スミマセン、痛み止めを分けてもらえませんか」といったら、ありますというので、頂いたんです。それがなかったら大変でした。

でも、もうそのときは、痛かろうが、なんだろうが、行くと思ってました。

調子が悪かったですねえ。その痛いのもあったし、痛み止めをずっと飲んでいたので、胃が荒れて、気持ちが悪いのもあったし、なにを食べても吐いちゃうみたいな状態でしたね。

遠かったブロードピーク山頂・怪我の影響は消えない

とても辛くて途中で何度もやめようかと思ったほどでした。

それは、ベースキャンプの滞在が三週間と長かったことと、風邪気味でもあり、あちこちが痛かったせいです。その痛みは疲労から来ていると思いますね。事故の後ですから、シャフトも入っていますし、背中の動きが制限されていますから、いままでとは違う動きをしちゃっているんですね。

実際、背骨は右側がちょっと潰れているんですよ。で、右の足の神経が多少圧迫されているようなんです、僅かですけどね。普通の人の普通の生活だったら気がつかないレベルだと思うんです。私には、右足のほうは明らかに感覚がおかしいんです。

私は内股なので、両足を真っ直ぐに出すように、左右のバランスを同じになるように気をつけているんですけど、事故のせいで無意識に右をかばっているんだと思うんです。帰国後、柳下先生にも診てもらったんですけど、エックス脚で、膝の外側の腱が骨と擦れやすい体格なんで、そこが痛くなりやすいんですって。それなのに、さらにほんの僅かですけど、右をかばうことで左が内側に入っちゃったんで、今回は顕著に出ちゃったわけですね。

高性能のMRIで撮ってくれたんですけど、「これで見ると、僅かに傷が入ってます。これはもう一般の人では気がつかないレベルですけど、竹内さんなら、おかしいと思うでしょうね。これは正直言うと使いすぎです」と仰ってました。

これまでの使いすぎと、僅かに体型が少しずれたことで痛みが出たのだと思います。一つはそういう足の左右のバランスのこともありますし、雪崩で大きな衝撃を受けた筋肉や骨のバランスは、回復するまでには、かなり時間がかかるのかもしれませんね。

登り始めるまで三週間も待たされましたが、平出君もベイカーも元気でしたよ。私もラストキャンプから頂上まで行く時間的なことを考えると決して遅いペースではないんですよ。すごく遅れて登頂したわけじゃないんです。ただ、ベイカーも平出君も調子が良かったので、二人には、なかなか付いていけなかったんですね。

ブロードピークってね、偽ピークが五つぐらいあるんですよ。これにはやられましたね。偽ピークがあるということは十分知ってましたけど、行ってみれば、すごい偽ピークなんです。あれが頂上かな、あれかなと思っても、頂上じゃなくて、そこまで行くと遥か彼方に頂上らしき尖りが見えるんですよ。尾根はまっすぐ進んでいるのに、左手に頂上らしきものが見えるわけです。それで、平出君に「なんか、向こうにすごい高い山が見えるけど、あれは、なにかな。あんな所に山あったっけ」とかいっていたわけです。それがブロードピークの頂上だったんです。

だいたいブロードコルという7500とか7600メートルあたりで、そんな話はしてましたから、そこから500メートルほどの高度差があるわけです。

そのルートは、90度曲がっていて、頂上はその方向にあると知ってはいたんですけど、あまりに遠くに見えるので、別の山かと思ったんですね。そうしたら、なんのことはない、それがブロードピークの頂上で、あんな遠くまで行くのかよ、という感じなんです。

最後の偽ピークに着いて、そこから頂上までは、二十から三十分ぐらいなんですが、すごく遠くに見えましたね。頂上稜線に出てからはラッセルはほとんどなくて、ひたすら歩いていくんです。本当に一歩一歩が重たかったですね。

僅かな酸素ですから、一歩動くのが大変なんです。今回痛切にそれを感じました。

頭の中は何も考える余裕なんてないですね。頭の中は一歩一歩、歩を進めて、ピークを目指すだけのことです。

頂上にはもうベイカーが着いていて、人影が見えたので、その大きさから、思ったより

2008年ブロードピーク登山中　左）平出氏　右）竹内　　　　©ベイカー

は遠くないなという感じはするんですが、もう、さすがに疲れて、しばらく座っちゃって休んでいたんです。天気はすっごいよかったんです、ぽかぽかしててね。それで、緊迫感も何もない。

そうしたら、ベイカーが、頂上でなんかワーワーギャーギャー騒いでいるわけですよ。かすかに聞こえるんです、声が。腕をぶんぶん振り回して。

きっと、さっさと来いとか、頑張れとかって言っているんだろうなと思って、うるせぇな、馬鹿野郎、頑張ってるよと思ってたんですが、後で聞いたら、「電話のスイッチを入れろ」って叫んでたんですって。

「ここが頂上だから、さっさと来い、諦めるな」って電話をしたかったんだって。ベイカーは私に電話をしたんだけど、私はスイッチを入れてなかったから、叫んでたんです。また、そこからよろよろと歩き出して、やっと着いたんです。

過去、やっぱり偽ピークで帰っちゃった人がたくさんいるわけです。それで登頂したといって、後で否定された人もいるんです。そこで諦めちゃうというのがブロードピークの試練といわれていて、ベイカーも私が帰っちゃうんじゃないかと思ったんですね。

私は、手前でやめるつもりは全くありませんでしたけど、体の痛みがこれ以上出たら、だめかなと考えながら登ってたんです。どこかでやめなければならなくなるかもしれないと。

駄目になる前に帰らなければならないですからね。駄目になる時点まで行っちゃったら、駄目なんです。駄目になったとか、倒れちゃったら、死んじゃいますから。駄目になる前

2008年ブロードピーク頂上にて　竹内　　© 平出和也

にベースまで戻らないといけないわけです。

そういう意味では、行けるかな、行けないかなみたいなことはずっと考えているわけです。

引き返すということ

途中で引き返そうかとか、帰る体力のことを考えながら中断もやむを得ないなとか、いままでも思ったことがありますし、実際に引き返しちゃった山もあります。ローツェです。

その決断は、時間を決めて、暗くなる前にラストキャンプまで帰り着くためには、行くか、戻るか、どっちか選ぶんです。

今回のブロードピークのときには、天気も良いし、まだ、時間的には余裕がありましたから、山頂を目指しました。頂上の何歩手前でも、決めた時間で、下りるんだという考え方をすれば、そんなに難しいことではないです。それは、もうそういうふうに自分の中で決まってますから。

それは、その時間内ならばもう這ってでも前に進むという感覚でもあるんですね。ちょびっとでも前へ進むみたいな。

決断の要素は二つです。帰るための体力を残しているか、時間が間に合うか。

体力に関しては、結構微妙で、頂上に到達するのに半分、帰ってくるのに半分という考え方ではないんですね。頂上に到達するのに3分の2、帰ってくるのに3分の1ぐらいの考えです。下りる方が、楽ですから。

下りの方が技術的には難しいこともありますし、疲労もあるんですけど、下りるほうが少ないパワーで下りられるんです。

さらに、同じルートを下りるなら、登ってくるときにルートを見ているわけですから、あそこでどれぐらい時間がかかるとか、場合によっては登り返しがあるぞとか、あそこではロープが必要だから時間がかかるとか読めるんです。

なので、技術的には下りのほうが難しいかもしれないですが、体力の消耗は少ないんです。それに、下りていけば酸素が濃くなってきますから、体が動いてくるわけです。そういうのを見越して、時間の配分をするんです。だから、半々に考えたら頂上に行くチャンスを減らしてしまうわけです。

難しいのは、自分の体力を読むことですが、これがなかなか読めないんです。ルートや天候で常に変化しますから。だから、一番はやっぱり時間的なものが判断の基準です。

それと今回の場合は、二人が前に行っていて見えたし、意外と置いていかれちゃうと楽になるんですよ。だめだとなったら、帰ればいいので。シシャパンマの南西壁のときのように、向こう側にトラバースするような登山では、置いていかれると大変ですけど、頂上へ行って帰ってくる場合は、だめなら、先に帰ればいいだけのことです。

平出君はブロードピークのときは、体調が良かったし、私が調子悪かったので、撮影がしやすかったって言ってました。

GⅡのときは、ついて来るのが精一杯で、ロープの末端で引っ張られているわけです。

それで撮影は、厳しかったみたいです。一緒に頂上に立ったのに、立つのが精一杯で、登頂の瞬間の映像とか、押さえの映像とかがないんです。引きの映像とかもないんです。だから、GⅡでは彼はすごく後悔したわけですよ。

彼の今回の役目は、ただ登るだけではなくて、重い機材を持って撮影することでしたから、大変だったと思うんです。GⅡで、彼の調子が特別悪かったということはないと思います。撮影によって、かなり消耗して、ついていけないということだったと思います。それほど、私達の登山の撮影というのは大変なことなんですね。

これは、強い人が、必ずしも強いわけじゃないし、弱い人が、必ずしも弱いわけじゃないし、前回、強かったから次も強いということもないし、前回、弱かったから次も弱いということもないんですね。

超高所登山は、すごく不確定要素が多い世界ですね。

ネバーギブアップ

ブロードピークのときは、最初から、私が鎮痛剤を飲んでいて、調子が悪そうだというのは二人共知っていました。明らかにスピードが遅かったですから。それは、もう見たらすぐにわかると思いますね。

おそらく、ベイカーも、こいつどこまで持つかなという感じで見ていたと思います。だけど、それを決めるのは、私自身だということもわかっていたと思いますね。もし、逆にベイカーが私のようであっても、私は別に何もいわないです。

日々、調子の良さ悪さが変化するものだというのは、人間の体が持っている特性です。もしかすると、そういう波が少ないことが高所登山で要求されるんだと思うんですけど。高所登山においては、前回、すごい調子が良かった人が、今回はまるで駄目とか、前回、全然駄目だった人が、今回は調子がいいとかいうことは、本当によくある話なんですよ。それは、何が理由なのかということはわからないです。ただ、考えてみると、それは実はすごく自然なことなんですよ。日常生活でも、朝起きて、なんだか調子の良いときとか、悪いときはありますよね。それが高所では極端に出るわけです。

それを、引き受けてなお、潜在能力を引き出せるかどうかですからね。出ていくときに、あきらかに駄目なら諦めなければならないですが、途中で、常に判断して、安全を保つということがすごく大事なんです。

でも、他人とは比べられないですし、各自、違うと思うんです。だから、ブロードピークの様子だって、一般的な判断であれば、私は行くべきではなかったかもしれませんよね。大きなチームなら、そんなゲーゲー吐いてるようなヤツは、隊長判断で行かせないということだって過去にはあったと思います。しかし、私達の登山では、判断するのは自分だから、すべて自分で責任を負うんです。

性格的に、マイナス方向に判断する人は、こういう登山では厳しいかもしれませんね。

すごくロジカルな世界なんですけども、最後の最後まで、それをやり遂げる、自分を押し上げてくれるのは、やっぱり自分の意志の強さというか決心ですよ。もちろん仲間の励ましであったりとか、今回でいうとベイカーが励ましてくれたりとか、いろいろなものがあるんですが、あの厳しい中で頂上まで行くというのは、「行くんだ」という意志ですね。ブロードピークの頂上で、ずっと待っていたベイカーが、私がやっと着いたときに、私を抱きしめて、俺たちはネバーギブアップだといいました。

私がめちゃくちゃ調子が悪くて、全然来ないのを彼は見ていますから、どこまでやってくるかなと思っていたらしいんですよ。それがいよいよ来たもんで、私が諦めずに来たことですごく感動したんですね。

やっぱり、最初すごくルートが遠くて、なかなか進まなくて、最初のうちは私とベイカーである程度先行していたんですけど、だんだん私が落ちてきて、その時点で、ベイカーもこれは着かないかもしれないなみたいなことを言い出したんです。

ブロードピークで、私たちはキャンプを一個パスしていました。他のチームは、もう一つ上にキャンプを出していたんです。私たちは行けるだろうとは思って出ましたけど、そこからがあまりにも遠いんで、これは失敗だったかなと思ったわけです。

だから、プッシュのときどこかで引き返さなければいけないのかというのは、かなりありました。時間も、おしてましたからね。本来なら、あと一時間半ぐらいは早く着いてもよかったんです。そこは、やっぱりすごく微妙なところなんです。予定より遅いからやめちゃうという選択肢もあったと思いますけど、まだ、許容範囲内だから行くか、許容範囲内にできるかどうか、というのは本当に読むしかないですから。

自分の体を読むんです。

天気はね、本当にパーフェクトでした。テントに帰ってくるまで良かったんです。私がラストキャンプに帰ってきたときは、もう日が暮れかけていましたけど、ヘッドランプを点けないですむうちに何とか帰ってきました。許容範囲内では下りてきていましたけど、本来はもうちょっと早く帰ってくるべきでしたね

ブロードピークで知った自分の体

ブロードピークで、途中でくたびれて登りづらくなったのは、背骨の故障と、そこに入れたシャフトが原因の一つだと思いますね。やっぱり痛むんですよ、腰とか膝とか。

今まで腰とか膝とかが痛くなったことはないんです。やっぱり背骨の動きが、というか体全体の動きが変わっちゃったのだと思うんですよね。脚の出方とか、なんか違ったんだと思うんですよ。それが蓄積されて腰とか膝が痛くなったんです。

今回、一番酷かったのは左の膝ですね。帰ってきてMRIを撮ったら、ちょっと水が溜まっていたんですね。

ガッシャブルムII峰のときは下りだけちょっと痛かったんですけど、ブロードピークは上りも痛くて、結構、痛み止めを飲んだんです。

痛み止めは、ボルタレンとロキソニンです。どちらも二時間とか三時間ぐらいしか効かなかったですね。きっと、激しい運動をしていますから代謝が高まって、効果が早く切れてしまうのでしょう。障害があって痛いのに痛みを止めているのだから、余計悪くなるんです。やっぱりちょっとでも痛くなると、それが影響して呼吸も荒れるというか、タイミングがうまくとれなくなってきますし、痛み止めの影響で、胃が荒れて気持ち悪くなっちゃうので、うまく食べれないし、どんどん消耗していっちゃうんです。吐きながら登ってましたからね。ゆくゆくは、登山をもっともっとコンパクトにしていかないと、体がもたないんじゃないかという感じです。

今回もGⅡだけだったら別にどうということはなかったけど、ブロードピークに継続した上、長時間待っての継続でしたから、疲労が今の私の体の許容範囲を超えたんでしょうね。

昨年（2007年）の事故以降、もう、この体は残念ながら背骨だけの問題ではないですね。やはりあの事故と、それから今年、去年で、相当消耗してたことは痛感させられました。表面には出てないけど、あれだけ打ちつけたり、圧迫されたりして、筋肉や腱など目に見えない部分や、体のバランスがずいぶん崩れているのかもしれませんね。明らかに体が重たいですよ。残念ながら以前のようには戻らないと思いますね。

一番強かったときから、パワーというのはおのずと下降曲線に入っていると思うんですけど、昨年の事故でそれがグッと落ちた感じがしますね。

無理に近い頑張りが利いた自分から、無理が利かなくなっているのを自覚して登山するというのは、これもまた面白いと思いますね。さらに条件が出るわけですからね。今は別に、それが嫌だとかなんとかではなくて、登り方を考えなければならないなということでしょう。以前のように三つも四つも継続するというのは無理かもしれませんが、この体でこその能力を引き出す、工夫をするのも面白いと思います。車を乗り換えたようなもんです。事故前の体とは違うものだと。それは自覚しました。

あっという間の撤収

それでベースに帰って、二日間休んだだけで、スカルドまで帰ったんです。一気に走ったようなもんで、凄まじかったです。

一日目に歩いたのは、十一時間ぐらいですけど、二日目は、断続的に二十四時間動いてましたね。二十四時間のうちの三、四時間は車でしたし、途中で、もちろん休んだりとかしてますけどね。

ポーターは追いついてこれないので、置いてきちゃったんです。通常はやっぱりもう一日かかるんですよ。急いだのは、もう一回テントで寝るのだったら、一晩中歩いてでも車の来るところまで出て、車に乗っちゃえば暗かろうがなんだろうが関係はありませんから、それでホテルへ行ってゆっくりすると。歩いていたのは、きっと十七、八時間ぐらいだと思いますけど、ゴンドゴロ・ラという峠を越えるんですよ。この峠が凄まじいんです。私は二回目なんですけど、そこだって、ちょっとした登山なんですよ。

氷河の峠を越えて、懸垂下降しなくてはいけないような急なガレ場をずっと下りるんです。ときどきポーターが落ちて死んだりすることもありますよ。ロープも張ってあるんですけど、ださいロープなんですよ。みんなが使っている道なんですけどね。何でポーターたちはサンダルであれが行けるのかなあ。かなり緊張して上り下りするんです。800メートル登って1000メートル下りたかな。

あそこは、辛かったですね。下りで膝が痛かったですから。上りは良かったんですけど。体重がかかると痛いんです。まだ薬を飲んでました。最後までもう痛み止めの薬漬け。ゴンドゴロ・ラは二回目でしたけど、今回は本当に厳しかった。真っ暗な中を行くんですよ。朝一時ぐらいに出ていって、その峠を越えないと、明るいうちに次の所まで行けないんです。この道は大変なんですが、また行くと思います。まだまだ、あそこら辺にも登りたい山はいっぱいあるんですよ。

GⅡに関していえば、今回登れなければ、また私は行ったでしょうね。そういう意味では、この体で二つ登れたということは、とても良かったですね。

GⅡのノーマルルートとブロードピークのノーマルルートの継続というのは、登山としてはそれほどの価値はないと思いますが、雪崩の事故から戻って、こんな背骨で行けたということにほっとしてます。どうなるか全くわからなかったですから。

サミットデイ前日に新たな命が

今回の登山の頃は、妻は臨月でした。

でも、子供が生まれることは、今度の山行きとかには全然影響してないですね。なんだか私はもう知らんぷりでした。それは、もちろんね、子供が生まれるということは重要でしたけど、変な話ですけど、子供が生まれるとわかる以前に、GⅡに行くということは決めてましたから。

子供が生まれるというだけでもそうですけど、すでに一歳半の子供がいるんだから、うちの妻は相当大変だったと思います。まだ仕事をしてましたから、一時間かけて、お腹が大きい状態で上の子を乳母車に乗せて、バスに乗って、電車に乗って、勤め先の病院まで通ってたんです。

病院には託児所があります。近所の保育所には入れなかったんです。待機児童だし、仕事が八時から始まりますから、その前に預けようと思っても、近所の託児所はまだやってないんですよ。だから、子供を連れて行かなければいけないのです。

仕事を辞めてもらいたかったんですが、妻はベテランなので、どうしても、辞められなかったようです。

私が家にいるときは、私が見てました。妻が、一度体調を崩して入院してしまったときは、父子家庭になってました。他にも、私がときどき託児所に迎えに行ったりとかやってましたけど、私が出かけてからの一ヵ月ちょっとは、どんどんお腹が大きくなってくるなかを、乳母車に子どもを乗せて朝の五時半とかに起きて六時半ぐらいには出ていったんですよ。妻も、上の子も、本当によくやったと思います。

誕生日に合わせて山頂に立とうとは思ってませんでした。最初は7月30日がサミットデイの予定だったので、予定通りに登頂していたら下の子の誕生する日の登頂でしたが、サミットプッシュのスケジュールは、もう完全に天気予報任せです。予報で、ぎりぎりになってもう一日ずらしてくれというのがあって31日にしたんですね。これはどんぴしゃでしたね。30日でも、まあ、登れたと思いますけど、あんな良い天気じゃなかったですね。

登頂の前日に、男の子が生まれたというのは全く聞いてなかったです。ラストキャンプに入る日でしたし、時差もありますからね。忘れかけていたぐらいでした。ブロードピークの頂上で誕生のことを電話で聞いたんです。

頂上で音声データをアップして、登頂の連絡を事務局に入れようと思って、衛星電話のスイッチを入れたら、電話が鳴り出したんですよ。

慌てて出たら、事務局の古野さんからでした。古野さんには、その時、私が頂上に向かっているということは、前日に電話で知らせてありましたから、ぼちぼち、着くんじゃないかとは思っていたらしいんです。それで出たら、「いまどこにいるの?」って聞くんで、「いま、頂上に着きました、ちょっと遅くなっちゃいましたけどありがとうございます」といったら、古野さんが「ああ、おめでとう、おめでとう」っていうんですよ。「ありがとうございます、疲れました」って返事をしたら「いや、違う、違う、お子さんが生まれたよ」って。それで知ったんです。

「いつ生まれたんですか」って聞いたら、「昨日」って。

因みにこの子の名前は「結《ゆう》」。長男は「盾《しゅん》」です。

背骨のシャフトを抜く

２００８年の11月末に背骨のシャフトを手術で取りました。残り3座の前に取りました。ここに持ってきました（四五三頁写真）。私もこれを見せられてびっくりしました。一年ほど入っていたんです。長さが5センチ、直径も5ミリ以上あります。これをスクリューで骨の中に埋め込んであったんです。チタン１００パーセントじゃなくて、バナジウムとかが入っているらしいです。

これを、小さな穴から取りだすなんて、凄い手術ですよね。入れるときは、ネジを入れる穴と、シャフトの穴を七カ所開けて入れたんです。今回はその穴から再びグイッと抜いたんです。

無理に抜かなくてもいいんだそうです。「もうしばらく、入れておいてもいいよ」って、先生もいっていましたね。これが入っていると三つの骨を一つにしているので、間の二つの椎間板は使われない状態だったんです。椎間板というのは、使っていないとどんどん硬くなって動かなくなっていっちゃうらしいんです。ですから、ある程度年齢が高い人は、手術が全身麻酔ですから体への負担がかかるので、入れっぱなしにしちゃうらしいんです。

若い人とか、これからまだ使わなければいけない人は、一年以上三年未満ぐらいで抜くほうがいいんですって。

まあ、将来的には、椎間板の痛みとか、腰痛が出る可能性は高いんだと思いますが、骨は、一回傷が入って、それがくっついたときは以前より強くなるんですね。

ただね、背骨の一つは形が明らかに変わっちゃっていました。変形してるといっても、日常的には全然関係のないことですけど、やはり足の感覚は鈍いです。前に比べると、やはり怠いというか、動きが硬いというか。

登山を継続するためには、この体を完全に元のように戻すことではなく、自分の体に慣れて、使いこなせるかどうかが問題だと思います。シャフトを入れた直後は、なんともないときは、けがをしたことを忘れてたぐらいなんですけど、痺れて歩けないこともあったんです。その波があるんです。それが時間が経つたびに波が収まってきて、いまの感覚に落ち着いたんです。

この間登ったガッシャブルムⅡとブロードピークのときは、入れたままでしたから変な感じはありました。いまは取っちゃった直後なので、波がある感じが強い気がしますが、それは手術のせいだと思うんですね。今回も収まっていくだろうとは思うんですけども。

ガッシャブルムⅡ峰に登ったときも、けがをする前とは爪先から伝わってくる感じが違うんです。歩いている分には感じないですけど、クランポンのフロントポイントで氷に立ったときの感覚が若干違います。ちょっと右足を庇うような感じに勝手になっちゃう。そ

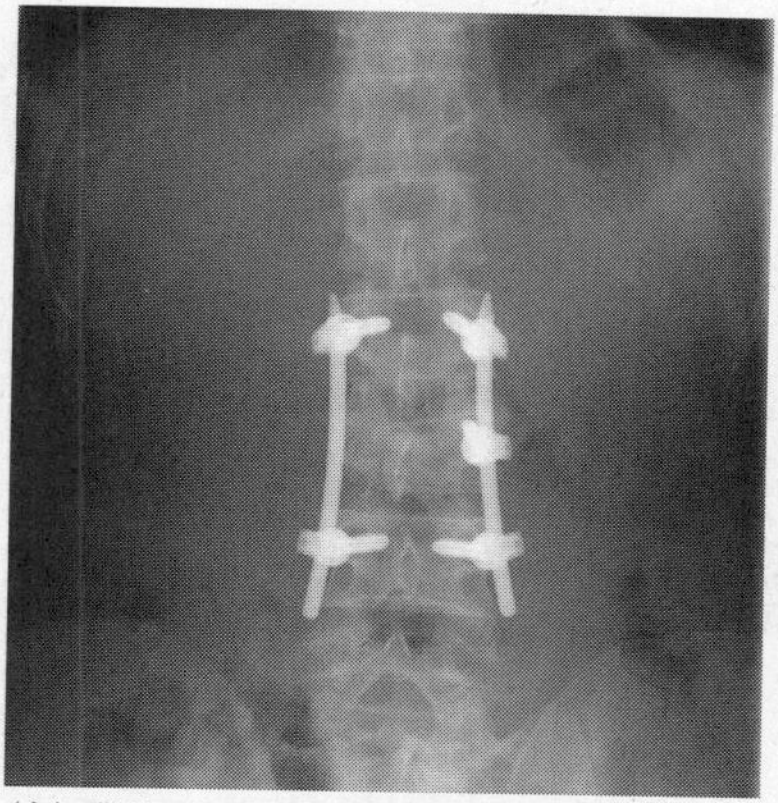
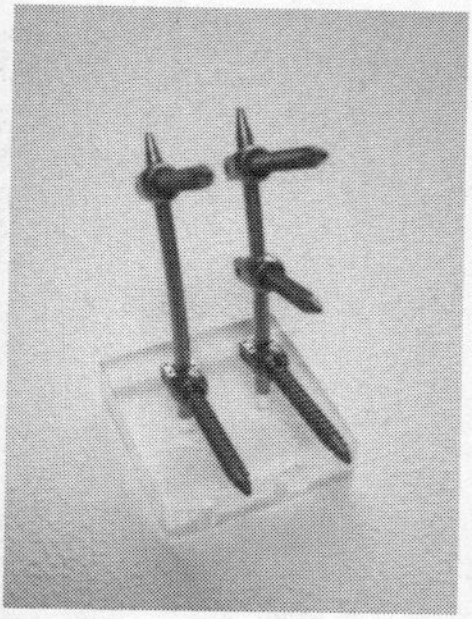

（左）背骨に埋め込まれていた当時のチタン製のシャフト。
（右）取り外した後のシャフトはアクリル台に固定し保管している。

ういうことが怖いですね。意識的にやるんではなくて、勝手に体が反応している部分というのがあるというのが。

指先の一本一本にまで神経が無意識のうちにも行き届いていた自分には戻れないし、動作一つにしても、なにげなくやっていた動作がいまは意識しなければいけなくなっていると思います。登山を続けていくなかで、取り戻してくる部分はあると思うんですが、まあ、一番良いときの状態にはならないですね。これはもう残念ながら……。

元へ戻らないことは別に悲観はしてないんですよ。この体とは付き合っていかなきゃならないですから。慣れだと思うんです。もっともっと痛みを抱えながら登山してる人はいっぱいいますから。膝を壊したとか、腰を壊したとか、凍傷で指をなくした人とか、そうやって登山している人はいっぱいいますので、私のはさほどの問題ではないんです。

2009年4月末から5月にローツェに行きます。この登山は、自分の体を確認するという意味では、大事な登山になりそうです。

正直いってそう簡単じゃないと思います。ローツェという山は、ルートとしてはそんな難しくないんです。ラストキャンプの手前まではエベレストのノーマルルートですから。フィックスはもうべったり張ってあるわけですし、人が順番待ちするぐらいです。そこまでは、テクニカルなところはないんです。そこからだって、頂上まで、複雑なルートではないんですよ。ただ、なんといっても、ローツェは8500メートルありますから、これは、この間登ったガッシャブルムⅡ峰が8035メートルでしょ。そこからさらに標高で500メートル上がるというのは大変だと思うんです。8000超えてからの500メートルの差というのはそう簡単じゃないですよ。そこに無酸素で入っていけるかどうかというのは、この体では、正直いって相当、不安ですね。

私もラルフも二人とも前に失敗してるんです。2006年にラルフとガリンダと私と三人でローツェへ行って、三人で敗退したんです。カンチェンジュンガを登った後、ローツェに入りました。カンチェンジュンガの方が高いし、それを無酸素で登ったあとだから、もう順応しているので、シングルプッシュで入ったんです。

頂上が見える所まで行きました。標高にしたら8450メートルは超えていたんですね。

でも、そこで三人ともこてんぱんで、一歩も足が出なくなって、本当にかなりやばい状態で敗退したんです。それぐらい、8000メートル中盤の山を、無酸素で登るのは難しいことなんですよ。

ラルフとガリンダは去年も失敗しているんです。だから、二人は三回目、私は二回目の挑戦です。

難しいのは技術的なことではないんです。

ガリンダは前回、肺水腫になってます。理由は高度と疲労ですね。ガリンダは、去年は、ダウラギリに登ってから継続して来ているので、もう順応はできていたはずなんですが、やっぱり疲労が溜まっているんですね。ラルフもマカルーに登ってからの継続でしたしね。

今回、難しいのは技術的なものではなくて、標高ですね。

やはり8000メートルの山というのは、技術だけではなかなかカバーしきれないんです。ある意味、技術でカバーして登れるなら、やりようがあるんです。もちろん天候とかいろいろな要因がありますから、技術だけでものを言うことはできませんけど、ただ、8000メートル半ばを超えた世界というのは、やはりそういうものだけではない、もっともっとこう言いようのない難しさがあるんです。

8000メートル峰の経験が少なかった頃は、簡単に登れそうな気がしてましたけど、登り続けるとどんどん難しさが……しみてきますね。

マカルーやK2で一緒だった山本篤さんは、山田昇さんとはずいぶん登山されていました。山田昇さんは、当時、最強のクライマーといわれてましたし、私よりも何倍も強かったと思います。植村さんと同じマッキンリーで、1989年に亡くなられましたが、もし、あそこで死ななければとっくに14座を登っていると思う方です。その山田昇さんが9座まで登ったときに、篤さんに「9座を登ってわかったけど、14座というのがこれほど大変だとは思わなかった」とおっしゃったそうです。それはほんとによくわかりますね。

8000メートルって、ほんと、いろいろな条件がすべて整わないと登れないですね。いくらルートが難しくなかったとしても、行って登れる山ではないですよ。

だからって、日頃、毎日過酷な訓練をしていればいいというものでもないです。それはもう本当に頂上に立つその瞬間にすべての条件が整うようにしていくしかないんです。天候であったり状況であったり、体の調子であったり自分ではなかなか及ばないものがいっぱいありますから。自分の体とか、意志とか、そこに合わせていくしかないんですね。

登れるとなれば、すごく簡単に登っちゃう人もいるんでしょうけど、それはその時だけの話で、それが全てということは絶対ないと思います。

この間のGⅡだって天気が良かったのは、われわれが登った時だけですから。あの天気を逃した他の人たちは苦労したでしょうね。

だから、それぐらいもういろいろな条件がシンクロしないと登れないんですね。

私は登れば12座目、ラルフは今回ローツェに登れば14座達成です。登れば登るほど、14座というのは難しいと、最近、私は思っています。

第十三章　12座目、ローツェ登頂

（この章取材　２００９年７月17日から三日間）

※ローツェ（８５１６メートル）所在地＝ネパール・中国
ヒマラヤ山脈のエベレストの南に連なる世界で四番目に高い山。西側は「ローツェ・フェース」として知られ、鞍部を通りエベレストへと向かうには高さ１１２５メートルに及ぶ氷壁を登らなければならない。南壁は標高差が３３００メートルあり世界屈指の大岩壁で知られ、登攀は極めて難しい。ラインホルト・メスナーら世界の名だたるアルピニスト達の挑戦を退け、イエジ・ククチカやニコラ・ジャジェールらのクライマーが、ここに眠っている
◆初登頂＝１９５６年、スイス隊　エルンスト・ライスとフリッツ・ルフジンガー
◆竹内洋岳の登頂＝２００９年５月20日クラシックルート　無酸素

「もしもし、ナマステ、竹内です。

ただいまローツェの頂上にいます。正確には風が非常に強いので頂上からちょっと下りたところにおりますが、先ほど登頂することに成功しました。ありがとうございます。今日は天気はとっても良かったんですけども、風がすごく冷たくて、頂上にいた時間

はわずか数分だったのかも知れません。ここはちょっと頂上から下りた風を避けられるところで、そこで電話をしております。

天気が良くてですね、先行したパーティーもいてルートもできていて、これ以上登頂するチャンスはないというぐらいに、いい登頂の機会だったと思うのですが、やはり、順応があんまり今回はよくできてなかったようで、ここまでくるまでにかなり苦労しました。

8400を超えて急に体が重くなってしまって、やはり、無酸素の難しさを思い知らされました。ただ今回のローツェは重要なチャレンジで、登頂できたことは本当にうれしいことです。

また、ラルフは今回のローツェで14座のコンプリートを達成しました。またベースキャンプに戻りましたら彼らに、ラルフにも話を聞きたいと思います。ありがとうございました。これから気をつけて下りたいと思います。」

ローツエへ

日本を出発したのは3月28日でしたね。

カトマンズで、置いてある荷物をピックアップしたり、リパッキングするわけです。リストがあるので、置いてあるものも大体わかります。新しいものに入れ替えるとかして、荷物をポーターとかヤクに預けられるようにパッキングしないといけないのです。今回は、日本から新しく補充したり、取り替えた品物はそれほど多くはなかったですね。去年GⅡとブロードピークで使ったばっかしですし。スポンサーワッペンを貼り直したり、目立つところは、全部、毎年ニューモデルにしますが。

パッキングは青いプラスティック樽か大きなPVCのターポリンでできたバックです。私の場合は個人装備だと70キロぐらいじゃないかな。そのうちの10キロぐらいは電化製品です。ベースキャンプの書斎用でジュラルミンのケースに一個ですね。パソコンの軽い物が二台と、ソーラーパネルとバッテリーが二、三台。あと、ビーギャンという衛星のモデム。衛星電話と、その他いろいろコード類から、アダプター、充電器から、あと任天堂（ゲーム機）も含めてさまざま。

今回のメンバーは四人です。

ラルフ、ガリンダ、私とデービッド。

デービッド・ゴードゥラーはドイツ人で、1978年生まれの三十一歳。国際ガイドです。プロガイドとしてやっていますけれど、高所でのカメラマンとしてもすごく実績があるんです。彼は、ドイツでは有名なクライマーで、若くて、見た目もいいですから、出演しているクライミングビデオとかいっぱいあるんですよ。

今回のローツェはラルフの14座目でしたので、それを記録するのが彼の大きな役目だったんです。テレビ局やなんかと契約してきているんです。ドイツのテレビがラルフとガリンダをドキュメントで追っているんです。デービッドとは、2003年の第一回目カンチエンジュンガで一緒でした。

全員が集合してベースキャンプに向かってルクラから歩き出したのが4月8日。前回、トレッキング用の靴が合わなかったので新しいのに替えたんですが、やっぱり今回もいまいち合わなかったんです。

いつも出発前は忙しいもんで、新しい靴をお店で買ってそのまま持って、履き慣らししないままスタートしちゃうんですよ。そうすると、三日ぐらい経つと調子が良くなってくるんですけど。その間に、やっぱりちょっと痛くなったりするんですね。

去年は膝、腰に負担があるだろうと思って硬い靴を履いていったら、なおさら良くなくて、今年は柔らかい靴を用意していったんですけど、少し当たってました。でも、大したことじゃないです。その靴は特注じゃなく、普通の市販品です。

当たるのは爪先なんです。習慣的にぴったりな靴を履いちゃうんですよ。もうちょっと緩い靴を履けばいいのだろうなと思うんですけどね。ビブラムソールです。ソールの硬さとアッパーの硬さが合ってない靴が多いような気がしてます。足に合ってないというよりも、使い方が合ってないような感じがあります。

一旦歩き出すと私達四人とも、ものすごく早いです。延々と休まずにすたすた行くわけです。同じ目的地に行くんだけれど、歩いている途中は勝手に写真を撮るので何時間もそこにいたりしますし、別に……早く着きたいから急いでいるわけではないんですよ。

途中で茶店があれば、そこで休んで何時間もおしゃべりしてますし、自分のペースで勝手に歩いていきたいというだけの話です。

背負っているのはデイパック一個ですが、いろいろ入っていますよ。ポーターたちが来るのが遅いんで防寒具も入ってますし、ロッジに着いて早くシャワーを浴びたりするためにシャワー用の物とか、パソコンを早くいじりたいときはパソコンも持って行きます。ストックは両手に使っています。

高度順化のためアイランドピークへ

今回、高度順化のためにアイランドピーク（６１８９メートル）を選んだのはラルフです。最初の目的の山はチョーポルという、アイランドピークの向かい側にある山だったんです。きれいな山で、過去に裏から登られているのですけれど、私たちはあわよくば正面から登ろうと思ったのです。けれど、行って見てみたら、悪くて、難しくて。それで、アイランドピークでいいかみたいなことになったんです。

それも初めはノーマルルートじゃなくて、ノースリッジという別のルートから登ろうとしたのですけれど、取り付きの崩壊が激しすぎちゃって、ノーマルルートにしました。

アイランドピークは最初は土の道を歩いていくんです。だんだんガレ場になって、氷河になって、結構立った氷の斜面を登って、最後はかなり細いナイフリッジを登って行くんです。

小さな山ですけど、一通りの道具が必要なんです。標高はそんなに高くはないけど、景色はすばらしいんで、世界中から人々が登頂を目指してやってくるいい山です。みんなは順化をしながらラストキャンプを作って、そこから空身で頂上に行って帰ってくるんです。登り方は8000メートルと同じです。

私たちはその頂上へフル装備で登って、泊まっているわけですから、顰蹙《ひんしゅく》ものですよ。そんなところで泊まって、お茶を飲んでるんですから。

そういう山でも最初は苦しいですが、それは十分許容範囲内です。6000メートルちょっとですから普通の人から見れば厳しい山なんです。

一応、遠慮して、山頂から少し下の陰の方にテントを張ったんですけど、日本人のチームが一つ登ってきてました。何でこんなところに寝ているのっていっていました。ひっきりなしに人が上がってきました。ベースキャンプはもうテントが張れないぐらいいっぱいなんです。それぐらい人気の山です。

私たちは頂上まで上がって、順化のために一晩泊まって、さっさと下りて来ました。

今回、私は日本で3、4キロ体重を減らして行きました。ここまでくるともうあまり落ちないんですよ。62キロにして行きました。

減らすのは、食べなければいいんです。というか、私、元々食べないんですよ。放っておくとどんどん痩せていっちゃうんですよ。あまり痩せちゃうといけないんで食べるというような状態です。

家では、朝起きてメールに返信やら、こまごまと仕事をして、用事があれば、そのまま出かけていきますからね。それで、お昼にかけて用事があって午後にも用事があると、お昼を食べてられないんですよ。コーヒーだけ。お腹が空くとカロリーメイトでいいやとなっちゃうんですよ。誰かと一緒に食事を取るのはいいんですけど、一人でお店に入って食べたくもないものを食べるのは好きじゃないんです。

今回、ローツェ行きの前に、膝と腰、背骨にたいする負担を考えて体重を減らしたんです。前回、途中から左膝がすごく痛くなっちゃったんで。膝への負担を減らすには体重を減らすしか方法はないわけです。

今回は全然痛みは出なかったんですね。その理由は体重を減らしたからか、背中のシャフトを抜いたからか、わからないですね。もうあと二、三日登山してたら痛くなったのかもわからないですね。

私にとって、痛いとかそういうことは別に登山をやめる理由でもなんでもないんです。痛いのは嫌ですけどね。痛み止めを飲んで行ける所までは、とにかく吐こうが何しようが行くんだと。痛いぐらいはね、みんなどこかしら痛いことはあると思うんですよ。非常に不愉快ですけど。人によってどこまで我慢できるかというのはもちろんあると思いますけど、多少痛いとかというのは、別に山に限らずどのスポーツ選手もあるんじゃないですか。

ベースキャンプから

アイランドピークで高度順化のための二日間、その後、チュクンという所のロッジで一日休んで、ローツェのベースキャンプ（5330メートル）に入りました。

それでさらに順化を進めるためC1、C2、C3と約7300メートルまで一回あがって、泊まってきたんです。ベースキャンプから2000メートルぐらいの高度を四日で上がりました。夕方にベースキャンプを出て、暗くなってからC1に着いて、C1で三、四時間仮眠して、その後C2に入って、泊まって、ラルフが調子が悪かったので、もう一日C2にいて、その後C3に上がって、それで二泊して帰ってきたんです。

C1のテントもC2、C3のテントも同じテントで、全部持って登って行くんです。四人だからテント二張りです。テントは重さが1キロちょっとです。

途中のアイフォール（氷河が崩壊して大きな塊がゴロゴロしている急斜面）がちょっと危ないんです。ただ、そこにはアイスフォール・シェルパという専門にコース作りをしてくれている人たちがいます。

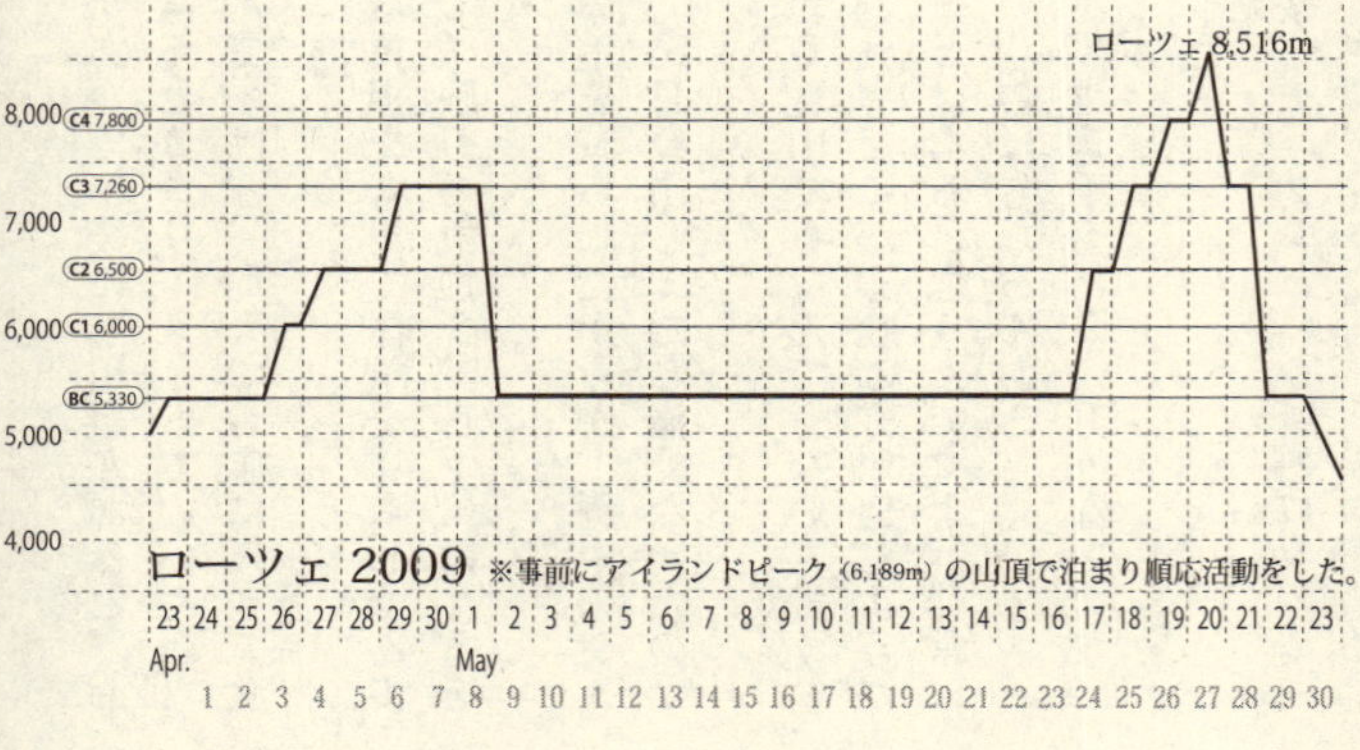

ローツェ 2009 ※事前にアイランドピーク（6,189m）の山頂で泊まり順応活動をした。

アイスフォールのルート整備やベースキャンプの環境保全やルートへのゴミ投棄などを監視するための費用を徴収しています。登山料の他にアイスフォールの整備費用というのを払うんです。今回は四人で諸経費込みで三百〜四百ドル。彼らは登山隊が全員下りるまではアイスフォールを安全に維持することになっているんですね。日本円に換算してしまえば三万円だけど、ネパールでいえばその額は高いですね。でも、大変だと思いますよ、あの仕事は。材料も結構必要ですしね。毎日巡回しています。

彼らがすごいのは、崩れてから直すのではなくて、崩れる前に直すんです。で、ルートもどんどん変えていくんです。そのルートを見いだしているところに価値があると思います。私たちがコースを探すのは無理ですね。ぐっちゃぐちゃの迷宮状態ですから。その中を、彼らはちゃんと歩ける所を見つけますから。それだけでも、すごく助かりますから。三百ドルは安いもんです。そのロープにぶら下がって大丈夫かどうかはわかりませんけど、ベースキャンプからC1まではロープが繋がっています。途中、ない所も多少ありますけど。大きなクレバスがあれば、梯子をかけてありますし、登れない斜面も梯子をかけて登山道になっています。

ベースキャンプは約5300メートルで、すぐ先からアイスフォールに入るんですけど、C1は6000メートル。だから、標高差にすると、約700メートルです。

そこは、もうとにかくできるだけ早い時間で抜けないと。いつ崩れてもおかしくないです。夕方から夜にかけてベースを出て行くというのは、氷の締まった気温の低いときに行

こういう意味もありますが、夜の間は崩れないかというとそうでもないんです。二十四時間常に崩れるんで、夜出るのは暑くないからというのもありますね。

C1からC2の間のウエスタンクウムなんか特にそうなんですけど、日が当たると、もうめちゃくちゃ暑いんですよ。おそらく40度以上になっていると思います。日中に歩いている人もいっぱいいますけど、私は無理ですね。アイスフォールの中もすごく暑くなるので、涼しいときに行こうというのが私たちの考えです。

さすがに真っ暗になってから歩いている人はいませんけど、でも、みんな朝の二時とか、三時にベースキャンプから出て行きます。ヘッドランプだけで歩いて行くんです。フィックスロープがずっと張り巡らされているので、注意して上がっていけばいいわけです。

それで、高度差700メートルぐらいを三時間か四時間で抜けます。一般の人は五、六時間かかっていっているのだと思いますけど、私たちは、そこそこスピードがありますから。

順化を確認しながら、もうちょっと高い所まで上がって慣らすんです。本来は、C2に上がって寝て、ベースに帰ってきて休んで、またC3に上がって、帰ってきてとかってやるんですけど、私たちは危険なアイスフォールを何度も越えたくないから、別の山で順化をして、アイスフォール一往復分減らすことにしたんです。アイスフォールを通過する回数が減れば、リスクが減らせますから。それほど危険の度合いの大きいアイスフォールなんです。

ビルぐらいのブロックが山ほど積み重なっているんです。

過去にはベースキャンプを出た途端に事故に遭っている人たちがいっぱいいます。１970年に植村さんがエベレストに初登頂したとき、同時期に入っていた三浦雄一郎さんの隊のシェルパとポーターが六人死んでるんじゃなかったかな。過去にはそういう事故はいっぱいいっぱいあります。

最近はアイスフォール・シェルパの経験と技術が高まってきて、崩れないところを選んでありますので、大きな事故は少ないですね。今年一人シェルパが死にましたけれど、アイスホールの崩壊ではなくて、ウエストリッジからのブロックの崩壊で巨大な雪崩が起きて、飛ばされてしまったんです。

抜けるのには特別な技術はいらないと思います。体力さえあれば、C１までは上がっていけるようになっています。

ただ、そこはとても危険です。巨大な氷がバタンと倒れてきてもおかしくないような状況ですから、そのなかにいる時間をいかに減らすか、そのためには行く回数を減らすしか、リスクを少なくする方法はないんです。

これはもう本当にタイミングです。もうちょっと遅ければ、大丈夫だったりとかといわれても、それはきりがないことです。自然というコントロールできないものに対して、私たちができるのは、そこにいる時間を減らすということしかないんです。

そのためにはとにかくスピードですから、体重も荷物も減らして、とりあえずスピードを上げるということしかできないです。

他の人たちもみんな同じように考えていると思いますよ。公募隊なんかも、やはり別の山で順化して、アイスフォールを通る回数を減らすようにタクティクスを組んできます。

慣れた人たちにはアイスフォールを抜ける三時間は普通じゃないですか。他の山はわかりませんけど、エベレストのアイスフォールに関していうと、年々私は良くなってきていると思うんです。ある部分、締まって小さくなっていく。クレバスなんかも、梯子で渡らなければならないところが少なくなってきているんじゃないですか。

今年のアイスフォールは非常に状態が良かったです。今までで、一番最短コースで行けました。でっかいクレバスに梯子が掛かっているというのも少なかったですね。前回はもっといっぱいありましたし、前々回はもっともっといっぱいあったんです。

ローツェは基本的にはエベレストに登る人たちと同じコースをずっと途中まで行くわけです。分かれ道までは、ものすごく大勢の人たちがそこを行き来しています。それはすさまじい人数ですよ。

エベレストは大混雑

今のエベレストはちょっと許容量を超えていると思います。一本のロープにそんなに人がぶら下がって大丈夫かってぐらいです。まさに芥川龍之介の小説『蜘蛛の糸』みたいです。

エベレストには、巨大な公募隊がいっぱい入ってます。自分たちのクライアントを頂上に立たせて商売ができるようにロープを張るんですよ。

大手がいるわけですよ。ラッセル・ブライス、ニュージーランド人ですけど、彼は公募隊で最も成功した人で、今回も四十人だか五十人だかのクライアントを連れてベースに来ていました。専属のパティシエがいるようなベースキャンプです。超巨大なダイニングテントの中はサンルームみたいになっていて、バーもカフェもあるんです。

エベレストのベースキャンプには、一千人よりもっといるんじゃないですか。観光客もいっぱいいます。

そこに、大手の会社のシェルパたちが何十人もいまして、真っ先に自分のクライアントが登れるようにロープを張るわけです。それはC1から頂上までです。

他にも沢山の大手が入っていて、そこのシェルパたちが協力して頂上までロープを張るわけです。そのロープを使いたいなら、少しお金を払ってくださいと、ベースキャンプで集金に回るんです。数十ドルとか百ドルぐらいです。

それを払うということが、一種のコミュニケーションになって、エベレストに居合わせた人みんなで仲良くやろうよというわけです。払わない人もいっぱいいるし、使わねえとかいっていながら使っている奴もいっぱいいます。そのへんは、すごく曖昧なんです。公募隊じゃないチームも、公募隊が張るフィックスロープを結局はあてにしているんです。

そんなですからエベレストは、人がずっと続いて、順番待ちしなければいけないぐらいなんです。まあ、約束事としては、一本のロープに三、四人ですけど、みんな、早く行きたいもんだから、ひどいときは一本のロープに十人も二十人もとりついているんですよ。数メートルおきに人がいると思いますよ。C2から先は、多少傾斜が緩いんで、何十人もが体重をかけたってロープがちょん切れたり、支点が抜けたりすることはないでしょうけど、急な所でも、大人数の人が入っちゃうんで、見ていてぞーっとしますよ。

ほとんどの人たちは酸素を背負っています。私たちは酸素なしですから、抜かれることが多かったですね。

エベレストはいくら酸素を使って、ロープがあって、シェルパがいても、簡単じゃないですよ。誰もが来て、誰もが登れるかというと、そういうことはないと思います。自分で歩かなければならないですから。

最近、批判的に、エベレストは誰でも登れるという言い方をする人がいますけど、そんなことはないです。結構、大変です。ただ、登るチャンスが、昔は登山家のみに許されていたのに、今はもう誰にでも許される時代が来たというだけの話です。チャンスが増えたというだけで、簡単になったわけじゃないです。

もちろん、道具が軽くなったとか条件が整ったということはありますが、誰もが頂上に立てるようになったわけでも何でもないです。山登りをいままでされたことのない方たちもけっこういますよ。ビジネスで成功された人が趣味としてエベレストに登ってみようとか。

山登りはやってないけども、他に何かスポーツをやっているとかって感じで、基本的には、みなしっかりした方です。

ラッセル・ブライスのとこの基本料金は、大体、日本円で五百万円ぐらいです。日本人もいっぱい来てますよ。以前、そこに来ていた人に聞いたら、車を買い換えようかと思ってたんだけど、ちょっと良い車を買い換えたつもりでエベレストに登ってみようと思ったって言ってました。

今回は日本の公募隊も一つ入ってました。お客さんが五人で、全員登ったんですよ。ダイビングをしている人や、マラソンをしてたり、山登りでもクライミングしかしないとか、スキーヤーとかだけど、みんな世界一高いエベレストは登りたいと思って参加してるんです。

「次はどこへ行くんですか」って聞いたら、予定はありませんと。道具とかも、シェルパに全部あげちゃうんですって。

エベレストというのは、世界遺産のように行ってみたい所の一つなんですよ。いまは、年間にエベレストの頂上にだいたい二、三百人は登っていますね。

でも、頂上まで行けない人たちも多いんですよ。

この人たちのラストキャンプは８１００メートルのＣ４です。サウスコルから酸素を使って頂上へ行って帰って来るんです。一種のエンデュランスゲームですね。

高度の不調

C2はガレ場の上ですが、そこもすごいテント村です。公募隊はC2にもキッチンスタッフとキッチンテントを上げちゃうんです。アイスフォールを何度も往復すると危ないので、C2に常駐してるシェルパもいっぱいいるんです。ハイキャンプ・コックは本当に過酷らしいですね。シーズンが終わるとげっそりするらしいです。それなりに給料もいいんでしょうけど。一カ月とかそこにいるんですからね。

6500メートルの高度で一カ月とか暮らしているんです。ハイキャンプ・コックは本

私たちはC2とC3に二泊ずつして帰ってきたんです。C2が6500メートルで、C3が7260メートルですね。ここまでは順調でした。四人ともまだ順化途中ですから楽じゃないですけど、大きく体調を崩す人もいないし。私も、事故前には戻せませんが、自分の体はなんとかもつだろうなという感じはしてました。思ったよりはいいと思いました。シャフトを抜いた影響が出てなかったですね。

その時点では、骨折で飛び出したままの肋骨も痛さを感じてなかったんです。

天候とかもありますから、絶対登れるとは考えていませんでした。

去年登山が終わったのが8月の初旬で、一年以内ですが、その順化なんていうのは何の役にも立たない、ゼロです。ただ、毎年行っていますんで、多少順化は早いんじゃないかとは思います。

経験がありますから、次どうなるかと、予想して、やることを選べるというのは余裕になりますが、必ずしも、それがプラスになるとは限らないですね。過去の経験で判断するのは、マイナスに働くということも多いんです。

高所で調子が悪いと感ずるのは、気持ちが悪いとか、食べる気がしないとかです。

私も一回吐きました。それはなぜかはわからないです。高山病というよりも、デービッドが食っていたチーズが臭くて、それで吐いたような気もします。

環境が厳しいので、疲れていると、匂いにすごい敏感になっちゃうんです。バスで酔うのに似てます。

一時、ラルフがドイツ製のフリーズドライを用意してたんですよ。初めは美味いと思って食べていたんです。ところが、だんだん、匂いが鼻につくようになって、最近では開けた途端に気持ちが悪くなっちゃって、一切食べなくなっちゃったですね。

人間の体に生理的な負荷がかかると出る症状ってあまり変わらないのだと思いますよ。お酒が飲めない人が飲むと頭が痛くなって吐く、高山病も頭が痛くなって吐く。睡眠時無呼吸症候群とかもそうだと思うんですね。あれもストレスからなりますからね。原因はばらばらでも、症状は似てます。

酷く疲労すると、歯が痛くなったり、歯が少し浮いたり。扁桃腺を腫らす人は結構多いですね。私も風邪を引いたときは、必ずノドからくるんです。ですから常に遠征に行くときはルゴールを持って行くんですよ。ちょっと調子が悪い、おかしいなと思ったらすぐ塗るんですよ。ラルフとかガリンダでも、ときどきなんかノドが痛いとかって言いますね。気持ちが悪いときは、吐けばすっきりするというもんでもないですね。吐いても何も出てこないですから。変な物を食べたわけじゃなくて、吐き気が起きているだけなんです。妊婦のつわりに似てます。

食べられない、睡眠不足と高度が上がるとストレスが加算されていくわけで、解消はしないです。解消させるためには下りるしかないんですよ。ただ、体にストレスをかけないと順応しないんで、そのストレスとレストをどう組み合わせていくかというのが大事なんです。

今回のラルフみたいに調子の悪そうな人がいても、とにかくC3までは上げておかないと、チャンスが来たら登れないんです。C2で二泊するのは予定外だったんですが、それはそれでいいんです。

予定のない待機

C3から下りてベースキャンプで待機している時間が長かったんです。二週間ありました。それも二週間後に登るという計画じゃなくて、今日も駄目、明日も駄目、もうしばらく駄目そうだと、ずるずる延びるという感じなんです。

それまで、雪なんか降らなかったのが、突然雪が降り出して、天候のサイクルが変わったんですね。

雪が降るということは、あの高さでも寒くなったということです。今年は全体的に寒かったですよ。猪熊さんも非常に寒い気候だといっていました。

予報は、毎日、ネパールの時間でだいたい午後五時ぐらいに来ます。あの国は日本との時差が三時間十五分あります。晩ご飯が六時ぐらいなので、予報を見ながら、みんなであでもない、こうでもないとおしゃべりしてますが、二、三日行動はないなというのは予めわかります。現在の気象予報は、非常に精度が高いですから、まったく外れてしまうことはあり得ないですね。

私たちは天気が良くなったから出ていくんじゃないんですよ。頂上に行く日が良ければ、途中は多少悪くても行きます。

猪熊さんが送ってくるチャートに、コメントが付いてくるんです。これがその例です。

「7月22日、ベースでは曇り時々雪で、夜は雪。朝のうちまで曇りで、6500メートル附近は雪、一時吹雪く。朝のうちまで霧。山頂付近が晴れ、ときどき地吹雪、朝までと午後一時曇り」

さらに、自分はこう思いますという文が届きます。「頂上には行けないけど、下部での行動は可能でしょう」と。

この日は、6500メートル附近でマイナス10度からマイナス6度でしたね。それは暖かい方です。ジェット気流が下がって寒気が流れ込むとマイナス40度とかってなっちゃうんです。

この様子だと、山頂付近がだいたいマイナス22から17度ぐらいだから、行けるだろうと考えるわけですね。

重要なのは風なんです。このデータを見ると風なんかほとんどない。風速5メートルとか8メートルとか。15メートルぐらいまでだったら無酸素でも行けるんじゃないかなとは思うんですよ。20ぐらいになっちゃうと、酸素を吸わないとどうかなあとかっていうような判断をするんです。

風は強くても、ウインドスピードとウインドパワーは違うんですね。8000メートルの空気の量は三分の一なので、平地で20メートル吹くのとはずいぶん違うんですよ。押す力は弱くなるので、20メートルぐらいでも十分行動はできるんです。ただ、体感温度は下がりますので、風ができるだけないときに行動するんです。

今までの体験があるから、これぐらいなら何とかなるだろうと判断するのであって、猪熊さんのデータだけで判断するということではないわけです。

猪熊さんは高所での経験がかなりあって、その数値がどういうことなのかというのは十分知っているんです。だから、「きょうは天気が悪いけど、十分行動はできます。行ってください」とか「今日は天気は良いけど、風が強いからたぶん行けないでしょう」とかって言ってきます。

そういう意味では、ただの情報提供ではなくて、ある意味、行動のサジェッションまでしてくれているわけです。今回も、「その日はすごく天気が良くて、行動は十分可能ですけど、前日まで雪が降って、ローツェ・フェースに何センチぐらい積もっていて、危険ですから、絶対動かないでください」というようなサジェッションまでしてくれます。猪熊さんから来たデータを見ながら、明日も明後日も行動を起こせないとなれば、ベースキャンプで食っちゃ寝、食っちゃ寝ですね。

アイランドピークで順化してますから、私たちにとってベースキャンプの5300メートルは、寝られるし、食べられるし、普通の生活に近いんです。

ベースでは、起きるのはだいたい七時半ぐらい。それまでは山の陰ですから陽が当たらないんです。陽が当たらないとやっぱり寒いんですよ。テントの中にも霜が付いているぐらいです。七時半ぐらいに太陽がテントに当たって、だいぶ温かくなってくるんですね。暖かいといったって0度ぐらいですけど。みんな別に用事がないですから、のろのろと出てきて、ソーラーパネルを確認して、コーヒー淹れて、なんていうようなぐうたらな生活です。

そうやって結局二週間の待機になりました。

二週間は明らかに長いということは経験的にわかっているわけです。ネパール登山が終わった後に、パキスタンに継続なんかする場合でも二週間か三週間空くんですね。そうすると、最初からとはいいませんけれど、やっぱり一回、二回の順応を入れないと頂上に行けないんです。

順応がゼロになることはなくても、ベストの状況ではないんですね。でも、5300メートルのベースキャンプでは、順応が落ちたかどうかというのはわかりにくいんです。でも、二週間停滞したからといって、もう一回順化で上に行くというのは、天気のチャンスを無駄にする可能性があるのでちょっと考えがたいです。次に出るのは、サミットプッシュとしか考えようがないわけですね。

それでも、まあ、行けるだろうとは思ってました。いまの順応で登れないというふうには思いませんでした。でも、前回のGⅡみたいなスピードは出ないだろうなというのは、ある程度予想していました。ちょっと、辛い思いはするだろうなと。

行動を伴うシミュレーション

登山の行程をシミュレーションしていくんですが、実際に行ってみると、そのシミュレーション通りになるというリアリティもあれば、ならないというリアリティもあるわけですね。そういうことの対処法は、習慣的に常にやっているような気はします。

例えば、岩を登っていって、手や足がフォールドから外れる、ロープが引っかかる、プロテクションが外れてしまうとか、という理由で落ちる危険性があるというのは、漠然と考えているだけなんですよ。それを、もっと具体的に、足を踏み外したときの手の位置だとか、ロープがどう捻れたとか、どのプロテクションが抜けたのかと、イメージが具体的であればあるほど対処方法が考えられるわけです。

2009年　ローツェ・フェースにて　竹内　　　　　　© ラルフ

どういう姿勢で落ちるのか、どう振られるのか、そうするとあそこでバウンドするだろうか、どういうふうに構えるかと考えます。その想像力がなければ手順が組み上がらないんです。

それは決して防御としての想像力だけではなくて、そういうことを考えながらも同時に、じゃあ、そこをどういうふうにして越えていくかということを可能にする想像力でもあるんです。

ですから、ラストキャンプを出たときには、あとはどう行くのかということをずっとシミュレーションしていきます。そして、頂上に立ったときの自分の様子も描きます。

イメージトレーニングとはちょっと違うと思うのですけれど、自分のスピードが遅くなってきたときも、このままで行ったら頂上にはどれぐらいで到達するのか、そのとき、何時だったらば、頂上にはどれぐらいの時間いられるのかとか、頂上で何をするかということを常にシミユレーションしていないことがあるわけです。シミュレーションしていくと、シミュレーションが続かないことがあるわけです。シミュレーションが続かないということは、実際にやってもできないだろうということです。そうしたら、やめようと思うわけです。

今回は、ローツェ山頂で、ミトンを外したら手が凍傷になりそうなので、写真なんかなくてもいいと思いました。寒くて、どっちかを選ばなくてはと思って、そう決めたんです。そこでちゃんとミトンを外して写真を撮る、そして凍える前にミトンを着けることができるというシミュレーションができるならば、その通りにやれば良かろうと思うんです。だけど、あのときは、グローブを外して写真を撮ったら、凍傷になる可能性があると私は判断したんです。

リアリティのある想像は経験からしか生まれないんです。シミュレーションというのは、ただ言葉の上っ面だけとると、すごく浅い感じがしますし、最初から最後までをなぞるようなイメージがありますけど、そうじゃないんです。いろいろな方向から、いろいろな段階のことを、いっぺんに想像できるか、選択肢を並べられるか、というのが想像力だと思います。

百個ぐらいまで思い浮かべられても、一歩足を踏み出した途端に、五十ぐらいに選択肢は減ったり、三歩か四歩歩いて、握っているアックスの感触で三十ぐらいにまで減っていったり、逆に、倍に増える場合もありますね。

そのディテイルとディテイルの間を埋めていく作業が想像ですね。

山登りでも、人生でも、どんな人の作業でも実は一緒なんだと思います。初めて8000メートルまで登った人は、それまで想像してきたけど、7500メートルで感じたのと8000メートルがこんなに違うのかとか、そういうのがあると思います。修正能力で、新しい体験と古い体験のどの部分をつなぎ合わせて使えるかどうかということを無意識のうちにやるんだと思いますし、それが感性なんでしょうね。

だから、8500メートル以上の超高度の登山の話になると、経験のない人には、想像もできないかもしれません。空気がないと思ってくださいといわれても、思えるかどうか。難しいですよね。

山頂で

ラストキャンプを出たのは5月20日、四時です。

これはかなり遅いです。普通はやっぱり一時前には出ていきます。今回はとにかく気温が低いというのがわかっていたので、暗い中を出ていっちゃうとなおさら寒いから、日が出る時間をある程度読んだ上で遅めに出発しました。出ていく時は暗いけど、早い時点で太陽が当たってくるだろうと。

ラストキャンプに入ったのは19日の夕方です。結構ゆっくり寝て……まあ、ぐっすり寝られるような空気の濃さじゃないですけど、一応、寝ました。それで、準備をして、四時まで待って出ていったんです。

最後のプッシュで持って行ったのは、いつもと同じように温かいポカリスエットが入った1リットルのテルモスとポケットに衛星電話、カメラと、あとジェル状のエネルギー補給食品です。

ラルフもそんなものですね。

飲み物は、たぶん彼は何も入れてない紅茶だと思います。入ってないほうが飲みやすい。匂いがするのはだめですね。

デービッドが面白い飲み物を持ってきていました。それは、栄養とか、炭水化物も糖質もいろいろ入っているんですけど、味も何もない、無味無臭というスポーツドリンクです。それがいま、すごく使われているらしいんです。匂いや味で気持ち悪くならないように。登山専用ではなく、マラソンやトライアスロンとかでも使われるものです。無味無臭というのが、超高所にいいんでしょうね。それは、わかるような気がします。

8000メートル以上でものを飲むというのは大変です。

よく、ハイドレーションシステムのチューブを使っている人もいるんですけど、あれを過去に使ったことがあるんですけど、吸うのに疲れちゃって、私には向いてない。慣れると、そんなに力を使わなくても吸えるらしいですけど、私は慣れなかったですね。

自分で呼吸するだけだって大変なんです。でも、今回のような状況だと、ハイドレーションシステムのほうが良かったのかなあと思うんです。

立ち止まれないんです。

平らな所もないですし、時間が押されているというような、切羽詰まったような感じがして、休んでいられないんです。休んでいるんだったら、動きたいというプレッシャーのほうが強くて。結局、私はラストキャンプを出てからそこに帰ってくるまで一切のものを口にすることも、飲むこともなかったですね。

その間が十三時間ぐらいです。それがいけなかったですね。脱水症状です。みんなそんな感じだったんですね、今回は。四人とも。

風があるし、寒いし、食べてないし、飲んでないから。ちゃんと飲んだり食べたりしていれば、もっと良かったと思いますがね。

ただね、今回は、私達以外にイギリス人が三～四人一緒に登頂したんですよ。彼らは酸素を使っているんですよ。だから、速いんですよ。こっちは無酸素だから、彼らと一緒に登れるわけがないんです。でも彼らがどんどん先に行っちゃうから、すごい遅れているような感じがして、プレッシャーがかかるんですよ。一所懸命歩くんですが、なかなか、ついていけなくて。当たり前ですがね。

彼らは見計らって休むわけですよね。それで飲んだり食ったり、楽しそうに、おしゃべりしながら、ハイキング気分なんですよ。こっちが、ようやく休んでいる彼らに追いつくと、彼らは行っちゃうわけです。そうすると、こっちは追いついていかなきゃとどっかで思うから、また歩き出すんですね。それですごくペースを乱されて。気持ち的に、立ち止まって飲んだり食べたりしてる場合じゃなくなっちゃったんです。

低酸素のせいで冷静な判断ができないからかもしれませんけど。

やはりそういう人たちがいると、私たちのような者でもやっぱり焦ったり置いていかれるという気持ちになるんですね。私たちは、時間的に決して遅くないんですよ。私の登頂時間が午後一時五十五分ですから。

ガリンダはとても調子が良くて、ラルフはその次に良かった。デービッドと私は結構遅かったですね。

ラストキャンプから頂上に行くときは、一回で歩けるのは五歩とか十歩じゃないですかね。五歩ぐらい行って呼吸を整えて、その間は風の中で立っていますね。それぞれみんなばらばらにいるわけだから、誰も風よけにならないし、会話もない。下の方なら、もっと二十歩も三十歩も歩いているでしょうけど、だんだん頂上に近づくにつれて、五歩が三歩になったり……。だから、歩いているより立っている時間が長い、そういうときもあるんです。

そうなると、やはり、一歩ってすごく重いですね。体も重いというか、呼吸がしづらくて、一歩の足が出ないんです。私は今回はとにかく胸の痛みがすごく気になりましたね。

ラストキャンプのときは、まだ大丈夫でした。8400メートルを超えたぐらいでしたね。高度であと100メートルぐらいの所で、呼吸の度にグイッグイッて痛いというか、折れて突き出している骨が中から圧迫されるような痛みです。

カラカラに乾いた、冷たい空気を気管へ直に入れるでしょ。それで口の中はカラカラになってます。鼻は痛みとかは感じないですけどね。鼻水がもう止めどなく、ポッタンポッタンみたいな。ほんものの鼻水じゃなくて、呼吸することで水蒸気が溜まってそうなるんでしょうね。

口のまわりは息ができなくなっちゃいますから、覆ってないです。

登頂が遅くなりましたが、それでも届かないという感覚はなかったですね。時間をかければ頂上まで行って帰ってこられるだろうと思いましたが、想定した時間よりはかかるだろうなというのはありました。

風はそよ風程度でしたけど、すごく冷たいんです。

風が冷たいというのは予報では出ていたんです。前日まですごい冷たかった。前日、19日も一応天気は良いだろうという予報は出ていたんですが、猪熊さんもチャーリーも、「天気は良いけど空気が冷たいのでやめろ」というサジェッションを出してました。実際、寒かったですね。マイナス30度ぐらいということだったと思います。

帰りの時間も気になりますが、それよりも、頂上に立つ時間を気にしています。頂上に何時までに立てれば何時までに帰ってこられるだろうかと。

四時に出て行ってほぼ十時間かかって頂上まで。

最初ガリンダが登って、下りてくるのと、頂上直下ですれ違いました。会話はしますよ。そのぐらいの余裕はありました。ガリンダも相当疲れていましたね。私は胸が痛いとはいいませんでしたけど、向こうも私を見て、いままでと比べてずいぶん遅いなと思っていたと思いますね。お互いに切羽詰まってる感じはなかったですね。ロープが頂上直下まで張ってあるから、迷うとか、そういう心配もないんです。

先に登頂した人は待っていたりはしません。ラストキャンプまで先に戻って雪を溶かしておいてくれるぐらいがせいぜいです。

ガリンダが登ったのは何時頃だろうなあ。たぶん、私より一時間半ぐらい早いんじゃないですか。ラルフが一時間ぐらい早いんじゃないかなあ。

高所では一時間ぐらいの差は、よくある話です。

今まで私はいつも頂上へ真っ先に立ってましたが、事故の後のブロードピーク、それと今回のローツェは、わりと辛さを感じながら登ってました。

その原因はやはり背骨からくるんじゃないかなと、私はそのせいにしているんですけどね。やはり疲労が出ちゃうんでしょう。一つひとつは悪くないですけど、トータルで疲労が積み重なっちゃってね。

今回のローツェも８０００メートルぐらいまでは持つんだけど、８４００メートルからが辛かったですね。最後の１００メートルで、ギリギリの状態になるということを痛切に思いましたね。

今回はローツェに登れたという喜びはもちろんありますけど、どちらかというと、自分の体の現状というものを突きつけられたという点では、ちょっと、がっかりしました。正直いって、私は自分の体には、相当がっかりしましたね。

これは訓練で直せるものでもないと思います。本来はあれだけのけがをすると、体全体の調子が戻るまでには五年かかるといわれてたんです。そういう意味では、早いといえば早いんです。今後、体の調子が回復してくることはあると思いますけど、事故前の状態に戻るとは思えないですね。

そういう意味では、自分の体を今後どうコントロールしていくか、駄目になる前に対処をしていくにはどうするか。今までは、ここまでもつであろうと思っていたのが、今はそこまではもたないので、この辺だろうという、そういうものを見極めていくことになりますね。だからといって、登れなくなることはないと思います。

もっとスピードアップしなければいけないということもあります。

今回も、前回のブロードピークでもそれを感じたので、スピードを上げるために体重を落としたんです。今回も８０００メートル台前半までは通用することはわかりましたけど、８０００メートル台の中盤となったときは、まだ及ばないところがあると。

そうすると、いろいろなことが考えられて、胸の外科的な処置が必要かもしれないし、もうちょっとレストを効果的に入れるとか、順化の方法を変えるとか。あとは、栄養的なものも含めて、体のコンディションをつくる方法とか。

トレーニングしても、私はだめだと思うのです。だから、いかに回復を早くできるか、疲労をもっと早く取るか、コンディショニングの部分でもう少し考え直さないといけないなと思いました。

事故から、まだ二年しか経ってないので、時間をかけると、もうちょっと回復するかもしれないんですけどね。

今後、そういうものも含めて試行錯誤しながら、どう自分の体をコントロールできるかです。体を自分がどう使うかという問題と、8400メートルを超えての問題です。

今まで、8586メートルのカンチェンジュンガを既に無酸素で登ってますから、ローツェはそれより低いですけど、8500メートル以上の、いわゆる超高所での無酸素では問題がありますね。今回、登れたのだから普通の人よりは強いのでしょうけど、私が求めているものとは違いました。ただ、これが現実だから。

やはりあの雪崩の事故というのは、大変なことだったのだということを、私がちゃんと認識しないといけないんですね。それをもう一回突きつけられていると思いました。

私は、かなりわかっていたつもりではいましたけど、やはりそこには欲というか、大丈夫、もうちょっとなら行けると、いいように解釈をしているところがありました。そう甘いもんじゃないですね。

あの雪崩の事故で微妙に体のバランスだとかが、ずれてしまったんだと思います。

この胸も、肋骨が五本も折れて、肺に穴が開いた。折れた骨が、変形してしまって、外に突きだしたままでしょ。僅かですけど、きっと心肺能力も落ちているはずなんですよ。もしかすると、その僅かな分が、普通よりちょっと多かった部分で、それで私はすごく強かったのかもしれないし。これがほんの僅か足りなくなったがために、うまく機能してないのかもしれない。

人より、多少強かったのは、このほんのちょっとだったのかもしれませんからね。そういうのは、わかり得ないですから。この紙一重がすごく大きかったのだと思うんですよ。ほんの僅かな違いを今回大きく感じましたね。

痛みは消そうと思えば痛み止めとかあると思うんですけど。あれだけの事故であれだけのけがをして、本来だったら寝たきりになってもおかしくないけがだったんですから。生きていること自体がまず一つは、たいしたことなんでしょう。それをやはり自分でちゃんと認識しないといけないですね。

凍傷か放棄か

頂上で手袋を外したら、手が動かなくなってしまうだろうというのは、過剰な反応ではなくて、冷静にそう思いました。それは、過去にそういうことがありましたから、わかります。

既にその時点で手は、かなり冷たくなってきていました。登っている間にも、足はまだ大丈夫でしたけど、手は結構冷たいなと感じてましたね。私だけでなく、みんな冷たかったんです。途中でデービッドが手がしびれてるとか言い出したので、揉んでやったりしました。頂上でグローブを脱いで、冷気に曝して一回冷えちゃうと、なかなか温かくならないんですよ。下降に長い時間がかかりますから、途中で凍傷になる可能性は十分あります。疲れているというのは、もちろん大前提としてあるわけですが。

凍傷でシビアな状態になったことはないです。ジンジンするような、いわゆる凍傷ではなくて、凍傷の前段階的なことにはしょっちゅうなりますし、ちょっと、水ぶくれができたことはありますが、指を落としそうになったことはないです。まだ、指は二十本あります。それでも、手袋を外して凍傷になる危険よりは、写真を撮らないという方を選ぼうとしました。

ローツェの頂上は狭かったんですよ。

立てないですね。もうほんとナイフの刃の上です。やれば、立てないことはないと思いますが、私は立たなかったですね。向こうは切れちゃっているので、その先には行けないんです。

ラルフとガリンダは並んで、立って写真を撮ってましたね。ラルフは頂上で、地元の子供たちから預かってきたという旗を広げたりしてました。ガリンダの写真はラルフが撮ったと思います。それでも、ラルフもガリンダも頂上にいた時間はほんの僅かだったといってましたね。

デービッドは私よりちょっと先に行ってましたけど、私が頂上へ着く前に下りてきましたから、デービッドの写真はないんです。

私の後を、カタロニアのチャービーが登ってきたんです。チャービーとはベースキャンプをシェアしていたんです。彼は、私たちとは別のチームで、シェルパを一人雇って来ていたんですよ。プライベートシェルパをね。

私たちがベースに入る前に、何度か上にシェルパと一緒に荷揚げをしてたんです。私たちが二週間待っている間、彼らも待っていたんですけど、なんと、シェルパが逃げちゃってね。これまで、聞いたことないですね、そんなの。かなりちゃんとしたエージェントで雇ったシェルパなんですよ。そのシェルパが前払い金を持ち逃げしてどこかへ行っちゃったんです。しょうがないから、自分一人で登り出したんです。荷物はC3まで上がってましたから、自分でテントだけ持ってラストキャンプまで上がって来ました。彼も無酸素です。なんとか、私たちにくっついてきて一緒に登っていました。

彼が追いついたので、私の写真はチャービーが撮ってくれました。

彼の写真は私が撮ったんです。彼のカメラはデカかったから、ミトンのまま押して写しました。私のは小型だから、撮るとなるとミトンを外さなくちゃいけないんです。しかも、一人なら自分で自分を撮らなければならないでしょ。明らかに頂上と分かるように撮らないといけないんです。こう、腕を伸ばして。それだと、分厚いミトンでは無理かなと。

山によっては登頂写真の背景がどのように写っているかで、頂上に立ったかがジャッジされます。写真は登頂を証明するものなのです。人の写真は相手に向けて、適当にミトンのまま押して、パチパチ撮っていればいいわけなので、そんなに難しいことではないんです。

撮影を終えたらすぐに下りました。下りは、そこそこのスピードで。でも、相当疲れていました。四時に出て頂上まで十時間かかって、下りは三時間ぐらいかかりました。ラストキャンプへ下りてきたのは、夕方の五時ぐらいだったと思うんですね。もうヘロン、ヘロンで。右目にもやがかかったようになっていました。低酸素の影響です。ラストキャンプで一時間ぐらい休んで、C3にたぶん9時とか10時ぐらいに着いたんじゃないかな。ガリンダとデービッドは先に下って行きましたが、私はくたびれきって途中で座り込んだりしてましたね。ラルフが付いていてくれましたね。で、テントを張って泊まって。翌日はベースキャンプまで降りました。

チャービーはシェルパが荷揚げした荷物を、一人でなんとかC2まで下ろしてきました。しかし、さすがに疲れて、C2からはその辺でウロウロしている他のチームのシェルパを雇って、荷下げしてました。C2にはシェルパがいっぱいいるんですよ。

私たちが登頂した日、ローツェにはイギリス人が三人頂上へ。その後に、ガリンダが登って、ラルフが登って、デービッドが登って、私が登って、チャービーが登って、あと一人、誰かが酸素を使ってシェルパと一緒に登ってました。もっと狙った人たちがいたんですが、途中で帰った人もいましたから。

その日は絶好のサミットデイだったですね。ただ、われわれが動いたから動いたというのはありますね。もう情報戦ですから。私たちと一緒に登るほうがいいだろうと。誰もいないところを行くより、誰かがいた方が、なんとなく安心することもあると思います。ラルフ、ガリンダ、デービッド、私というのは、まあ、登山の世界では、名前くらいはみんな知っているもんだから。待機していた二週間も後半になると、テントにたくさんの人が様子を見に来るんです。ダイニングテントに人が入れないぐらいになっちゃったこともあるんです。いつ登るのか、天気予報はどうか知りたいんです。

ラストキャンプからの荷下げですか？　テントは二張りですが一個が1キロちょっとぐらいですからそう難しくはないんです。私とデービッドがテントパートナーでしたから、テントは彼が持ちました。黙って持ってくれました。ただ、デービッドが、自分の方が速いだろうから、先に着くだろうから、テントは、持っていって、先に張っておくよという。そんな程度の話です。

年上とか年下とか、そんなのは全然関係ないですよ。クライマーとしては明らかにデービッドの方が凄いし。水をつくったり、食事の準備とかも、別にどっちがやるとかなくて、そのときにテントの中でたまたまストーブや鍋の近くにいた方がやります。私が調子悪ければデービッドが調子が悪いときは、私がやります。私が調子悪ければデービッドがやってくれる。テントにしても本体は彼が持っているだけの話で、ガスとかコンロとかは私がヘロヘロになっても持っていくんです。

ただ、デービッドはプロの山岳ガイドですから、いろいろと心配はしてくれますね。そういう資質が高いんです。

私なんかは、ただ、登るためのことだけしかしませんけど、デービッドはやはりガイドになるだけの資質があるので、まわりを気遣うわけです。だから、二人でやっていると、彼の方が、多くやってくれてるかもしれないですね。

ガリンダたちは、結果的には、ベースに着くのが二時間ぐらい早かったんじゃないかな。下りていくのが見えてました。だから、そんなにとんでもなく離れてないですね。

マラソンみたいなもんですよ。一位と二位は全然違うけど、その差はわずか数十秒とかですが、でも、追いつけないです。

ヘロヘロというのは、もうなんか……一、二歩歩いちゃへーッみたいな、ときにはしゃがみ込んでました。しばらく、寝るとかもしました。休憩すると、やはり呼吸が整って少しは楽になるんですが、まあ、そのときだけですけどね。立ち上がるときには、もうそれで疲れちゃいます。座っちゃいけないんですけどね。でも、もう、やってられないんです。もちろん石が落ちてきそうな所では止まれませんから、無理矢理でも歩くんですけど、ちょっと大丈夫そうな所が出てくると、壁にもたれかかってハーッとか、岩のちょっと腰掛けられそうな所があると、そこでヘーッみたいな。

みんなやっていると思いますよ。ただ、今回は私の方が回数が多いとか、時間が長いとか、そういうことだったと思います。

今まで、滅多にそういうふうになってないから、なおさら自分ではヘロヘロと感じるんですね。C3まで来ると楽になるんですが、それも少しですね。また下りてくる間に疲れちゃうんです。

みんなはもう先に下りていっちゃって、一人で歩いてるから、なおさら気が抜けちゃってね。C1では雪の上でしばらく、昼寝してました。天気は良いし、ぽかぽかしているし。暑いぐらいでしたから。ハッと気がついて、ヤベーッと思って。慌てて、アイスフォールに入りましたが、下りに四、五時間かかりました。最長記録です。もう、疲れちゃって、歩けないですよ。動けないです。どんどんいろいろな人に抜かれているけど、どうぞ先にいってくださいって。

下から見てたカザフスタンのメンバーは、きっとなんかこう……私が、ゆったりゆったりと歩いている様子が、優雅に見えたんじゃないですか。楽しんでいるように見えたそうです。

もうそれしか動けないんだから。下りでも、アイスフォールの中っていうのはぐっちゃぐちゃですから、上ったり下りたり、上ったり下りたり、ちっちゃなアップダウンを何度も何度も、何百回もの繰り返しです。ベースキャンプの手前になっても、何度もセラックを上り下り上り下りするわけです。

もう拷問ですよ。ベースキャンプは見えてるんです。前回下りてきたときには走るように下りたけどもう、今回は、荷物も結構ありましたけど、本当に、だめっていう感じでした。

今までそんなことは感じたことはないですね。

カトマンズへ

ベースキャンプに下りても、レストは一日しかなかったんです、降りた翌日だけ。天気予報では最高レベルのアラートが出ていました。この後、とんでもない嵐になるということはわかっていたんです。ベースキャンプにいて嵐につかまったからといって死ぬことはないでしょうけど、大雪が降ったり、凄い風が吹くとかの可能性は十分あったので、出来るだけ早くカトマンズに帰りたかったんです。

それと、帰りのポーターのオーダーをすでに23日に来いと出してあったんです。予定では21日にベースキャンプに下りてくることになっていましたから、22日に一日レストを入れて23日には離れようというのは、行く時点から決まっていたんです。ベースキャンプには、登山が終わったら一日だって余分にいる必要はないわけです。体のためには標高はできるだけ下げたほうがいいですから。もうくたびれ果てているし。

だから、それは予定通りだったんです。ただ、22日は、少しくらいぶらぶらできる時間があるかなと思っていたんですけど、もう疲れているから、私も含めて誰も起きてこないし、翌々日の朝には出発しなきゃいけないですから、パッキングしなきゃいけないんです。キッチンもダイニングも全部畳まないといけないわけです。それはめちゃくちゃ忙しいです。濡れている物は乾さなければいけないし。

予定ではベースキャンプに21日の朝早い時点に着くと思っていたんですが、着いてみたらもう夕方の五時で、もうその日は何もできない。私は、下りてきた当日も半日、翌日は丸一日時間があるなと思っていたんですけど、下りてきた日は、もう死亡状態。翌日も午前中は瀕死。午後にはパッキングしなきゃいけないんです。私だけじゃなくて、全員、ぐったりでした。

しかも、テントには「おめでとう」「おめでとう」ってお客さんがいっぱい来るし、ブログをアップしている暇もなければ、電話している暇もないんです。ラルフが今回のローツェで14座達成でしたから、祝いのお客が来て、帰らないわけですよ。こっちはパッキングしたいのに。彼は、超多忙を極めてたんです。

出発の日は、さっさとトレッキングシューズに履き替えて歩き出してました。下りてくると、どんどん楽になるんです。標高が下がれば空気が濃くなってきますからね。

疲れもすーっととれます。ペリチェ、ナムチェバザール、ルクラと来たんですが、ルクラで足止めを食らって何日かしてカトマンズへ着きました。

天気が悪くて、飛行機が来なかったんです。

ガリンダは継続でK2の予定が組んでありましたから、ラルフとガリンダたちは29日のフライトでドイツに帰ることが決まっていたんです。それまでに、帰らなければいけないので、ルクラからは知り合いのチャーターしたヘリコプターに乗せてもらって、私を置いて行っちゃったんですよ。

私も、その後ルクラで足止めされていた知り合いやトレッカー集めて、ヘリをチャーターして帰って来ました。

ラルフとガリンダは一旦ドイツに帰りました。有名人なんで、ラルフは帰ったら大変な騒ぎになるわけですよ。ドイツ人初の14座達成ですから。

カトマンズでも、ラルフとガリンダがいる間は忙しいわけですよ。パーティーが何回もあったし、学校の落成式だとか、ワイワイ……。ラルフとガリンダが帰ってようやく静かになったという感じでした。

記録者エリザベスおばさん

アメリカ人のエリザベス・ホーリーおばさんは元はロイター通信の記者でした。エベレストに初登頂したエドモンド・ヒラリーの取材をした人です。

ネパールに住み着いて、ネパールで行われる登山の情報を五十年ぐらい記録し続けている人です。この人はすごいです。いまはもう八十何歳ですけれど、記憶力が凄まじいんですよ。あの年の何月何日に誰が、誰と一緒に、どこどこに登って、こんな状況だったとか、あんな状況では私は登ってないと思うとか、あのとき誰々が連れていた女は嫌な奴だとか、新しい彼女のほうがよっぽどいいとか、そんなことまで覚えているんです。

非常に丁寧ですけど、怖い人なんですよ。登山に行く前に、カードに名前、住所、過去の登山歴とか結婚しているかとか子どもがいるかとかを、毎回書くんです。それを書いたうえで、今回はどういう登山をするかとか、誰と登るのだとか、いろいろと訊かれます。

それで、帰ってきてから、また聞き取り調査みたいなことをやって、それでちゃんと登っているなとか、登ってないいんじゃないのとかって。

必ずとっつかまるわけですよ。ホテルに着くとすぐ電話がかかってきて、いつお会いできますかみたいな。山から帰ってきてもすぐ電話がかかってきます。

ホテルじゃなくてもどこでも。だから、ホテル、空港、イミグレーション、すべてに彼女の情報網が張り巡らされているんです。

そのカードの情報は、すべて今はデータベースになっていて、本になっているんです。CDブックにもなっていて、何年の、いつ、どこの、どのルートには、誰々が行ってどうたらというのがわかります。すごいです。彼女の情報範囲は、基本的にはネパールにある山、ネパールの国境上にある山なんですね。だから、シシャパンマは入ってないです。

以前は、シシャパンマのデータも取っていたらしいんですよ。ところが、中央峰と主峰の件があって、以前は主峰まで行ってないのに、中央峰で登頂したと報告する例が多すぎちゃって、ホーリーさんもやんなっちゃったらしくて、シシャパンマはやめちゃったんですね。

で、ネパールにある山とネパールと国境を接している山を網羅しているんです。登ってきた人とか、一緒にいただろう登山隊だとか、みんな次々にインタビューしていくと、それぞれのことがよくわかるから、こっちはこう言っている、こっちはこう言っていると。お互いにね、聞き取り調査をするといろいろ疑問点が浮かび上がってきますから。

エベレストも、今年（２００９年）までは登頂者を全部網羅していたのですけれど、あまりにも多くなりすぎちゃって、そのうち、酸素を使って登る人たちはデータを取るのを止めると言っていましたね。

あと2座

私は14座まであと残り二つだけど、どういうふうな形の登山をするか、いまは決めてないです。

ローツェに登る前にも話しましたが、残る二つも簡単ではないと思いますね。

チョー・オユーは、山としては非常にシンプルな山で、北側のノーマルルートには公募隊がいっぱい入りますし、その公募隊も無酸素でどんどん登りますからね。人が沢山入るので、ルートもできちゃいますから、山としてはノーマルルートなら8000メートル峰の入門コースです。ヒマラヤで名の知れたクライマーも、最初に登った8000メートル峰は、チョー・オユーという人が多いかもしれませんね。

もし、そのルートから登るということなら、別に特別なことはないと思います。まあ、そうはいっても時々人が死にますから、決して安全ではないでしょうけど、それほど特別な挑戦的な意味はないですね。

ダウラギリはやさしい山ではないですね。ルート的に難しいことはないんですけど、非常に天候に左右される山で、ある年はたくさんの人が登るし、ある年は誰も登れないという。そしてある年は、みんな雪崩でやられてしまったというような、すごい、天候とコンディションに左右される極端な山なんです。時間がかかるかもしれないし、登れない可能性もあると思います。

チョー・オユー、ダウラギリも、ノーマルルートで素直に登ることを、自分でも簡単には許したくはないですね。私を応援してくれている人たちもそうじゃないだろうと、期待してくれている部分もあるでしょうね。

実は、チョー・オユーにも、ダウラギリにも、新ルートとは行かなくても、バリエーションで狙っていたルートはありました。けがをする前だったら、もっと、もっと、そういう思いが強かったですが、けがをしたあとの、この体で、チョー・オユーのバリエーションルートが確実に登れるかというと、かなり疑問なところがあるのです。

怪我をしたというのは一つの大きな制約というか、課題を一個、背負っているようなもんです。前回は背骨にシャフトを入れて登り、今回はそれを抜いてでしたが、事故にあったあとの自分の体に気づかされました。それを言い訳にするつもりは全然ないんですけども、私の14座を登るという登山は、これはもう私だけの登山じゃないんです。

いろいろな方が私を支えてくれたり、応援してくれているわけですから、まずは14座を登り切るというのが私の今の役目です。

そのためには、確実に頂上に立たなければいけないということがあるわけです。もちろん、自分で登りたいルートがありますが、それが頂上に確実に立つために合理的かというとそうでもないんです。

この二つをどこかで結びつけていくのが、今の私の役割じゃないかと思っています。以前だったら、自分でやりたい方法で頂上に立つということを選択したと思います。ところが、この後はラルフやガリンダと8000メートルを一緒に登ることは、もうないですから。そうすると、新たなパートナーを探さなければいけないということや、自分の体のことを考えると、今後は自分でチームを組織しなければいけないかなとも思っているんです。

チョー・オユーの頂上に確実に立つ方法といったら、酸素を使ってシェルパを使ってノーマルルートなら、間違いなく行けるでしょうが、私はそれは嫌なんです。それは、極端な話ですけど、いまさらチョー・オユーに酸素を使って登る理由はないです。重いだけですから。

超高所での登山に酸素を使うという判断はあったとしても、マカルー以下の山で酸素を使う理由というのは、今の私にとってはありません。

酸素とシェルパを使うというのは基本的にはないですね。デメリットのほうが大きいので。じゃあ、ノーマルルートから登るのでも、自分なりに価値を持たせられるかというのを考えないといけないのです。

自分で公募隊を

私はヒマラヤの登山に触れる人が一人でも多く増えて欲しいと思っています。以前はそんな気はなかったですけど、やはり続けてくることで、こうやっていろいろな方に応援していただきましたし、自分がこれだけ恵まれて、そこで得たものをやはりどこかで次の世代に渡していきたいと思うようになったんです。

ラルフたちは登山の面白さとか、喜びを、いかに人に伝えようかということにすごく努力をしています。そういう様子を見たり、彼らと話す中で、私にもそういう思いが芽生えてきたんですね。

行きたいけれども行く機会がないという人に、切っ掛けを与える役割ができるのではないかと。

それは資金的な意味も含めてです。

若い人でヒマラヤに行きたいという人がいても、お金が足りないとか、大学の山岳部に所属をしているならば、今の日本の慣例としてOBたちからカンパを受け取ったりとか、クラブからお金を助成してもらったりとかというふうにならざるを得ないのですよ。これは私の時と同じです。OBなり組織なりからお金をもらってしまうと、そのしがらみから逃れるのがとても大変なわけです。

組織から離れて、自分で登山ができるようにするには、チャンスだけではなくて、資金的な土台を与えてあげなければならないんです。

私の考えは、私が連れて行くわけでもないし、その人が連れて行かれるわけでもなくて、純粋なパートナーとして一緒に山に登ることが前提です。ベースキャンプでだめになろうが、C1、C2でだめになろうが、別に頂上に立てなくてもいいんです。そこに来て、そこで触れる。そこで経験してもらい、面白さを知ってもらいたいんです。

登れなかったら、また翌年、自分で来ればいいんです。次は公募隊に入ろうが、仲間同士で来ようが、どうやって来たらいいのかは、見て帰ればいい。

いろいろな方に聞かれるんですね。「山の面白さって何ですか」「魅力って何ですか」って。そんなのは、やってみればわかりますよ！　自分でやりなさいと。

私たちみたいに恵まれた、人よりちょっと半歩なり一歩なり先にいる者は、後にいる、これからやろうとする人に、こういう面白さがあるんだよと教える役目があると思うようになったんです。そして、そこに行くきっかけをつくるのが役割だし使命だし、責任じゃないかと。

私は多くの人に助けてもらっているし、ラルフからもチャンスをもらって、人からも応援してもらっていて、支えられ、チャンスをもらうことがどんなに大切かということをわかっているのに、それを自分でしないというのは傲慢だと思うんですよ。

自分が受けたものが大切だとわかっているんですから、それを別の人にも見せるというか、機会をつくるというのが、私の役割というか責任だと思うんですね。

残る山は二つですが、順番はわからないです。

もし、広くパートナーを募集するなら、経験不問、年齢不問、性別不問です。これはパートナーとして募集するんであって、連れて行く、クライアントとして募集するわけではないということをちゃんと理解してくれる人じゃないと困るんですね。

もし、それに手を挙げてくる人がいて、同意できれば、次回はチョー・オユーがいいかなとは思ってます。

条件は、カトマンズで集合、解散です。

カトマンズまでの航空チケットは自分で用意してもらいます。お金があるならビジネスでもいいし、なければ貨物室にでも乗ってこいって感じです。

集合から解散まではホテルはシャングリラを取ってあげるけど、その前後はお金が足りないんだったら、一泊十ドルの部屋で泊まっていてもいいと思いますよ。私たちもそうしてたんです。

集合から解散までの費用を全額出してあげるということではなく、奨学金のような形で貸し出そうと思っています。タダでいけるほど、甘いもんではありませんから。でも、お金が準備できないことで申し込みが出来ないということは避けたいんです。

そんなわけですから、次回は、ベースのキッチンやスタッフも用意しなければなりませんから、費用はこれまでの三倍くらいはかかってしまうでしょうね。そのための費用を私は集めなければならないですね。

そんな余計なことせずに、さっさと14座を登れという意見もあるでしょうね。リスクが高くなりますからね。だけど、やってみたいんですよ。

きっと、すごく面白いし、楽しいと思うんです。これまで、一緒に登ったことのない人と、山の中で時間を過ごすってのは楽しいと思いますよ。ただ、現実的には、いろいろと準備が必要でしょうから、それをどうするのかというのはこれから時間をかけて考えなければいけないなと思いますけど。

いずれにしろ13座目への挑戦は、2010年の秋だと思うんです。

14座後

いまは14座という目標がすごく明確になっていて、私もガリンダも14座を達成するために登山をしています。ラルフは今回のローツェで達成しましたが、14座を達成するまでは、そこに集中してたわけです。

14座が近づいてきた人たちは、早く14座をやって、次のことをしたいと思うんです。私もそうですけど、いまは14座を達成することですが、次は何をしようかというふうに思えますから、とっても楽しみにしています。

世の中には有名になりたいという動機で14座を始める人たちはいっぱいいるんですよ。

登山家としての地位を確立したいとか、14座を達成するということでスポンサーを得て、利益を上げたいとか、何か目的があって14座を始める人たちはいっぱいいます。

今回、ベースキャンプに戻ったときに、ラルフに「14座達成おめでとう」といったら、彼は「有名になるためでもなく、ビジネスのためでもなく、自分のために14座ができたことはとても幸せだ」といっていました。その気持ちはとってもよくわかりますね。

ラルフと出会ったとき、ラルフはまだ4座しか登ってなくて、14座には、全然興味なんかなかったんです。その後二人で登っていたら、二人とも14座が見えてきたから、「よし、やろう」とお互いに目標を持ったわけです。

私が「14プロジェクト」をつくったのだって2006年です。「14座を登ります」といったことで、私は登山を続けていく環境を少しずつ整えてきました。多くの人たちが応援してくれましたし、チャンスを与えてくれました。そしていろいろな人に出会うことができました。私はやってよかったと思います。

「14座をやります」というには、かなり覚悟が要りました。

いままでは私的なものだった登山が、「やります」と宣言することで「自分は登山の世界で生きていくのだ」という覚悟を決めたのだと思いますね。その覚悟をみなさんが受け止めてくれたのではないかなと思います。

躊躇はありましたよ。

どうするべきなのか、やるべきなのか、やらないべきなのかと悩んだことはありました。

で、まあ、やると宣言したことで、私はいろいろな方に恵まれました。やって良かったと思います。

すべての団体から離れることも、私にとってもひとつの大きなきっかけになりました。雪崩に遭遇するという筋書きにない部分が加わって……あれはもう私の中から消えることはないし、あの事故がさらに私に覚悟させたのだと思いますね。

まあ、いまでも、あの事故を自分の中でどう位置づけするのかというのがよくわからないんですが、山の世界で生きていくという覚悟をさせられた……そういうのはあったと思いますけど、まだわかりません。ただ、こうして自分のことを話しておこうという、きっかけにはなりました。

ここに14プロジェクトを作ったときのプレスリリースで発表した文章があります。恥ずかしいですけど。読んでみます、

「14」にかける想い（２００６年）

ヒマラヤ登山は、いま、さらなる発展を遂げようとしています。

これまでの「国」「大きな登山隊」という組織を抜け出し、より純粋に個人がその頂上を目指す時代に変化してきたのです。

これは、野球やサッカーなど身近なスポーツにも見られる変化と同じことが言えます。

日本や特定のチームから離れ、世界でひとりひとりのプレイヤーが活躍し、

注目をされるようになった、それと同じことです。

そして、それまで、国や組織によって一つ一つ登られてきた、地球上にある14の8000メートル峰の頂に個人が己の肉体のみによって立つことは、さらに「登り続ける」という宿命を強いる究極のチャレンジです。

私が初めて8000メートル峰の頂を踏んだのは1995年。

それから十一年をかけて現在8座に登頂してきました。

中には二度、三度とトライしてようやく頂上に立った山もいくつかあります。

あと6座ではなく、まだ6座。遠く困難な道のりです。

しかし、これこそが私にこそできるチャレンジだと信じています！

この私のチャレンジは、ただ私が14座サミッターになるということだけではありません。

私が登り続けることで、「14」という言葉が次第に生命力を持ち、生命体のように一人で歩き始めるようになることこそが私の願いなのです。

この「14」にはこれまで多くの山の先輩達の想いや情熱、歴史が込められているのです。

私たちが忘れかけている、あの山にかけた情熱を思い出して欲しい！

彼らがあれほどに情熱を傾けたヒマラヤが今でもそこにあることを！

この「14」という言葉が人の心に入り込み、
本来、誰もの心の中に潜んでいる「チャレンジする想い」を呼び起こす起爆剤になってほしい！

イメージして欲しい！

街中の表示に、数を数えるときに、本のページに……「14」という数字を目にしたとき、皆さんには、ぜひ、想像してもらいたい！

私がもがき苦しみながら登っている様子を！

頂上に立った歓喜の瞬間の様子を！

ベースキャンプに戻った安堵の様子を！

皆さんの想いと一緒に頂上に立ち、そして14座を登りきる瞬間を迎えたい‼

ぜひ、これからもご声援を。


今の日本は登山の先進国ではないけど、後進国ではないと思いますよ。良いクライマーがいっぱい出てきましたし、登山の技術だって、登山道具だって、ヨーロッパと何の格差もありません。情報も発展していて、やっている人はちゃんとしっかりやっているんですが、決して登山が盛んな国ではないですね。スポーツとしての登山が盛んではないんです。

山登りというものと、スポーツというものをちゃんと分けて考えられるようになるかどうか。そういうことに関しても、喋るのは私たちの役目かもしれません。

そうですね、13、14座を含めて忙しくなるでしょうね。公募隊もやりたいですから。それは、自分が求めてやっていることですから、いいんです。忙しくなるというのは、自分の登山がそれだけより社会性を持ってきているということですから、これはもう私にとっては別に嫌なことではないですね。望むところでもあります。

友人の遭難

私が雪崩にあったときにパキスタンに迎えに来てくれた加藤慶信くんが2008年10月1日に亡くなりました。雪崩でした。この本のためにお話を続けている途中でした。

彼らが目指したのはクーラカンリという山なんですけど、チベットのすごくいい山なんですよ。主峰と中央峰と東峰があって、東峰から中央峰を経て主峰への初縦走を目指した登山でした。あそこの縦走は過去にされてなくて、非常に興味深い登山でしたが、縦走の下降路となる、主峰の未踏の北稜へのルートを延ばし始めた矢先の事故でした。登山が始まってわずか数日後のことです。遺体は下ろされ、ラサで荼毘に付され日本に帰ってきました。

亡くなったのは、加藤くんと中村進さん、有村君。加藤君と中村さんは、1999年のリャンカンカンリで一緒でした。有村君も石井スポーツでアルバイトしていましたからよく知っています。

加藤君は三十二歳でした。

三十二歳というと、私がラルフとガリンダと初めて一緒にカンチェンジュンガで登山をした年齢なんですよ。ラルフと初めて会ったときが三十歳で、私の登山というのは、全てそれ以降の話です。

加藤君は三十二歳にして8000メートル峰を8座登っていて、エベレストとマナスルに二回登っていますので、頂上だけだったら10座登っているんです。三十二歳でそれだけの経験を積んでいたならば、その後、相当凄い経験を積めたと思うんですね。

そう考えると、彼の死というのは本人は一番悔しいでしょうけれど、彼を知っている者からすると本当に残念なんです。

有村君は二十七歳かな、国内で、なかなかいい登山をしてて、これから海外での登山をもっともっとしていきたいと思っていた矢先です。

中村さんは六十二歳……。あの人は海外登山を四十回以上も経験していて、日本テレビの元社員で、エベレストの頂上から世界初のライブ中継をしたカメラマンです。あの人は、すっげえ強い人でした。世界中を歩いていて、特に中国の辺境地は、ほとんどに足を踏み入れていたんじゃないですかね。

この三人の喪失は、登山の歴史と今と未来を、まとめてなくしたようで、憔悴感というのは非常にでかいですね。

自分が雪崩に遭って、生きて還ってきた直後というか、一年後の事ですし、特に加藤君には、あれだけ世話になったので、なんとも言いようがありませんね。「明大山岳部の加藤」というのが固有名詞になるぐらい明治の山岳部を具現化したような人でした。

明治に「ドリーム・プロジェクト」というのがあったんです。明大山岳部だけで8000メートル14座を登ろうというものでした。明大山岳部の隊でもいいし、明治のメンバーがどこかに参加して登ったのでもいいから、とにかく8000メートル14座の頂上に明大のOBなり山岳部員が立つという「プロジェクト」でした。加藤君はそれに参加していて、GI、GⅡ、アンナプルナとか、三つ四つ、8000メートル峰を登ったんですよ。それで、「ドリーム・プロジェクト」は、めでたく終了したんです。そうしたら、ヒマラヤに行く話がなくなっちゃうわけですよ。彼もヒマラヤが好きだったんです。

それまでは、ちょこちょこ、私を訪ねてお店にも来てたのに、それが終わった途端に来なくなっちゃって。それで、なにやってんだろうと思って、何度も電話して、ようやく連絡がついたら「実家に帰っています」と。甲府なんですけどね。ときどき工事現場の交通整理のアルバイトをしてますなんていうんです。

「なんで山と関係ない仕事してるんだよ」って叱りましたよ。

彼が、これまで、どれほど山登りを真剣にやって来てたかは、リャンカンカンリから見ていますし、なんと言っても、彼の人柄を見てきていましたからね。

それで、私がいた石井スポーツの新宿西口店でアルバイトで働いてもらうことにしたんです。東京のOBの家に居候して、うちでアルバイトを始めたんです。

そうしたら、加藤くんが新宿西口店にいるということで、多くの人が彼を訪ねてきましたよ。彼の経験と人柄は、多くの人を惹きつけたようです。三浦雄一郎さんや、片山右京さんとヒマラヤに行ったり、またヒマラヤに行く機会ができて、自分でもヒマラヤ登山の計画をするようになったんです。

私が雪崩にあったときにも、事務局から加藤君に「行け」という指示が出て、来てくれたんです……その彼が亡くなったのは非常に……残念ですね。

今度、加藤君に何かあったときには、絶対に助けにいくからと約束をしたんです。その約束は、お互いに生きていなければ果たせないんです。もう、その約束を果たせないのかと思うとね、悔しいですね。

私の親しい人で山で亡くなった人は結構いますね。海外だけじゃなくて国内でも。それは、ほんの僅かな天気や状況の違いが原因だったのかもしれません。

山の問題なのか、人のほうの問題なのか、それはわからないですね。山は、みんなばらばらの所ですし、一つひとつの事故を聞けば、その理由というのは特別な理由ではないような気がします。

転落したとか、滑落したとか雪崩だとかですね。道に迷ってどこかへ行っちゃったという人は私の知り合いではいませんし、病気で死んじゃったという人もいませんし、高山病で死んだというのも聞かないです。不注意での事故というのはないんですよ。もっともあり得るだろうリスクの中での事故です。

避けがたい……そこまではちょっとわからないですね。そのときは、おそらくみんな最善を尽くしていますから、いい加減にやってどうかなっている人はいないと思います。

事故というのは、一つひとつがすごく特別なものだと思うんですよ。ですから、それらを並べて原因は何かということはちょっと考えにくいんです。

じゃあ、果たして登山というものが、他のスポーツより格段に危ないかというと、そうでもないような気がするんです。

登山と死

登山というのは、他のスポーツよりは死が見えやすいので、危険が多いと思われがちですが、危険なのはどれも同じだとは思うんです。そうだからといって、登山の精神的なことばかりを語ってしまうと、逆にそれにとらわれて、登山自体が萎縮するんです。なので、それは、あまり口にしたくはないという思いはありますね。

登山というのは本来楽しいはずで、楽しいからやっているんです。

私は本当にそう思うんです。

楽しくてやっているなかに、死や事故が内包されているのは確かなんですけど、それだけを取り出して語るということが果たして必要なのか疑問です。そんなふうに取り出せるものでもないだろうし、たぶん、行為の裏側にひっついているものだと思うんですね。

私のブログでも、事故の際の文章には感情が溢れたところがあるんです。それは結局、自然に溢れ出たからで、事故や死を取り出して感情的に書こうとか、精神的なことを書こうとしたわけではないんですよ。

まあ、いつかね、もっと冷静に振り返って事故や仲間の死や精神的なことを取り出せるようになるのかもしれませんけれども、今は無理です。それができるようになるのはきっと私が山から少し距離を置いたときかもしれませんね。

例えばメスナーはすごい精神的な部分を書き連ねているんですけど、私には全然面白くないんですよ。でも、あれはあれで超人伝説なんですよ。

私が登山にいま携わっている状態というのは、根底に何か精神的なものを追い込んで、自らモチベーションを高めて登山に向かっているわけじゃないんです。そういうことは、いまのところ、自分の中から自然には出てきてないですね。ただ、山登りが楽しいというか、面白いほうが先行しちゃっていて、そういう段階ではないです。

過去、登山家たちが書いたものとか読んでも、ほとんど共感がないんです。読んで、まあ、面白いなと思う部分はありますよ。ヘルマン・ブールの『八〇〇〇メートルの上と下』とかも、読めば面白いなとは思うんですけど、共感はないというか、ああはなりたくないですよ。唯一、いままで読んだ本で共感があったのは、ジャン・コストの本で、『アルピニストの心』という本です。これはとても共感しましたね。詩集みたいな本なんです。

彼は1926年に、二十二歳の若さでフランスのラ・メイジュで亡くなったクライマーです。初登攀などの素晴らしい記録も持っていましたが、純粋に自分の登山をした人なんですね。彼は転落して、山で死んでしまうんですけども、そこには、山に行きたくて、行きたくてしょうがないっていうことをね、ただ、ただ、書いてあるんです。

ああ、山に行きたいよって、山に行けば、ああ、山っていいなあって。

あれを読むと「そうなんだ、やっぱ山って、そんな屁理屈をこねて登るもんじゃないんだよ」って思うんです。すごい、山って面白いんだよなって、共感したのはあの本だけですね。

私の山への思いというのは、その程度のもんだと思うんですよ。

屁理屈こねて、どうたらこうたら、こうすべきだ、ああしなきゃいけないんだというのじゃなくて、自分の登りたい山に、登りたいときに、登りたいメンバーと行くというのが純粋で面白いという。

ジャン・コストの本にも、君と行きたいんだとかね、あの山に行きたいんだとかって、単純に書いてあるんですよ。山に登る理由というのは、本来、そういう単純なものだと思いますね。

いまは、たまたま、ラルフやガリンダと出会って、そうした山登りの可能性が目の前に見えていて、登山のチャンスとパートナーが直接結びついている一番恵まれた時間だと思います。

例えば、人を好きになるときだって、私のどこが好きなのかと聞かれたって、わからないですよね。説明しろといわれると、そこからいろいろ考えなきゃいけないわけですから、なんか不自然なような気がします。それと同じで、山に行くのは楽しいからで、そこに死があるというのとは別の話です。

確かに死は身近だと思うんですよ。だけど、死が身近ということと、死ぬかもしれないなというのとはちょっと違うと思います。

例えば、家を出て行くときに、もしかしたらもう死んで帰ってこられないなんて、これっぽっちも思うわけじゃないんです。

どちらかというと、死が身近な故に、危険が見えるので、あっ、ここは死ぬかもしれないからやめようとか、こうなって落ちたら死ぬかもしれないから、こういうふうに対処しようと考えられるんです。

死を身近に考えるからこそ避けられるんだと思います。

死が身近という言葉はおかしいのだけれど、登山では、それはもう間違いなく身近にあると思います。でも、だからといって死ぬ覚悟でやっているとか……死んでもいいなんて思ってやっているわけでは全然ないですね。

ただ、やっぱり、私は自分ではそんなことは考えたこともありませんけど、まわりの人たちは、ある意味、先入観で聞いてくるわけですね。

「どうしてそんな危ないことをするんですか」「どうしてそんな死ぬかもしれない所に行くんですか」って。

私は危なくない方法を選べると思っているんです。

じゃあ、危なくないと思っているのかというと、そうじゃない。危ないと思っているんですよ。

でも、死んでもいいとか、死ぬ覚悟でやっているんじゃなくて、死は非常に身近にあるが故に、死をよく見るが故に、それを避けているし、避けることが可能だと思っています。死が身近にあることと、死んでもいいと思って、死に寄っていったり、その中に入っていくのとは違います。

死んでもいいやなんて思っていませんね、これっぽっちも。

普通の人なら、8000メートルに登ること自体が死です。

そこに何度も行く、その行為には、大きな危険を切り抜けられる技術や判断力を持って行っているのだという部分は、どんなに説明しても他の人たちは理解することはできないと思うんです。

何で山に登るのですかという質問が常にあるわけですね。それは、多分やっている人が少ないから、普及してないからというのもあるでしょうけど……やっぱり何なんだろうな、今までやってきた人たちが、それをちゃんと説明してこなかったというのもあるのかもしれませんね。

それと死んだ人たちが書き残したものや、登山家たちの文章が人の心を打ってしまっているという……それも何かあるような気がするんですね。

そこには、やはり死を受け入れるということをたくさん書いてあるんです。いわゆる山岳文学といわれるのは、なんか重苦しくてね、そういうのばっかりでね。

『アルピニストの心』の中にも、山で死ぬことは特権だと書いてあります。嬉しいことだと。まあ、そういうものはあると思うんですけど、あの年齢だから書いたんだと思いますけど。でも、好きなことをやって死ぬことは別に悪いことじゃないと思いますよ。そういうことは、別に山登りに限らずあることだと思いますしね。

若いときにはあると思うんです。そういうのがあるからこそ若いのであってね。若さというのは、無軌道なことだと思うんです。だから、美しくみえるんだと思います。

登山を多面体としたならば、そういう面ももちろんあるんですけど、面白い面、楽しい面、エキサイティングな面……いろいろな面があるんですけど、どうしても死ということだけを取り上げられることが多いような気がしますね。

やってない人が、山、かつ8000メートルの山というと、頭の中に最初に浮かぶのは死なんですかね。

登山の面白味というのはね、なかなか説明しがたいですね。

苦しくて苦しくて三歩歩んでは立ち止まっているのに、何が面白いのって？　それは、そこだけ切り取りゃ面白くないですけどね。全体から言えば、限りなく魅力的で、面白いものですよ。だからやってきたんです。山は面白いもんですよ。

聞き書き者　あとがき

登山家・竹内洋岳氏と初めて会ったのは、この本の初取材日になる2008年1月16日であった。「会っていただいて、互いが納得したら聞き書きの本をつくってみたい」という、アートオフィスプリズムの平野操氏からの誘いがあったからである。竹内氏は私のこれまでの職人や漁師、林業者たちの聞き書きを読んできてくれた。私は彼のブログを見て手に入れた程度の知識しかなかった。聞き書きの前に、あまりその人に関わる文章を読んで先入観をつくらないで始めたかったからだ。

私の聞き書きのやり方は、一見登山とは関わりがないことまで根掘り葉掘り聞くことになること、できあがった原稿は全て話し手に見せて訂正や修正、場合によっては同意の上削除も可能であることを話した。

竹内氏はこの本の巻頭にあるように、「いま自分は雪崩の事故から生還し、この後も14座を目指して登山を継続するつもりであるので、話す役目を担っていると思うので、聞いていただきたい」とおっしゃった。

こうしてほぼ二年間にわたって、インタビューを行った。

2008年1月、2月、3月、4月は、事故の後の処理や挨拶のためにパキスタン、ネパールに行き、次の登山の準備の期間であった。背中にはチタンのシャフトが入ったままで、赤岳の登山で自分の力を試していたころである。

事情を知っているだけに、私はガッシャブルムⅡ峰再挑戦（この山で前年雪崩に遭っている）とブロードピークへの継続をはらはらしながら見守っていた。二峰に成功し、帰国、その後もインタビューが続けられた。2008年9月。そして12座目、ローツェに行く前の2009年1月、帰ってきた後の7月。

この聞き書きの本の中では、そうした事情もあり、本が出る直前から過去を遡ったものではなく、途中にはこれから登るに当たってどう思っているかという未来を語る部分も含まれている。2008年4月からは、どのインタビューもそれが最後になるかも知れないという気持ちがあった。幾人も、竹内氏との話の中に登場してくる登山家達が雪崩などの遭難で亡くなることがあったからだ。竹内氏にはそうした悲壮感はまるでなく、自分の登山がどういうものか、なぜこの道具を選ぶのか、ラルフやガリンダといった友人のことを楽しげに語っていた。

それでも、事故後の自分の体に関しては不安を抱えていたことは本文中でもよくわかる。ガッシャブルムⅡ、ブロードピークで記録を撮ってくれる平出さんをパートナーに選んだのにもそうした気持ちがあったのでは。

私は登山のことはまるで知らない。せいぜい南米で5000メートルあたりまで登ってみたことがあるだけである。登山そのものに関しての報告はまた別の機会に竹内氏が自らするだろう。私はプロの登山家である竹内洋岳という人間像を描こうと、ゾウにたかった蟻のようによじ登って見たり、囓ってみたりしてみただけである。

そうやって、登山家・竹内洋岳の断片をかき集めたのがこの本である。二年間、二百時間弱のインタビューでやっとここまでである。

やっぱり不思議な竹内洋岳である。

2010年　節分　　塩野米松

文庫版あとがき

『初代　竹内洋岳に聞く』の初版が出たのは2010年3月だった。本文にあるとおり、竹内氏はジンクスの10座目で雪崩に遭い、生死をさまよう事態になった。私が彼の話を聞き始めたのはその直後、退院して再度ガッシャブルムⅡ峰に挑戦する準備中であった。つぶれた背骨にチタンのシャフトを入れての登山であった。シャフトを入れたままガッシャブルムⅡ峰、ブロードピークの2峰を継続で登頂。そしてシャフトを外す手術後ローツェの頂上に立った。そうしたいきさつはこの本に記した。14座達成まで待って刊行してもよかったのに、敢えて2座を残して出版したのには、登り切ってしまえばマスコミが褒め称え、たくさんの記事や本が出るだろうと思ったのと、私も、竹内氏も14座達成の時点で本を出すのと、12座目までで刊行するのでは意味が違うと思っていた。

この本を刊行した時点では、日本人初の14座達成を目指す登山家がいて、それはこんな人だと知って欲しいと思ったからだ。8000メートル峰とはどんなところか、それに挑むとはどういうことか。ほとんどの人が関心がなかったからだ。それは、竹内氏以前の日本の登山家の歴史を埋もれたままにしておくことにも思えた。そして、残る2峰に挑む竹内氏の姿を出来るだけ多くの人に見つめて欲しかったからだ。成功するかどうかは誰にもわからなかった。

それとこれは私が心の内に思っていたことだが、残る2座もそう簡単には登れないだろう、超高所の登山には常に危険が伴っている。これは遠回しの言い方だ。竹内氏は生きて帰ってこそ私の登山だと言うが、その裏には、死と隣り合わせにいる覚悟があるはずだった。限界への挑戦というのは、死もあり得るのだ。だからこそ、残り2峰に挑む男がいるということを知って欲しかったのもあってこの時期の刊行になった。

しかし、すでにこの文庫が出る2013年7月には、竹内洋岳氏は14座を達成している。2011年に13座目チョー・オユー、2012年5月26日ダウラギリに登り、日本人初の14座サミッターになったのだ。そうした意味で、この文庫は二つの意味を持っていると思う。あと2座を残したあの時点までの登山家の姿。そして14座を達成した竹内洋岳という人間像。拙いまとめであったと思うが、初版に訂正を加えて文庫を刊行した。続刊の『登頂　竹内洋岳』と合わせて読んでもらえたらうれしい。

2013年6月　塩野米松

本書は二〇一〇年三月にアートオフィスプリズムから刊行されました。
文庫化にあたり、再編集しています。

ちくま文庫

初代《しょだい》　竹内洋岳《たけうちひろたか》に聞《き》く

二〇一三年七月十日　第一刷発行

著　者　塩野米松（しおの・よねまつ）
竹内洋岳（たけうち・ひろたか）

発行者　熊沢敏之
発行所　株式会社　筑摩書房
東京都台東区蔵前二―五―三　〒一一一―八七五五
振替〇〇一六〇―八―四一二三
装幀者　安野光雅
印刷所　三松堂印刷株式会社
製本所　三松堂印刷株式会社
乱丁・落丁本の場合は、左記宛にご送付下さい。
送料小社負担でお取り替えいたします。
ご注文・お問い合わせも左記へお願いします。
筑摩書房サービスセンター
埼玉県さいたま市北区櫛引町二―六〇四　〒三三一―八五〇七
電話番号　〇四八―六五一―〇〇五三

ISBN978-4-480-43081-6　C0175